日本の土偶

江坂輝彌

講談社学術文庫

目次

日本の土偶

序文

サイモン・ケイナー

一九六〇年に初版が発行された江坂輝彌の著書『土偶』は、縄文時代に製作された驚くほど芸術味あふれる粘土製の人形に関する古典的研究です。一九九〇年に本書『日本の土偶』が刊行されて以来、土偶ブームが起こり、国内外の展示会に土偶が出展されたことでさらにその人気が高まり、多くの土偶が新たに発見されました。土偶は日本の先史時代の「タレント」となり、考古学者だけでなく芸術家から政治家まで、あらゆる人びとの想像力をかき立て、文化のアイコン、ソフト・パワーの大使となったのです。本稿執筆時において、日本最高峰の文化財指定である国宝に五体が指定されています（本書二九七－三〇一頁参照）。一九九〇年の『日本の土偶』の最新版発行時には、国宝の指定を受けていた土偶は一つもありませんでした。

本序文では現代人にとっての土偶の魅力と日本の先史時代に起こった事を理解するために

土偶の研究がいかに貢献しているかを簡単に考察します。

『日本の土偶』の構成と意義

江坂の著書は二部構成になっており、第一章は並外れて多様性に富む土偶の形態を縄文時代早期から晩期という広く知られた年代ごとに紹介し、土偶の変遷の概要を提示しています。第二章は、縄文文化という文脈の中で土偶を捉え、縄文時代の土偶のデザインが髪型、服装、それぞれの装身具や入れ墨について意味することを説明した節から始めています。そして、土偶が発見された遺跡からの文脈、なぜほとんどの土偶が埋納される前に破砕されたのか、このことが縄文時代の植物栽培に関係していた可能性、さらには人の体に対する有効な身代わりであったというアイデアについても考察しています。土偶の起源に関する節では、江坂はロシア極東、朝鮮半島や中国という日本列島周辺地域の人形の表現に関する早期の伝統について簡単に調査し、土版、岩版、土製仮面ならびに動物型土製品などの土偶関連遺物の考察で結んでいます。このようにして江坂は、その後の多くの土偶の調査を体系化した、土偶についての指南書を作り出したのです（原田　1995）。

江坂の功績により、その後の研究においては数多くの土偶が参照されるようになり、佐倉市の国立歴史民俗博物館のデータベースによると現在ではその数は二万件以上にもなっています。このデータベースは同博物館における大規模プロジェクトの産物の一つであり、プロジェクトからも土偶に関する研究の基礎を構築する充実した内容の四冊の出版物が生まれています（「土偶とその情報」研究会編　1997-2000）。これは千年紀の変わり目における土偶研究の状況を調査したものであり、日本の地域ごとにまとめられた発掘報告書や、多くの専門的な研究を含む数千にも及ぶ書誌情報を提供しました。

土偶と縄文研究の新しい流れ

江坂の「日本の土偶」の最新版が発行された一九九〇年には、渡辺仁の『縄文式階層化社会』など、縄文時代に関する重要な書籍が発行されました。この中で渡辺は幅広い民族学的知識を活かし、縄文文化において職業的なスペシャリストが重要な役割を果たしていたと主張しました。同書は縄文文化の本質に関する議論を再び活性化させ、それまでは平等社会であったと広く考えられていた中にある種の社会的階層が存在した可能性を提起したのです。また、同年、『季刊考古学』は「縄文土偶の世界」という特集号を発行し、その中で小林達雄は、必要最低限の生活や活動で使用された「第一の道具」とは対照的に、土偶は「第二の道具」であったという影響力のある解釈を打ち出しました。

以来三〇年が過ぎ、特に縄文時代の生活様式に関する多くの新しい発見や考え方により縄文考古学は発展してきました（小杉他　参照）。現在では土偶は縄文の伝統が始まった縄文時代草創期に製作されていたことがわかっています。つまり、人類が土器を作り始めたのとほぼ同時期に縄文人は粘土を使って人の形からインスピレーションを受けた形状を作っていたのです。

土偶の展示と日本やその他での土偶研究

土偶は世界的な関心の的です。土偶は、先史時代における人の形の表現としては世界で最も豊かな伝統を作り上げ、縄文時代の考古学の歴史にも深く関わっています。初期の発見には江戸時代に青森で見つかった例も含まれています。東京大学の初代考古学教授だった坪井正五郎もその重要性を認め、強い関心を抱いていました。そして日本考古学最古の集大成であるニール・ゴードン・マンローの『先史時代の日本』(Munro 1908/1911)によって世界的に注目されるようになり、パリで活動していた中谷治宇二郎の著作物によってその関心が高まりました(Nakaya 1930)。一九八〇年代や九〇年代を通してヨーロッパやアメリカで開催された日本考古学の展示会で土偶が展示されたことでさらに脚光を浴び(Pearson 1992; Harris 2001; Sugiura et al. 1998)、二〇〇九年には、私もキュレーションに関わることになる大英博物館における土偶のみの展示へと繋がりました。その後の東京国立博物館(二〇一〇年)やMIHO MUSEUM(二〇一二年)における展示も大成功を収めました。海外の考古学者は、多くの場合日本の考古学者が使用する解釈的フレームワークとは非常に異なるフレームワークを使用し、自身の解釈を提供しました。この点において、ネリー・ナウマン(Naumann 2000)による比較民俗学的な手法の明示的な使用と、渡辺仁が詳しく説いた民族学的比喩の使用の比較はとても興味深いものです（渡辺　1997-99）。

土偶は縄文時代の人のアイデンティティを表現する全く新しい手法でした。二〇一〇年のイギリス、イースト・アングリア大学のセインズベリー視覚美術センターにおける「Unearthed」（出土）と名づけられた展示では、東南ヨーロッパからの類似例や現代の芸術作品とともにえりすぐりの土偶を展示しました。この展示で私は、土偶に関する新たな疑問を問うための明示的な比較フレームワークの作成を試みました。縄文人のような特定の社会の人びとがなぜ定住という新しい形態や動植物との関係をさらに深めることを試しながら、自分たち自身の捉え方や宇宙の中の自分たちの居場所を表現するために小さな陶製の人形を選んだのかという点に特に注目したのです。

土偶はこのような展示やその結果もたらされた出版物によって、日本だけでなく海外でも大きくクローズアップされ、今もなお日本語やその他の言語で土偶に関する学術的な書物や一般向けの作品が生み出されているのです。世界中の小立像に関する最新の研究の集約である『オックスフォード版　先史時代の小立像ハンドブック』（Insoll ed. 2017）にも、土偶は取り上げられています。

土偶とその現代コミュニティ

現代の日本を旅していると様々な場所で土偶の記念碑に出会います。これはいかに土偶がその地域のアイデンティティとして定着しているかという証拠です。こういった例には、青森県木造にある亀ヶ岡遺跡の最寄り駅の駅舎正面にそびえる巨大な遮光器土偶や、青森市内の通りに並ぶ小さな青銅製の土偶のオブジェも含まれます。国宝指定第一号の土偶となった「縄文のビーナス」の大きなレプリカは、長野県茅野市のいたる所で見つけることができます。函館においては、例を見ない中空土偶が著保内野で発見されて以来、守り神としてこの地域の道路標識にも登場しています。この中空土偶は二〇〇八年のG8北海道洞爺湖サミットでも展示されました。このような地域では土偶が重要文化財や国宝に指定されることでさらに土偶の力が高まっているのです。

また最近発行された書籍のおかげで読者は土偶についての知識を深め、時にはハンドブックのようなものを持って土偶が展示されている多くの博物館を訪れるようになっています。このようなハンドブックは読者の収集本能を目覚めさせ、またガチャガチャ販売機から手ごろな価格の土偶レプリカを簡単に入手できることも、さらに土偶を身近なものにしています。

土偶に触れる

一九九〇年版の『日本の土偶』の口絵では青森県風張から出土した有名な合掌土偶が紹介

されています（本書では一九頁）。この土偶は竪穴住居跡から見つかったもので、二〇〇九年に国宝に指定されました。修復後と両脚部が補修される前の状態が掲載されています。天然アスファルトの痕跡があることから、この土偶は縄文時代にも補修されていたと考えられています。写真には誰かの手が土偶を持っている所が写っています。

ページをめくると山梨県後田《ごた》から出土した仮面をつけた顔を少し上に向けている中空土偶が紹介されています。この土偶は長野県中ッ原の竪穴式墳墓とみられる場所から出土した仮面土偶に酷似しています。よって、この後田の土偶を作った人は中ッ原の仮面土偶を見ただけでなく、その作り方も理解していたに違いないとされています。どちらも意図的に土偶を破砕するという伝統形式を踏襲しておらず、考古学的な文脈で用途を説明しきれないのですが、これらは土偶が配慮をもって作られたこと、そして製作や収集という行為に複雑な背景があったことを物語っています。

また風張土偶の写真に写った手は、見る人に縄文人にとってこのような物を扱う意味を問いかけます。先史時代における触覚という意味での触れることの重要性は、博物館に行き、細部まで照らされた展示ケースのガラス越しにしか土偶と出会えない現代人からは見落とされがちです。しかし、成形、取り扱い、破砕ならびに修復を通して粘土と物理的に関わることは縄文時代の生活様式では必要不可欠な側面だったのです。江坂の著書に掲載されている写真や図は、異なる角度からの写真を何枚も使い、土偶が三次元の物体であることを強調しています。そのため読者はこのような大きな影響を持つ物を扱う感覚を理解することができるのです。

土偶の価値

二〇一五年、遮光器土偶の一片がオークションで一〇〇万ポンド以上の価格で落札され、土偶の重要性が改めて見直されることになりました。古代の遺物にこれほど高い貨幣価値が付いたことが議論の的となった一方で、この落札は土偶に新たな現代の文化的価値を与え、いかに土偶が美術品としても楽しむ事ができるか、そしていかに土偶研究が日本の先史時代を理解する際に私たちに力を貸してくれているかを浮き彫りにしました。多くの現代の鑑賞者は、数多くの土偶がいかに現代的に見えるかということに驚き、そして土偶は数千年前に作られたものでありながらも、土偶を作ったのは私たち同様近代的な人間だったということを私たちに強く再認識させてくれます。縄文人が抽象的思考や表現、そして言語能力を私たちと共有し、また私たちと同じように精巧な職人技や奇抜さを評価していたことに疑いの余地はありません。土偶は縄文人の世界をより身近にし、稲作農業がその景観を一変させる前の、そして今私たちが知っている日本語が話される前の日本列島に住むとはどのようなことだったのかという想像を広げてくれるのです。

結論——江坂の『日本の土偶』の永続的な貢献

江坂輝彌『日本の土偶』は、これらの興味深い出土品を考古学的観点から説明し、周到な分類と文脈付けを通して今後の研究と理解に対する確固たる科学的根拠を提供しています。本書は土偶がその残された形状を通して私たちの縄文文化への理解をいかに手助けしているかを明らかにし、また本書が提供するフレームワークには弾力性があることがその後の縄文研究を通して証明されています。江坂の客観的かつ慎重な観察や土偶に関する記述に基づく控え目な解釈は、土偶の存在意義を想像力だけで説明しようとするものに細心の注意を払うよう示唆してくれます。本書の発行以降も多くの土偶が発見され、将来的な発掘作業でもさらに多くの土偶が発見されることは間違いありません。この『日本の土偶』の発行は、土偶研究に対する江坂の基礎的な貢献を引き続き保証するものになるでしょう。

（セインズベリー日本藝術研究所考古・文化遺産学センター長）

参考文献一覧
江坂輝彌『土偶』校倉書房、一九六〇年
小杉康、谷口康浩、西田泰民、水ノ江和同、矢野健一（編）『縄文時代の考古学』全一二巻、同成社、二〇〇七－二〇一〇年
小林達雄（編）「縄文土偶の世界」『季刊考古学』第三〇号、一九九〇年

譽田亜紀子『土偶のリアル』山川出版社、二〇一七年
譽田亜紀子『土偶界へようこそ』山川出版社、二〇一七年
「土偶とその情報」研究会（編）『土偶研究の地平』一－四、勉誠社、一九九七－二〇〇〇年
原田昌幸編「土偶」『日本の美術』第三四五号、一九九五
MIHO MUSEUM（編）『土偶・コスモス』羽鳥書店、二〇一二年
渡辺仁『縄文式階層化社会』六興出版、一九九〇年／六一書房、二〇〇〇年
――「縄文土偶と女神信仰――民族的情報の考古学への体系的援用に関する研究」『国立民俗学博物館研究報告』第二二巻四号（八二九－九七三頁）一九九七年、第二三巻一号（一二九－二五一頁）一九九八年、第二四巻二号（二九一－四六〇頁）一九九九年

Bailey, Douglass W., Cochrane, Andrew, and Zambelli, Jean (eds.) 2010. *Unearthed: a comparative study of Jomon dogu and Neolithic figurines.* Oxford, Oxbow Books.

Harris, Victor 2001. *Shinto: the sacred art of ancient Japan.* London, British Museum Press.

Insoll, Timothy (ed.) 2017. *The Oxford Handbook of prehistoric figurines.* Oxford, Oxford University Press.

Kaner, Simon (ed.) 2009. *The power of dogu.* London, British Museum Press.

Munro, Neil Gordon, 1908/1911. *Prehistoric Japan.* Yokohama.

Nakaya Jiujiro, 1930. "Figurines néolithiques du Japon", *Documents* 28.

Naumann, Nelly, 2000. *Japanese prehistory: the material and spiritual culture of the Jomon period.* Berlin, Harrasowitz Verlag.

Pearson, Richard J. (ed.) 1992. *Ancient Japan.* Washington DC, Sackler Galleries.

Sugiura Tsutomu, Takasu Naomi, Mathon-Kurihara, Kazue and Lucken, Michael (eds.) 1998. *Jomon: l'art du Japon des origins.* Paris, Maison de la culture du Japon à Paris.

日本の土偶

1．青森県八戸市是川風張１遺跡出土の蹲踞姿勢の土偶

左下写真のように両脚部が折損した状態で畑地から一括出土したが、折損部には天然のアスファルトが塗布され、補修の痕跡が認められた。土偶を補修して鄭重に使用したことを示す注目すべき資料である。（後期末、H19.8cm）

提供・協力：八戸市教育委員会

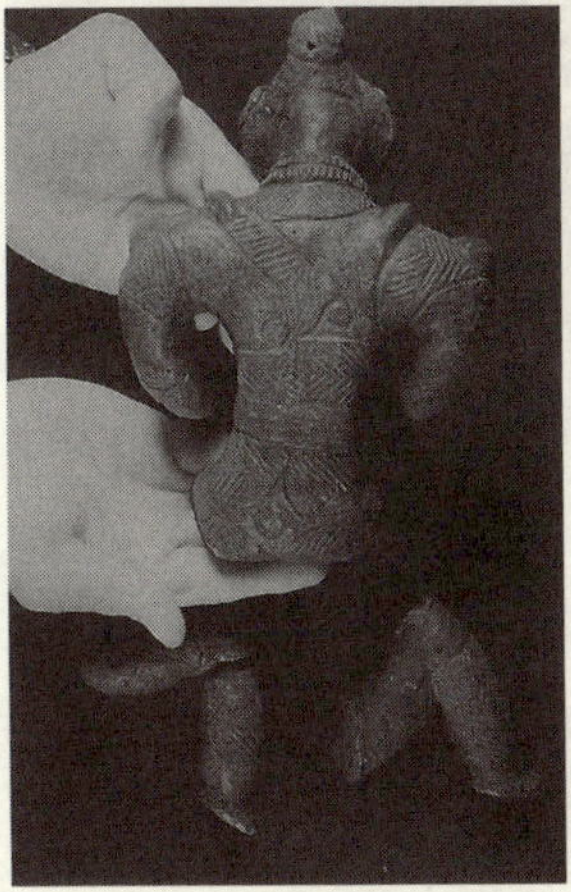

※Ｈは高さ、（Ｈ）は現存部高を示す

2．山梨県韮崎市藤井町後田遺跡出土の中空土偶

完形品のまま埋納されたと考えられ、破損は土圧によるものであろう。同型品は長野県辰野町からも発見されており、甲信地方に分布する後期前半の中空土偶の新例である。(H21.5cm)

協力：韮崎市教育委員会

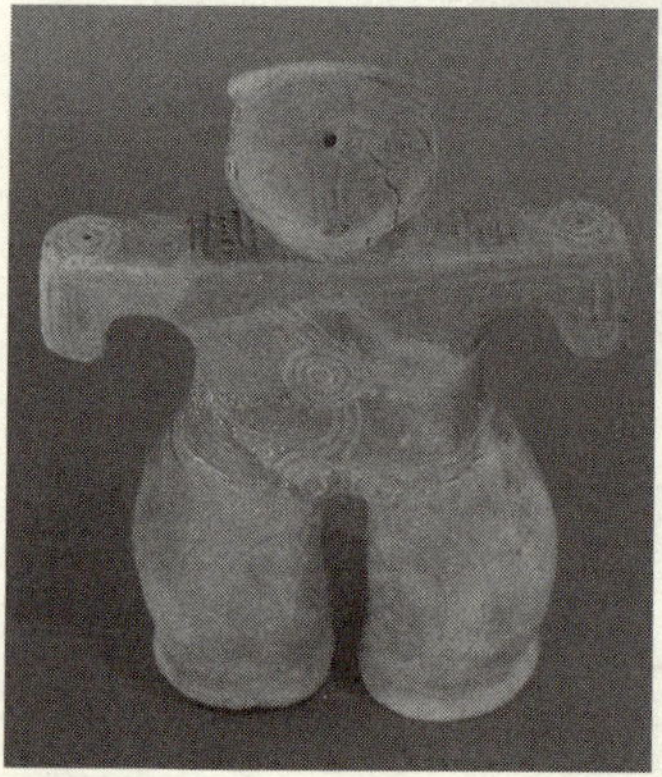

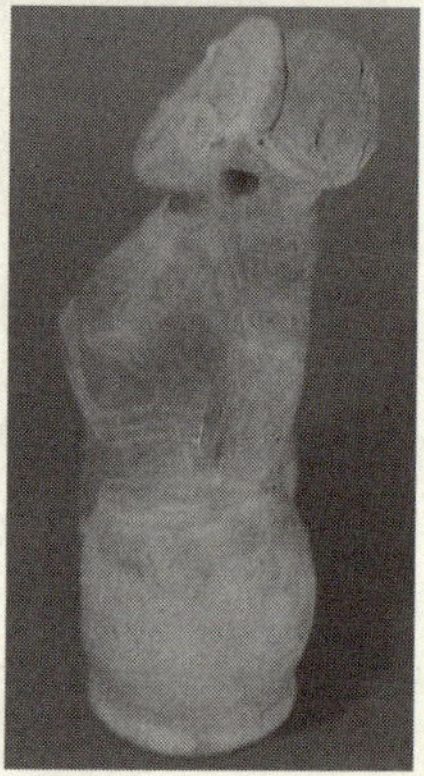

第一章　土偶の変遷

1 早期

日本の土偶は縄文時代中期に出現するものと考えられていた。またその分布に関しても、西日本から稀に発見されるものがあるとしても、それは例外であり、東日本を中心とするものというみかたが強かった。

ところが、一九二六年に青森県八戸市是川《これかわ》の一王寺《いちおうじ》貝塚から、次いで一九三七年には東京都板橋区の四枚畑《よんまいばた》貝塚から前期のものと考えられる土偶が発見され、一九四六年になって、茨城県下の花輪台《はなわだい》貝塚出土の土偶が早期のものであることが判明し、現在では、縄文時代早期にも、すでに土偶が作られていたことが明らかになっている。

分布に関しても、後期の土偶など九州地方でも多量に発見され、早期の土偶も、大阪府や三重県などでの事例が報告されている。地域性はあるとしても、土偶は、比較的に早い時期から日本列島全土で作られていたと考えられよう。

早期の土偶は、現在のところ発見例は多くはない。しかし、眼、鼻、口といった顔面の表現を全く欠く点など、後期旧石器時代、ユーラシア大陸に広く分布する女性像と共通する特徴を備えている。

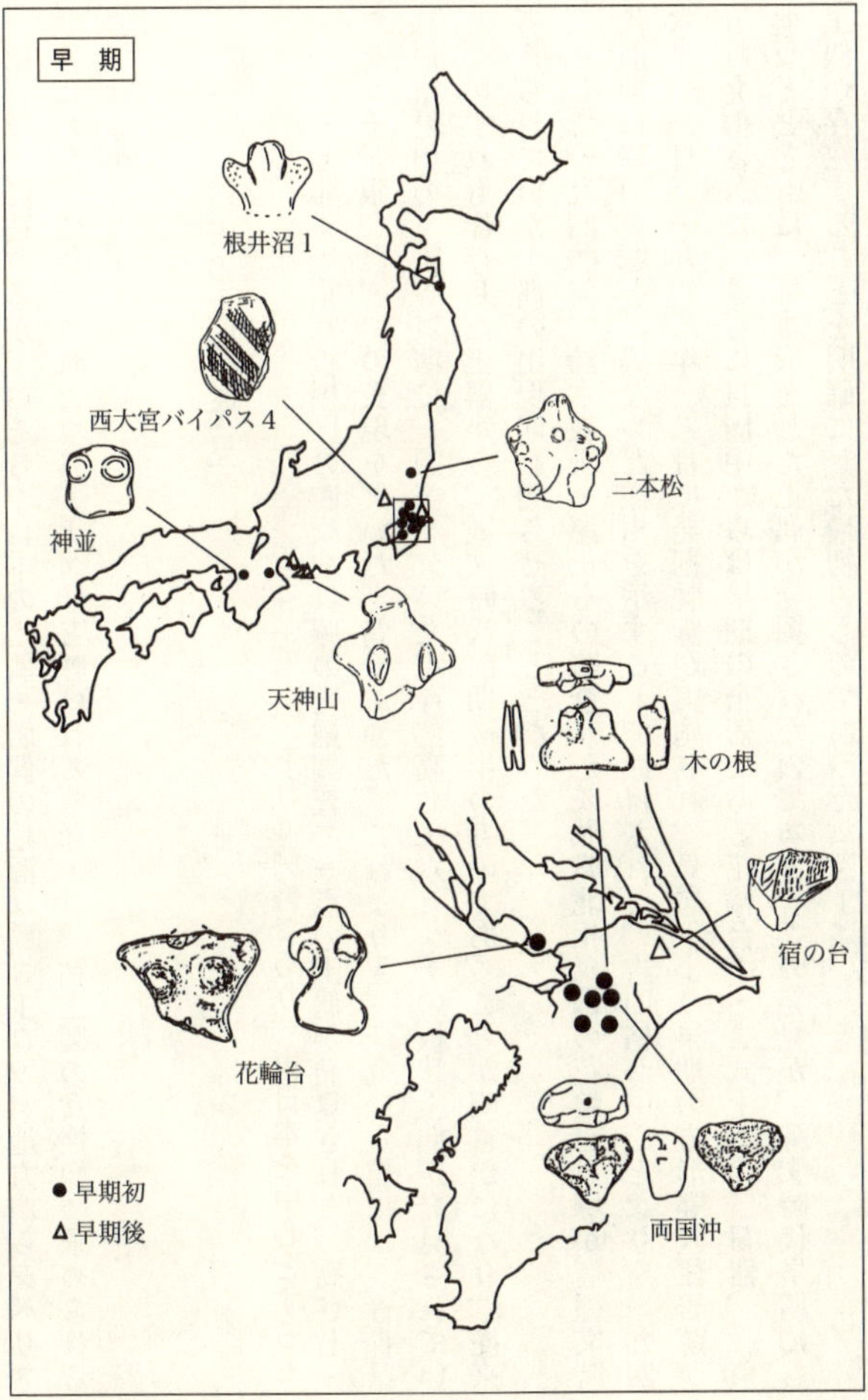
早　期
根井沼 1
西大宮バイパス 4
二本松
神並
天神山
木の根
宿の台
花輪台
両国沖
● 早期初
△ 早期後

第二章で詳述するが、おそらく日本の土偶・岩偶《がんぐう》の起源は、ヨーロッパ地方からシベリア地方にわたって作成されたヴィーナス像と呼ばれる象牙・骨、粘土製の女性像に求められるのではなかろうか。

最古の土偶の発見

一九三七年、東京都板橋区の四枚畑貝塚の発掘調査で一点の土偶が発見された。高さ七・二センチ、眼、鼻、口の表現を欠いた土偶であった。これより先、一九二六年には、青森県八戸市是川の一王寺貝塚で、頭部を欠いた現存部高七・六センチの板状土偶が発見されていた。いずれも伴存した土器から、縄文時代前期後半のものであることが明らかになり、従来考えられていた土偶の出現期を遡らせることとなった。

そして一九四〇年、鈴木敏夫・淳正らの踏査した茨城県北相馬郡の花輪台貝塚が、縄文時代前期以降の貝塚とは異なった様相を示すことで注目された。吉田格が中心となり、一九四六年一一月、一九四八年一二月に発掘調査が実施され、貝層下より早期の方形竪穴住居跡が五軒発掘された。さらに貝層中からは早期の土器である花輪台1・2式土器片、石器、骨角器などとともに、瓢箪《ひょうたん》形をした土偶が発掘されたのである。この発見が、縄文時代早期にも土偶が存在することを明確にした最初のものであった（図1）。

それでは、日本における最古の土偶は、どのような遺跡から出土しているのであろうか。千葉県下、成田国際空港敷地内の木の根《きね》遺跡では、稲荷台《いなりだい》式終末期もしくは後続型式のものと考えられる土器に伴って、七個の三角形をした土製品が発掘されている（図2）。一辺が二～四・五センチの小形のもので、その中の一つには、胸部に乳房を示す二個の突出部があり、これらを土偶と考えてよいであろう。さらにこれには三角形の頂点と底辺の中央に小孔が穿《うが》たれているが、頂点から中心部を越えた深い小孔と、底辺部からの小孔は貫孔していない。頂点の小孔に細い棒でもさしこみ、上部に頭部をとりつけたかとも想像されるが、詳しいことはわからない。他の六例も、頂点に盲孔のあるものが二、底辺中央に同様の小孔のあるものが二例あるが、いずれか一方で、上下に穿たれたものはない。

近似した土製品は、千葉県の金堀遺跡、両国沖遺跡、墨木戸遺跡、小間子《おまご》A遺跡、朝倉遺跡などで、それぞれ一例ずつ出土が知られている。木の根遺跡周辺のほぼ同時代の五遺跡から、このように同一形式の土偶が出土していることは大変興味深いことである。

また、早期の土偶第一号となった花輪台貝塚の瓢簞形の板状土偶は、これらとほぼ同時期、あるいはやや遅れた時期に作られたと考えられる。花輪台貝塚も木の根遺跡の比較的近距離で、一一個の土偶のうち二個はほぼ完形で、大きい方が高さ四・八センチ、小さい方が高さ三・三センチほどである。そして、胴部上半の破片九個のうちの八個と大きい完形品には、乳房を表現する突出部が認められる。

ひろがる分布圏

このような東関東地方発見の最古の土偶に相当する古さのものが、本州北端の青森県三沢市の根井沼《ねいぬま》1遺跡からも発掘されている（図3）。瓢簞形の板状土偶で、ウエストから上部の破片で現存部高二・八センチ、花輪台貝塚出土の高さ四・八センチの板状土偶とほぼ同じぐらいの大きさのものと考えられる。花輪台貝塚出土の土偶同様、肩部から頭部は半球状に突出しているが、顔面部の眼、鼻、口、耳などの表現は欠いている。

この土偶は、サルボウなどの貝殻の腹縁を連続的に押しつけた文様、沈線文、篦《へら》状工具の先端による刺突文《しとつもん》などの施文が特徴的な尖底深鉢、白浜式土器とともに、南部浮石層下層の黒土層中から出土している。

南部浮石層は、十和田湖中《なか》ノ湖《うみ》噴火口の噴出物である軽石を含んだ厚さ三〇〜五〇センチの火山灰層である。この火山灰層中に含まれている樹木片などの炭化物による^{14}Cの測定年代は、今から約八六〇〇年前のものであることを示している。そうなると、この火山灰層から二〇センチほど下の層である包含層中から発掘される白浜式土器は、ほぼ稲荷台末期型式、花輪台1式と同時代、ないし年代がわずかに遡るものではないかと思われ、少なくとも九〇〇〇年を上回る時代のものであろう。

■東日本の発生期の土偶

図１　茨城県、花輪台貝塚　H4.8cm

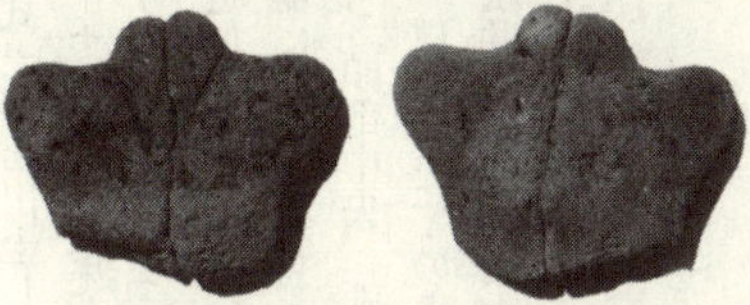

図３　青森県、根井沼１遺跡　(H)2.8cm

図４　茨城県、二本松遺跡　(H)3.8cm

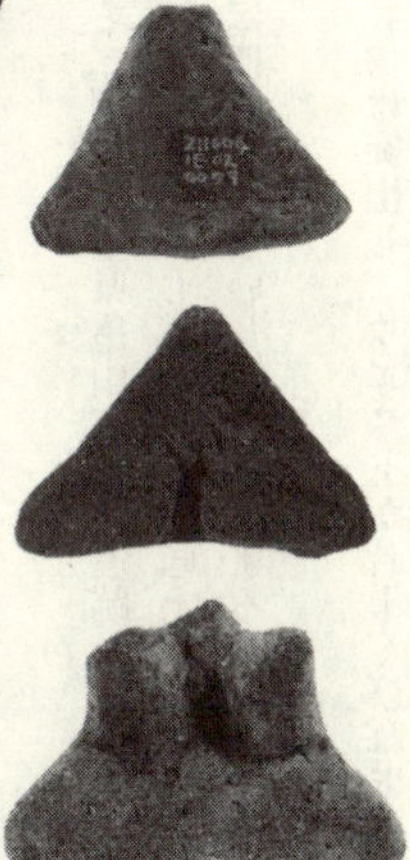

図２　千葉県、木の根遺跡　H2.8cm

※Hは高さ、(H)は現存部高を示す

稲荷台式土器より古型式の夏島式土器を出土した横須賀市夏島貝塚貝層の^{14}Cの測定年代は、今から九二四〇年前プラスマイナス一五〇年という数字が出ており、稲荷台式終末の年代は、今から約九〇〇〇年前頃と考えられるからである。

この根井沼1遺跡出土の土偶に近似しているものに、茨城県水戸市の西北約一四キロ、東茨城郡二本松遺跡から三戸《みと》式系土器に伴って発見されたという、現存部高三・八センチ、胴下半部を欠く小土偶がある（図4）。頭部中央、両肩部などに五個の竹管文の押捺がみられるが、突出した頭部前面に眼、鼻、口、耳などの表現を欠くことは、前記した早期の小土偶と共通している。頭部の形態など根井沼1遺跡出土のものと特に類似しており、両者の関連性の深いことを示している。

関東地方以西

西日本でも、大阪府東大阪市神並《こうなみ》遺跡から二個、三重県亀山市大鼻《おおはな》遺跡から一個、計三個の早期初頭の小形の板状土偶が発見されている。いずれも撚糸文《よりいともん》系尖底土器から回転押捺文系尖底土器への移行期の、前記した土偶とほぼ同時代ないし若干下降する時代の作品と考えられる。

神並遺跡出土の二個の土偶は、いずれも乳房は突出し、ウエストが若干くびれているが、

■西日本の発生期の土偶

図５　大阪府、神並遺跡　（H）3cm

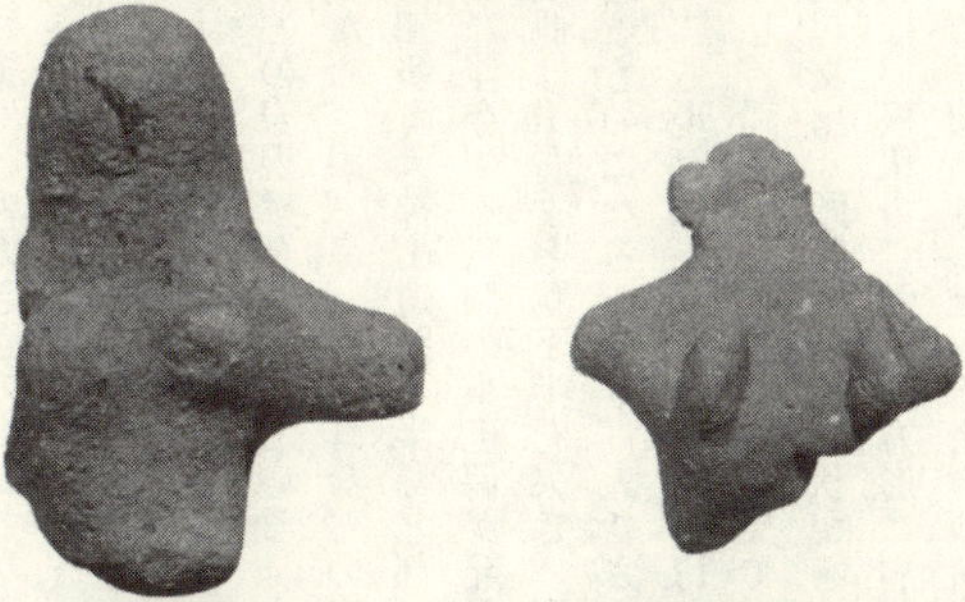

図６　愛知県、天神山遺跡　（H）左6.9cm、右5.1cm

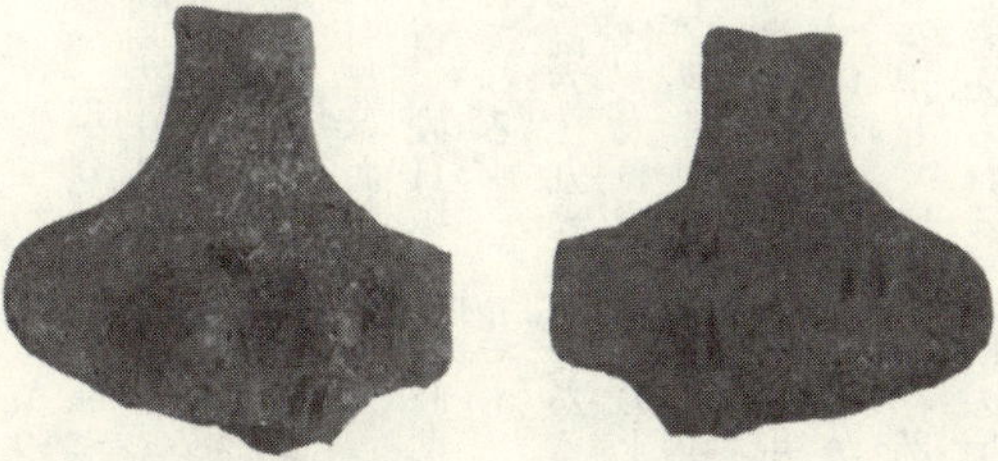

図７　愛知県、二股貝塚　（H）3.7cm

部高二・六センチ、幅二・七センチほどの大きさのものである。

ほぼ板状方形である。一つ（図5）は現存部高三センチ、幅二・八センチ、他の一つは現存部高二・六センチ、幅二・七センチほどの大きさのものである。

大鼻遺跡出土のものは大形で、ウエストから下半部を欠いている。現存部高四・五センチ、最大幅四・六センチほどの大きさで、他の土偶と比較すると約二倍の大きさである。

神並遺跡出土の二例は、いずれも肩部中央が高くはなっているが頭部としてのきわだった突出がなく、眼、鼻、口、耳などの表現は全く欠いている。大鼻遺跡出土の一例は、首部から上部の突出部分を欠いているため、眼、鼻、口、耳などの表現の有無はわからない。

また愛知県知多半島南部の南知多町天神山遺跡と半島北部の知多市二股貝塚では、時期は下降するが早期末の粕畑式土器に伴存する三個の小土偶が発見されている。

天神山遺跡出土の図6左の土偶は、右手と胴下半を欠き、現存部高六・九センチである。完形であれば、九センチをこえるものになるだろう。大きさの点では、大鼻遺跡出土の土偶に匹敵する。他の一点（図6右）も現存部高五・一センチほどあり、早期前半の多くのものと比較すると大形である。しかし、両者とも顔面部は素文で、眼、鼻、口、耳などの表現を欠いている。右の頭部波状小隆起文は、頭髪の結髪の状況を表現しているものであろうか。

図7の二股貝塚出土の小土偶は、板状で、頭部が方形に肩部から突出している。現存部高は三・七センチ、これも完形であれば高さ六センチ余の板状土偶と考えられる。中期の項で解説する、東北地方北半部の円筒上層a式土器の板状土偶と、一見形態が類似している。体

部表裏には、半割した竹管の先端部で施文したとみられる刺突文がある。

関東地方

前記した最古の土偶に続くものとして、関東地方では、現在のところ二例、早期のものが発見されている。

埼玉県の西大宮バイパス４遺跡と千葉県の宿《しゅく》の台《だい》遺跡から発見されたもので、格子目状沈線文、鋸歯状平行沈線文、刺突文など、早期の三戸式土器にみられる文様と同一文様が施文された板状土偶である。

西大宮バイパス４遺跡出土のものは、表裏に文様があり、瓢箪形のウエスト下半部、左約半分を欠いている。現存部高三・五センチ、幅二・五センチ、完形であれば高さ六センチ前後、下半身の幅は四センチ前後になるかと思われる大きさである（図８）。

また宿の台遺跡から出土したものは、胸部左半分、頭部、胴下半を欠いたもので、現存部高は四・二センチ、幅は四・六センチ、完存品であれば肩部最大幅八センチ前後、高さ八センチを超す、前者より大形の板状土偶になると思われる（図９）。

以上、縄文時代早期のものと明確に認められる板状土偶の中で、大鼻遺跡、西大宮バイパ

■文様の施された板状土偶　早期中頃

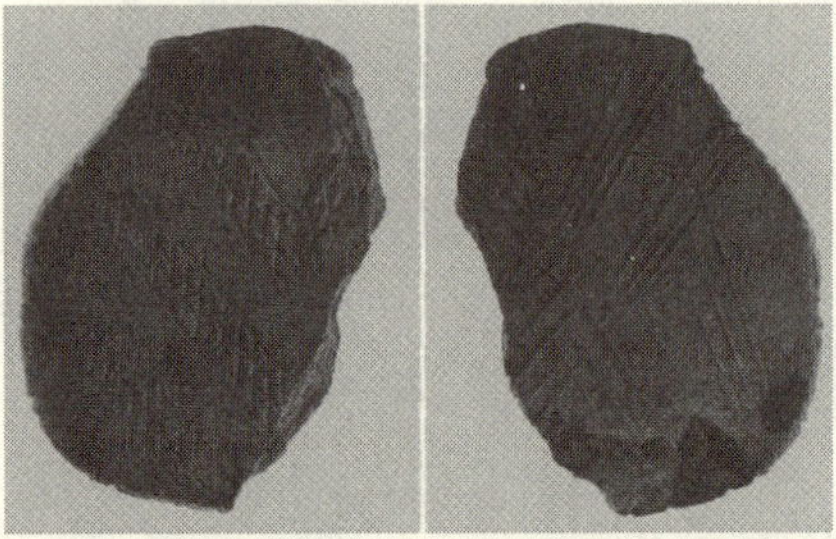

図８　埼玉県、西大宮バイパス４遺跡　(H)3.5cm

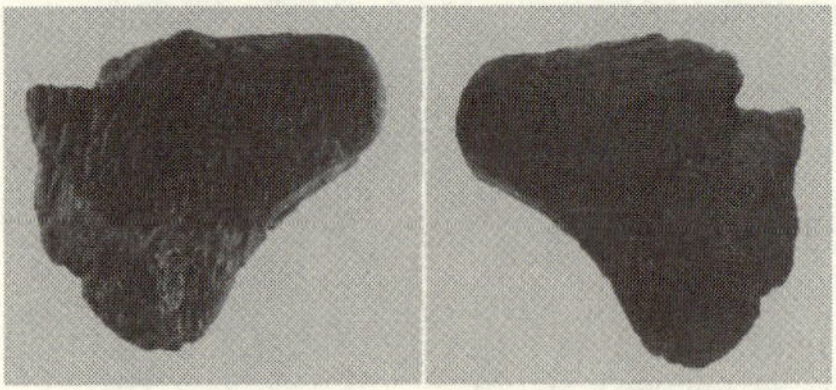

図９　千葉県、宿の台遺跡　(H)4.2cm

ス４遺跡、宿の台遺跡出土の各一例、計三例は、他の例より大形で、完形は高さ六センチを超す大きさのものと考えられる。早期中葉前後から、このような若干大形のものがあらわれるようである。

　なお、従来早期の土偶ではないかと報告された福島県常世《とこよ》遺跡の板状土偶は、その体部にみられる文様から、早期の常世式土器に伴存したものではなく中期末のものではないかとの指摘が、原田昌幸・芳賀英一らによってなされている。二個の土偶破片は表採品であり、疑問点も多く、ここではとりあげないことにした。

2　前期

一九八〇年代まで、早期末から前期初頭にかけての土偶が全く不明であったが、富山県の南太閤山《みなみたいこうやま》1遺跡で小板状土偶が発見されたことにより、発見例は極めて少ないが、早期から前期にいたる間、顔面の表現を欠く小板状土偶が継続して作られていたことが明らかになった。

今日知られている前期の土偶で最も古いものは、この南太閤山遺跡の例で、若干大形だが、早期の花輪台貝塚出土例に類似している。頭部、両腕部の表現はあるが顔面部の表現を欠いている点も共通している。

これに続く前期中頃の例としては、岩手県南部の寺場《てらば》遺跡で、大木《だいぎ》2b式土器とともに発掘された小板状土偶がある。また、埼玉県井沼方《いぬまがた》遺跡で、関山式土器とともに板状土偶破片が発見されたことが報告されており、前期中頃の土偶は東北と関東とで二例が知られるにいたっている。

前期後半の例としては、青森県の一王寺貝塚で円筒下層c式土器とともに発見された頭部を欠いた小板状土偶がある。大きさは寺場遺跡出土例と近似している。

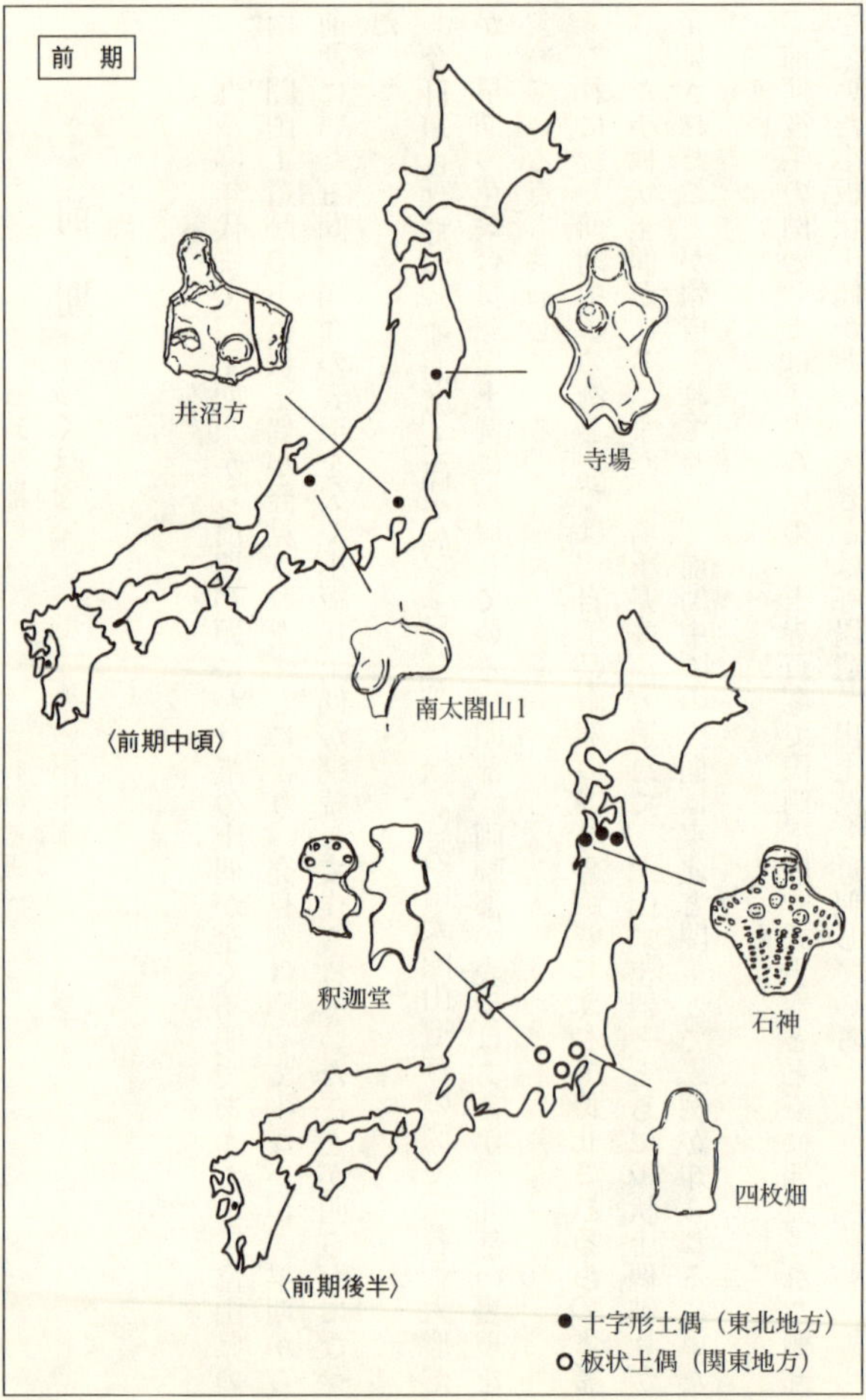
前 期
井沼方
寺場
南太閤山1
〈前期中頃〉
釈迦堂
石神
四枚畑
〈前期後半〉
● 十字形土偶（東北地方）
○ 板状土偶（関東地方）

前期末では、円筒下層d式土器に伴出したと思われる板状土偶が青森県下でいくつか知られているが、数はあまり多くはない。東北地方の南半部、大木2b・3・4・5式の各大木式土器出土の文化圏では、寺場遺跡出土の土偶以外に前期のものは全く報告されていないようである。関東地方では、東京都の四枚畑貝塚と横浜市折本《おりもと》貝塚発見の、二例の土偶が知られているだけで、この地方でも発見は極めて少ない。関東以西では、山梨県下で発見が続いている。釈迦《しやか》堂《どう》遺跡群の塚越北A地区遺跡で前期末の土器に伴う七例の板状土偶が発見されたほか、天神遺跡から頭部を欠損した現存部高四・五センチの小板状土偶が一点出土している。

今日のわずかな発見例から観察する限りでは、早期から前期初頭の土偶の分布は、関東地方から中部地方を経て近畿地方にひろがり、前期中頃のものは関東地方から東北地方、これに続く前期後半は東北地方から中部地方東部にみられるというように、時期によって、分布圏に若干の差異が認められる。しかし、この差異は今後の発見によって修正されるものと考えられる。分布に関しては、まだ結論的な見解は差し控えるべきであろう。ただ早・前期の土偶が、中国・四国・九州地方などの西南日本では今日まで一点も発見されていないことは注意すべき点である。

多くの前期の土偶に共通することは、頭部を突出表現しているものはあるが、顔面部の眼、鼻、口、耳などの表現を全く欠くことである。これは早期からの伝統であろうか。

東北地方北部

東北地方北部発見の前期の土偶で最も古いものは、一九二六年の山内清男《やまのうちすがお》博士が青森県八戸市是川の一王寺貝塚のC地区下層から、前期中頃の円筒下層c式土器とともに発掘した、首部の小貫孔の下半部は残し、頭部を欠いた小板状土偶である（図10）。この土偶は、現存部高七・六センチで、板状の胴部に臍《へそ》と乳房が瘤状の小突起で表現され、女性であることを示している。両腕は肩部から左右に突出し、下部は平坦で、脚部の表現を欠いている。背面は全くの素文である。

前期末の図11に示す青森市三内《さんない》の稲荷山《いなりやま》遺跡発見の二個の小板状土偶は、前期末の円筒下層d式土器に伴存したと推定されているが、これらも頭部を欠いている。左は現存部高七・六センチで、形態、大きさともに一王寺貝塚出土品に近似している。胴下半部に逆V字形の沈線文が認められ、脚部を表現しているのかもしれない。右は左と比較すると大形で、現存部高九・五センチあり、体部は逆三角形状を呈する。下半部中央に乳房と同形の瘤状の小突起が認められるが、下半身中央に刻まれた逆V字形の沈線の頂点より内側にあり、臍より下部の股下に位置することになるから、女性の陰部を表現しているものではないかとも考えられる。右の土偶は、肩部の中央がわずかに高くなり、磨滅していて確かなことはわからない

■乳房や臍のある東北地方北部の板状土偶　前期中〜末

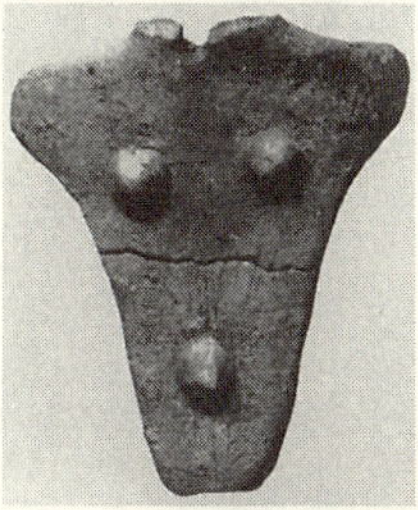

図10　青森県、一王寺貝塚C地区下層
(H)7.6cm

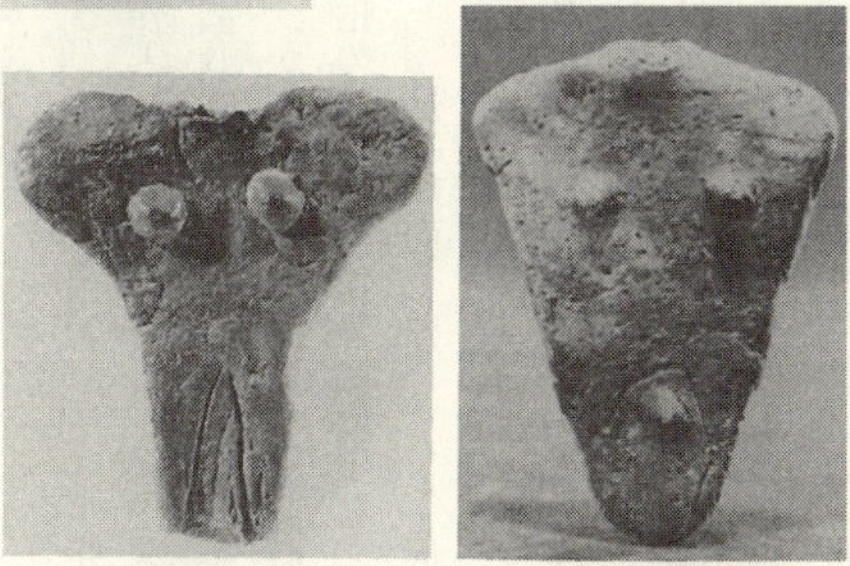

図11　青森県、稲荷山遺跡　(H)左より7.6cm、9.5cm

図12　青森県、石神遺跡　(H)10.2cm

が首部上半が折損したもののようにも思われる。一方、左の土偶の肩部中央はくぼみ気味で、上部が折損した痕跡は認められず、最初から頭部の表現はなかった土偶のようである。両土偶とも背面は全くの無文である。

図12に示した十字形板状土偶は、現存部高一〇・二センチ、胎土に植物繊維が混入されており、繊維土器と同様の製作工程がとられたことを物語っている。岩木山北麓、青森県の石《いし》神《がみ》遺跡で、前期末の円筒下層d式土器とともに出土したものである。背面は素文であるが、正面には焼成前の成形面に上から下へ連続的に、縄文原体の撚《よ》り紐《ひも》で輪をつくり、それを親指と人指し指でおさえて親指の先端に抛物線《ほうぶつせん》状に出し、先端でほぼ等間隔に刺突した、絡条体圧痕文が施文されている。頭部や顔面部には、T字形の隆帯で眉と鼻すじが表現されている。眼は眉の下に押捺した二つの絡条体圧痕文がその代用をしているようにもみられるが、現在知られている前期の土偶には顔面表現のないことを考えあわせると、はたしてこれが眼をあらわしたものかどうかは疑問である。口の表現は欠いている。

このほかにも、顔面部の眼、鼻、口の表現のある土偶で前期末のものと報告されている例があるが、誤認と思われるので、ここでは取り上げないことにする。

東北地方北部から北海道西南部の渡島《おしま》半島にわたる前期の円筒下層式土器の文化圏では、岩偶も発見されている。前期中頃の円筒下層b式土器に伴う凝灰岩質泥岩製の岩偶が青森県寅平《とらひら》遺跡から発見されていることをはじめ、前期末の円筒下層d式土器に伴う岩偶の出土例は北海道南端のサイベ沢遺跡、秋田県の内岱《うちのたい》遺跡など、いずれも顔面表現を欠いている。この地域の土偶は、同時代の土偶よりやや早く発生したかと思われる岩偶と、素材が異なるということだけで深い関連性があるように思われる。

東北地方南部

仙台平野、北上川流域など東北地方南半部の上川名《かみかわな》式・室浜式から大木5式までの土器文化圏でも、上川名式、室浜式、大木1式など前期初頭の土器を出土する遺跡からの土偶の例は全く知られていない。

今日知られる最古の例は、岩手県一関市南郊、花泉町杉則浦《すぎのりうら》の寺場遺跡で鈴木孝が発掘した、前期中頃の大木2b式土器に伴う板状土偶である（図13）。高さ八・七センチあり、早期の花輪台式土器に伴存する土偶などと比較すると大形になっている。頭部は肩部中央に円板形に突出し、顔面部は素文で眼、鼻、口などは表現されていないものの、指先で押圧して円球状の凹面を作りだしている。両腕部、腰部、脚部は成形中の柔らかい粘土塊からわずかにつまみ出し突出させ、ウエストは弓状にくぼませ、稚拙だが巧みな作品である。乳房は小球状の粘土塊を貼り付けて作り出したもので、左乳房は焼成後に剝落した痕跡が認められる。

奥羽地方南半では開発に伴う事前調査がさかんにおこなわれており、大木3・大木4・大木5式など前期後半の土器を出土する遺跡からも出土例があるものと思われるが、私はまだ確認していない。

関東地方

関東地方でも、前期の発見例は極めて少ない。

埼玉県井沼方遺跡で前期中頃の関山式土器に伴う、胴下半と右腕の欠損した板状土偶の破片が発見された。現存部高五センチ、器厚平均一・三センチ、胎土にはわずかに植物繊維が含有されているが、精選された粘土が使用され、色調は茶褐色をしている。胸部には小さな粘土塊を貼り付けた、あまり盛り上がりのない乳房が認められる。肩部から細長く突出した顔面部は素文で、眼、鼻、口の表現を欠いている。頭頂部右側に二個の短い刻目文《きざみめもん》が認められる。また、両腕の基部と腋《わき》の下の折損面には、表裏に淡線が施文され、胸部と両腕の境界、あるいは衣服の襟の線を示しているようである。この土偶は完形であれば、寺場遺跡の土偶と同じくらいの大きさのものであり、共通する点が多い。前期中頃の例としては、この井沼方遺跡出土のものが関東地方で今日知られる唯一のものであろう。

前期末の例では、一九三七年、私が東京都板橋区四枚畑貝塚を発掘調査した折に、前期末の四枚畑式（諸磯《もろいそ》b式）土器とともに出土した、高さ七・二センチほどのカエルを思わせるような土偶がある（図14）。断面かまぼこ形の体部から、両腕が左右にわずかに瘤状に突出し、その上部に頭部が半円形に突出しているが、顔面部の表現を全く欠いている。底面は平坦に作られている。

その後一九四〇年代の後半には、畏友野口義麿が横浜市緑区折本貝塚を発掘して、頭部の表現を欠く、一見坐像かとも考えられる、高さ五・七センチほどの小土偶を発見している（図15）。中央腹部の中心にある刺突孔は臍を表わすものであろうか。下半には短い脚部が表現されている。この土偶も前期末の諸磯b式土器とともに出土したものである。

以上の二例は、胸部と思われる位置に乳房の表現も欠き、女性を示す特徴は全く表現されていない。

関東地方では、以上三例以外に前期の土偶は現在のところまだ知られていない。

■手足を表現した土偶
前期中～末

図13　岩手県、寺場遺跡
H8.7cm

図14　東京都、四枚畑貝塚
H7.2cm

図15　神奈川県、折本貝塚
(H)5.7cm

関東地方以西

中央高速道〔現・中央自動車道〕建設工事に伴う発掘調査は、これまで不明な点の多かったこの地域の考古学に重要な資料を提供した。山梨県下の二遺跡では前期末の土偶が発見されている。

その一つ、甲府盆地の東端、中央高速道釈迦堂パーキング・エリア建設敷地内での発掘調査では中期の土偶が四〇〇点近く発見されたが、その中の塚越北A地区遺跡からは、諸磯b式土器とともに七個の土偶破片が出土した。図16に示した作品は、そのうちの頭部を残すものとほぼ体部全体を残すもので、ほかは部分的な破片である。

左は頭部はわずか一部残すのみであるが両腕、両脚、胴部がほぼ完存する推定高一〇・五センチの板状土偶で、股あきもあり、脚部の表現がはっきりした、この時代のものとしては珍しい作品である。

中央は現存部高七・三センチの板状土偶で、剝落しているが乳房を表現した痕跡がある。板状の頭部の周辺に四個の貫孔があるが、これは何を表現するものであろうか。眼と耳孔とも考えられるが、明らかではない。同様な貫孔のある土偶としては、前期終末あるいは中期初頭のものと考えられる宮城県糠塚《ぬかづか》遺跡出土例がある。これについては中期の項で紹介する。

右は胴下半を欠損しているが、右腕と頭部は完存している。顔面部の表現は全くなく、また乳房の表現も欠いている。

山梨県下の前期末の土偶のもう一例は、甲府盆地西北、八ヶ岳山麓の天神遺跡出土の小板状土偶である。現存部高四・五センチ、頭部は首の部分で折損している。両腕は左右に突出させているが、脚部は明らかでない。寺場遺跡例のように、下部にわずかに突出したものが欠損したものかもしれない。

以上がこれまでに知られていた前期の土偶であったが、その後、非常に貴重な資料が追加された。一九八五年夏、富山県下の南太閤山の低湿地遺跡で、関東地方の花積《はなづみ》下層式土器に近似する撚糸文・羽状縄文の施文された前期初頭の土器とともに、小板状土偶の破片が四点発見されたのである。一九八六年に刊行された報告書により、前期初頭に該当する板状土偶の存在が明らかになった。

図17の板状土偶が、富山市西郊一〇キロ余、南太閤山1遺跡の地表下四〜七メートルの低湿地から、前期初頭の極楽寺式土器に伴って出土したものである。1は胴下半部を欠損しており、現存部高は約四センチ、両腕部の幅は五・五センチほどの大きさで、早期の花輪台貝塚出土のものなどよりは若干大形であるが、頭部に眼、鼻、口部などの表現を全く欠いている点は、早・前期の他地域で発見された土偶と同様である。焼成は良好で、胎土には砂粒や

■中部・北陸地方の土偶

図16　山梨県、釈迦堂塚越北Ａ地区遺跡　左推定H10.5cm、中央（H）7.3cm　前期末

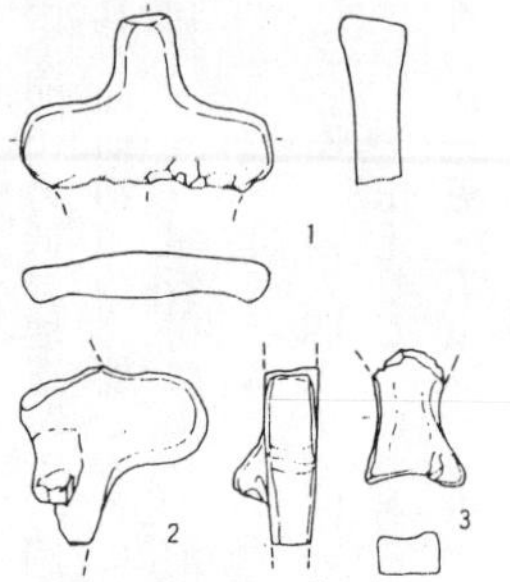

図17　富山県、南太閤山Ⅰ遺跡　前期初頭

繊維はほとんど含まれていない。２は頭部を欠損した左胸部破片で、左腕と左乳房が残存し、胎土に砂粒と繊維の混入が認められる。４は胸部の破片で、左乳房は剝落しており、両乳房の間に縦位の沈線が施文されている。これは上衣の襟の合わせ目を示しているものであろうか。胎土に砂粒と繊維の含有が認められる。３は現存部高三センチほどの小形品である。胸部からの下半部の破片のように思われるが、右腕部、ないし頭部とも考えられる。

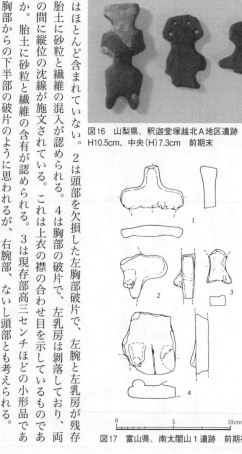

3　中　期

前代までの早・前期の土偶は、現在のところ近畿地方以東北に分布しており、西南日本からの出土例は全く知られていない。

前期初頭の土偶が富山県南太閤山1遺跡から出土したことで、早期初頭から中期にいたる土偶の形態的推移をたどることが可能になったとはいえ、中期に入っても、初頭の土偶例は極めて少ない。

東北地方北部の青森県下では、円筒上層a式土器に伴う板状土偶は、八戸市の長根貝塚出土の一例と、青森市三内《さんない》遺跡発見の一例が知られる程度である。東北地方南部でも、中期初頭の大木7a式土器に伴う土偶は、福島市音坊《おんぼう》遺跡出土の数個の破片と、他の数遺跡から一、二の破片の発見が報告されているにすぎない。

関東・中部地方でも、五領《ごりょう》ヶ台《だい》式・梨久保《なしくぼ》式などの中期初頭の土器に伴う土偶はほとんど知られていない。東京都八王子市犬目《いぬめ》町中原遺跡で、五領ヶ台式土器を出土した竪穴住居跡から発見された、高さ五センチ未満の小形土偶が一例知られる程度である。後続する新道《あらみち》式・勝坂I式土器が繁栄する頃になって、ようやく同様の小形土偶の例が増加する。両腕を

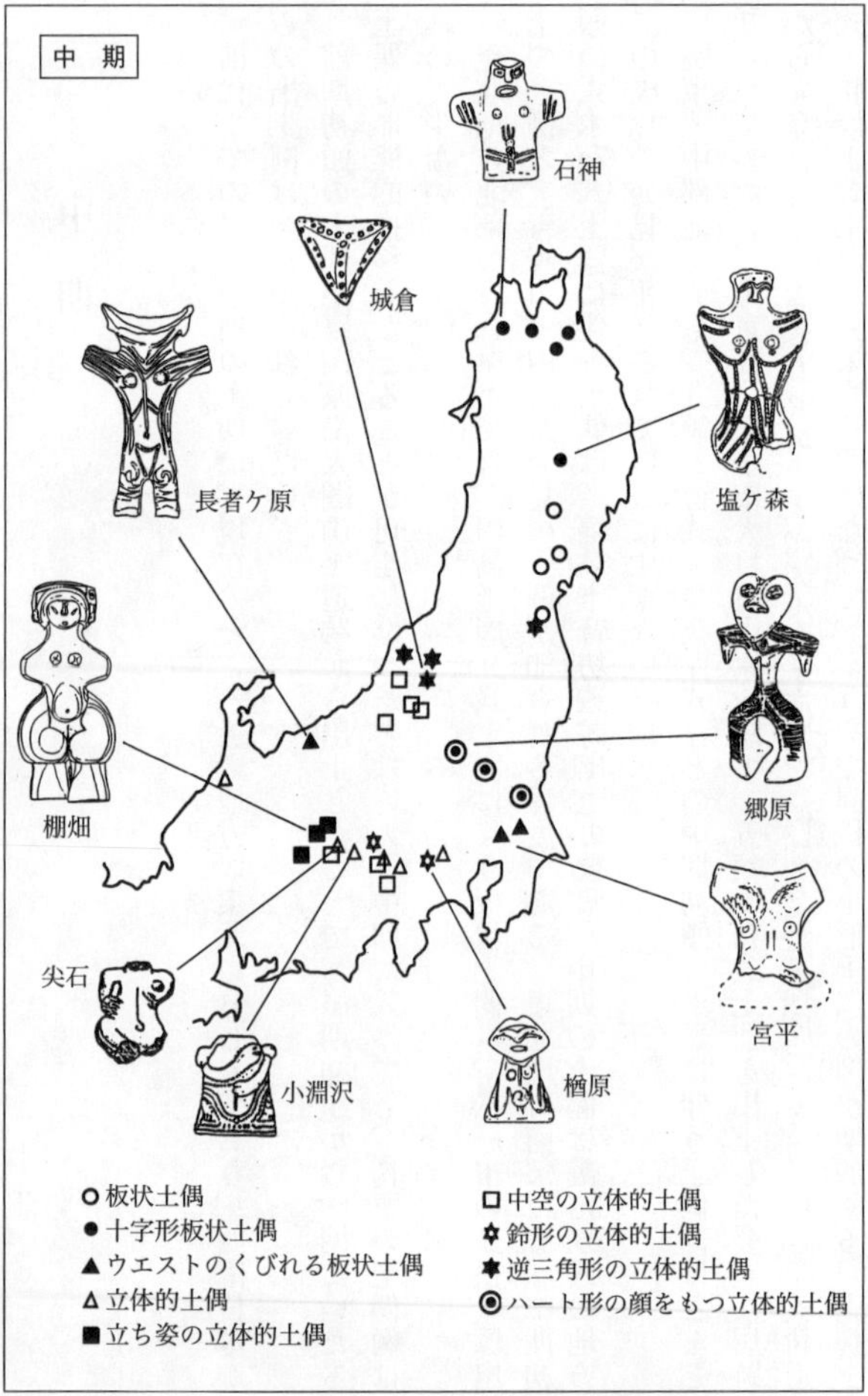
中　期
石神
城倉
塩ケ森
長者ケ原
棚畑
郷原
宮平
尖石
小淵沢
楢原
○板状土偶
●十字形板状土偶
▲ウエストのくびれる板状土偶
△立体的土偶
■立ち姿の立体的土偶
□中空の立体的土偶
✡鈴形の立体的土偶
✸逆三角形の立体的土偶
◉ハート形の顔をもつ立体的土偶

体部から左右に突き出して十字形をした、小形ながら丸味を帯びた立体感のある土偶が作られた。

北海道西南部から東北地方全域、新潟県下、関東地方東部の阿玉台《おたまだい》式土器の文化圏では、中期初頭からその終末まで、板状の土偶が作られた。北海道地方では、後期前半まで継続して、この形態の土偶が作られていた。

これに対し、中部地方東南部を中心に関東地方西南部へとひろがりをもつ、広義の勝坂式土器の文化圏では、甲信地方で中期初頭に発生した立体感のある小形の十字形土偶が発展をみせた。とぐろを巻く蛇にも似た、自由奔放かつ豪快な渦巻文などを配した土器と同様に、闊達で躍動的な姿態を示す、立体感あふれる土偶がみられる。横座りして乳児を抱く土偶、左手を背にまわし乳児を背負う土偶などは、当時の女性の育児の姿を髣髴《ほうふつ》とさせ、また、髪型、衣服、顔面の入墨《いれずみ》の状態などから、当時の生活の様子をかいまみることができる。

早期の土偶は畿内地方からも数例の発見が知られているが、中期の土偶は畿内以西の地方からは一例もないようである。ここに紹介した多くの例は、石川県下出土のもの一例のほかは新潟・長野県下以東で発見されたものである。岐阜県下でも出土例がわずかに報告されているが、胴部などの小破片で、図示できるようなものはほとんどない。

板状土偶

東北日本では、前期からの伝統をひく板状土偶が、中期に入っても引き続きさかんに作られている。北海道西南部渡島半島方面から東北北部の馬淵《まべち》川・岩木川流域に分布する円筒上層式土器の文化圏、東南部の大木6・7a・7b・8a・8b・9・10式土器の文化圏、茨城県霞ヶ浦・北浦沿岸地方から千葉県北部利根川下流域におよぶ阿玉台式土器の文化圏にわたって分布しており、さらに新潟県下にもこの形態の土偶が分布している。

東北北部

新井田川左岸、青森県八戸市の河岸段丘に位置する長根貝塚は、小粒なヤマトシジミの多い主淡小貝塚である。ここから下半部を欠く板状土偶（図18）が出土した。

この小貝塚は中期初頭の円筒上層a式土器の時代のもので、この時代としては数少ない土偶の一例である。両腕を左右に突き出し十字形をした、現存部高一〇センチほどの小形なものと思われる。この時期以降の円筒上層式土器文化の土偶には、頭部の下、首部と思われるあたりに顔面を表現するものが多いが、この土偶も、上に開くコの字形の沈線で額部を、下に開くコの字形の沈線で顔の輪郭を表わし、さらにその下に「形の沈線で両眼と鼻すじを表現している。両腕部の格子目状の沈線や、両乳房の下に認められる懸垂状の沈線などは、衣服のひだや染付、縫い取り文様などを表現したものではないだろうか。また、背面の頭部中央から垂れ下がっている二本の沈線と肩部へのびる二本の沈線は、長い頭髪をたばねた姿を表わしているものであろうか。

同形の小板状土偶が青森市三内遺跡からも発見されている（図19）。高さ九・四センチのほぼ完形の土偶である。突出した鼻の上部には傘状に左右にのびた貼り付け隆帯があり、その先端部は欠けている。この隆帯が眉毛のはえる眉上弓《びじょうきゅう》を表現しているのであろう。眼と鼻の下にあるはずの口の表現は欠いている。顔面部の表現が完全でない点は、前期からの伝統であろうか。先の長根貝塚例と同様に、顔の位置が左右にのばした両腕・肩部より下にあり、細い茅の茎を縦割りにしたようなものの先端で、刺突したり線引きしたりして体部に文様を施文している点も共通している。頭頂部が平坦な楕円形をなすのは、当時の長い頭髪の髷《まげ》の型を表わしているのかもしれない。

この土偶は、一九四〇年代前半に、よく遺物採集に出かけていた青森市在住の医師、故成田彦栄が、遺跡近くの用水路に耕作に邪魔になる土器・石器片などが投げこまれるのを知り、遺物を探索していたところ、偶然手にかかって引き揚げたという。そのために、伴存する土器などはっきりはしないが、三内遺跡からは円筒上層a・b両式の土器が出土しており、さらに長根貝塚の土偶と共通点の多い点などからみても、この土偶も円筒上層a式土器に伴うものと断定してほぼ誤りがないと思われる。

北海道西南部から東北地方北部にわたって、中期初頭の土偶がこの二例以外、その後の発掘でも発見されないということは、この時代に作られた土偶の数が極めて少なかったことを物語っているようで、大変興味深い点である。

青森県の石神遺跡で発見された土偶（図20）は、長根貝塚、三内遺跡発見の土偶と同様に、顔面が両肩部より下の胸部上半に表現され、頭頂部を楕円形にしている。下半分を欠いているが、現存部高約一一センチと、三内遺跡例より大形である。体部には表裏に撚糸押圧文があり、この点が先の二例とは異なっている。また眼と口も表現されている。この土偶は、一九六五年、円筒上層a1式土器の包含層から出土した。撚糸押圧文は次期の円筒上層b式のものと類似しているが、比較すると簡素である。撚糸押圧文を施した土偶が、すでに中期初頭に出現していることをうかがわせる例である。

青森県下、青森市内でもほぼ完形に復原された土偶が発見されている。表裏ともに撚糸押圧文が巧みに施文されている。この土偶は顔面部が肩部より上に表現されている点が特徴的である。発掘調査を担当した青森県埋蔵文化財調査センターの市川金丸によると、この土偶は中期前半の円筒上層a式土器の文化層から出土したという。

図21は、青森県八戸市是川一王寺出土の一例である。頭部と右半分を欠いているが、現存部高で二七・八センチと大形の板状土偶である。撚糸押圧文が比較的簡素で、左乳房の右下

■東北北部の十字形板状土偶　中期前半

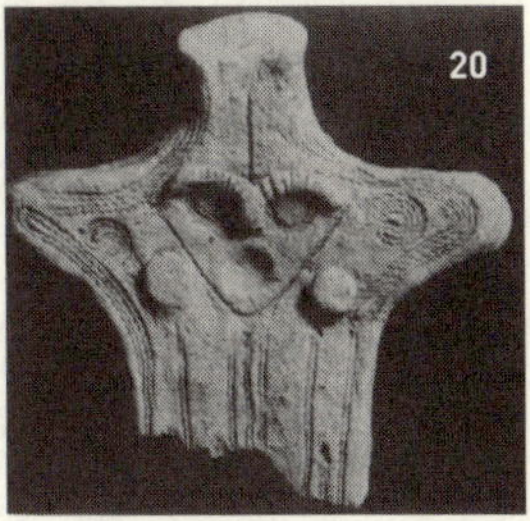

図18　青森県、長根貝塚　(H)10cm
図19　青森県、三内遺跡　H9.4cm
図20　青森県、石神遺跡　(H)11cm
図21　青森県、一王寺貝塚C地区下層
(H)27.8cm

中央の円孔が口部を表現したものと考えれば、顔面の表現が両肩部より下にあることになる。また、左側頭部わきに突出した環状のものは耳朶《みみたぶ》を表現しているのかもしれない。背面は素文である。中期初頭の土偶と考えてよいだろうが、畑地での表面採集品のため、伴存土器の型式は不明である。

青森市三内の稲荷山遺跡で発掘された土偶は、現存部高一八・二センチ、全面表裏に巧みな撚糸押圧文の施文された土偶である。欠損した頭部の下の向かって右に半弧状の眉部と中央に鼻部の表現がみられ、その下に浅く丸いくぼみで表現された口部がみられる。稲荷山遺跡からは中期前半の円筒上層a・b式の土器が出土しており、そのいずれかに伴存したものと思われる。

青森県五戸町陣場遺跡発見の両腕部を欠損した現存部高二二・二センチの板状土偶は、八戸市在住の個人の収集品で伴存土器などは不明であるが、顔面部が肩部より上方にある点、眉の隆起の下に両眼孔があるなど眼、鼻、口が明瞭に表現されている点などから、これまでに紹介した板状土偶より年代は下がり、円筒上層b式以降の土器に伴存したものではないかと推察される。

先に一例紹介した青森県の石神遺跡では、立体感のある十字形板状土偶が発見されている。図22左上は、胴下半部が欠損しており、推定高約一七センチである。顔面部は肩部より上部に表現され、眉上弓の下に、撚糸圧痕文による眼の表現がある。左目は多少くぼんでい

図22　東北北部の立体感ある十字形板状土偶　中期　青森県、石神遺跡　上より推定H17cm、H12.6cm、H15.1cm

る。顎部も浮彫状に表現され、立体的になっている。腕部には樹木を思わせるような形に絡条体圧痕文が施文されている。体部両側と中央の数条の撚糸圧痕文は、衣服の縫い目、あるいは縫い取り文様を表現しているものであろうか。背面にも類似の文様が施文されている。頭部が後方に突出し、その上にほぼ等間隔に瘤状の小粘土塊が貼り付けてあるのは、髪型を表現しているものであろうか。さらに頭頂部からは、突出部の下へ二つ貫孔していて、つり下げることが可能なように作られている。円筒上層b式頃の作品であろうか。

石神遺跡からは、同様の土偶がもう一点出土しており（図22中）、腕部には先の例と類似の文様が沈線文で表現されている。この土偶も、頭頂部に前面から背面へ小孔が二つ貫孔し、懸垂するのが可能なように作られている。口孔は肩部より下に表現されているが、鼻は上部にあり、鼻から両側に開いた逆三角形状の隆起文は眼窩の輪郭を示すものであろうか。眼の表現は不明瞭である。体部両側の一条の沈線文、下半部の逆ハの字状の沈線文は何を表現したものであろうか。高さは一二・六センチを測る。この土偶は円筒上層c式以降の作品であろうか。

図22下も石神遺跡発見品で、高さ一五・一センチの十字形板状土偶である。図22中の土偶同様に、口は肩部より下に表現されているが、眉、眼、鼻は明瞭に表現されている。同様に両腕には、三本の平行沈線が施されている。臍の下部の二本の平行沈線は、パンツ状の衣服を表現したものであろうか。そして、臍下の縦長の孔は、女陰を表現したものであるかもし

れないが、この時期には陰部を表現した例はあまりない。顔面部の眼、鼻、口を明確に表現しているこの土偶は、中期後半の作品ではないかとも思われる。

東北南部

東北地方南部の大木諸型式土器の文化圏では、前期の土偶の出土例は極めて少なく、中期に入っての例もあまり多くはない。しかし、宮城県北部の糠塚《ぬかづか》貝塚のように、中期初頭の時代と思われる土偶を多数出土した遺跡も例外的に存在する。

糠塚貝塚から出土する土器は、前期末の大木6式と考えられていたが、調査者興野義一によって中期前半の大木7a式との間に糠塚式と呼称する新型式設定が提唱され、中期初頭と考えることが主張されている。私も、多くの土偶の形態から考え、また、前期末の関東方面の土偶との共通点やほかの中期の土偶との共通点から、中期初頭と考える方がより妥当性が高いように思う。

図23の板状土偶は、頭頂部と下半身が欠損しているが、現存部高一〇・六センチもある比較的大形のもので、厚さも二センチほどである。岩手県盛岡市の畑井野《はたいの》遺跡から中期初頭の大木7a式土器とともに出土したもので、表裏にみられる半割竹管による平行線文様は、衣類の染付文様や襞のようなものを表現しているものであろうか。両肩部から下に顔面部の眉上弓の隆起から鼻にかけての貼付隆帯があり、鼻の下に丸いくぼみで表わされた口部は、胸部

上半中央に位置している。

この鼻部の位置は、三内遺跡例のような、東北地方北部中期初頭の円筒上層a式土器に伴う土偶に近似している。また眼の表現を欠く点も共通している。さらに、円筒上層式土器に伴う十字形板状土偶には、両腕・肩部や頭頂部などに二個の小貫孔があり、懸垂して使われたと思われるものが存在するが、東北地方南部の大木7a・7b・8a・8bの文化圏の板状土偶にも、たとえば畑井野遺跡出土の土偶の腹部に二孔、糠塚貝塚出土例や岩手県北上市樺山遺跡出土の板状土偶にも胴部上半両側両腕部付近に二つの小貫孔がある。これらも懸垂して使用されたものと考えられ、利用方法にも共通した様相が認められる。

図24は、糠塚貝塚から発見されたものの数点である。中期初頭の糠塚式土器に伴存した土偶で、糠塚貝塚の住民はさかんに土偶を製造したものか、一遺跡で一〇〇点近い土偶の破片が発見され、この地から付近一帯に土偶を供給したのではないかとも推考し得るほどの量である。左上の中期初頭のものも、他例にみられるように、頭部の位置に眼、鼻、口など顔面の表現を全く欠いている。おそらく、頭頂部を欠くが、胴部上半中央の半球状のくぼみが口部を表現するものであれば、眼、鼻の表現は欠く土偶ということになろう。

左上の例は頭頂部、両腕部、胴下半を欠いているが、右腕中央に懸垂用の小貫孔の左半分が残存している。両腕とも小孔の部分から折損したと思われる。中央のくぼみの下の半割竹管による二つのU字形平行線の施文は、畑井野遺跡出土の土偶と共通する施文である。中央

■東北南部の板状土偶　中期前半

図23　岩手県、畑井野遺跡　(H) 10.6cm

図24　宮城県、糠塚貝塚　左下(H) 7.5cm、右下(H) 10.7cm

の胴下半へ一直線に垂下する平行線は、衣服の合わせ目であろうか。

左下の例は胴下半を欠いた、するめの頭のような形をした板状土偶であるが、前例と同様、両腕張り出し部の基部に懸垂用と思われる二つの小貫孔がある。これがあたかも両眼を表わすような感じであるが、眼を意識してあけられたものかどうかは疑わしい。現存部高七・五センチほどの大きさである。

右上も、前例とほぼ同一の大きさの板状土偶で、胴下半を欠いている。両腕基部に二つの懸垂用小貫孔のある点も共通している。頭頂部近くに小孔が一列に四個存在する点が、他の二例と異なるところである。この頭頂部に併列する点が、他のか。同様に頭部にハの字形に四孔をあけた例は、山梨県釈迦堂遺跡出土の前期末の土偶（図16）にもみられる。この種の土偶が前期末から中期初頭にわたって、かなり広範な地域で作られていたことをうかがわせる。

右下の例は胴下半の破片である。残念ながら上半身は不明であるが、前記の三点とほぼ類似する形態のものであろう。前記の三点の下半身もこのような形態であったのではないだろうか。四列の刺突文を囲むM字状の文様帯は、腰にパンツ状の衣類をつけた状態を表わしているものと思われる。糠塚貝塚出土の板状土偶の中には、同様に内部に刺突を施したM字状の文様を施文したものが数例ある。これらはパンツ状の衣類を示すものと考えられ、このような植物繊維製の衣類が当時かなり普及していたのではなかろうか。中央の一本の垂線は、上衣の合わせ目であろうか。線上の上部には小孔の一端が認められる。これは臍を表わすものであろう。この土偶は他のものより若干大きく、現存部高が一〇・七センチあり、完形であれば高さ二〇センチ前後のものと推定される。

畑井野遺跡と糠塚貝塚の中間地区、岩手県北上市の市街地の東部でも、配石遺構に隣接した中期前半の大木7b式期の住居跡を発掘調査した際、床面上から同様の板状土偶が発見されている。現存部高九・五センチ、大きさは畑井野・糠塚例に匹敵する。正面は上半部が剥脱している。頸部から上を欠き、胴下半も欠いている。背面からみると、左上腕基部に小貫孔が認められ、右腕部は欠損しているため確認できないが、形態から考えて、糠塚のものと同様に両腕基部に懸垂用の二つの小貫孔が存在したものと思われる。腕の先端は左も欠損しており、その形態は不明である。表裏とも半割竹管の平行線で文様が施文されている点も、畑井野や糠塚などの出土品と類似している。焼成はあまり良好でなく、もろくて灰褐色をしている。

図25の土偶は阿武隈川左岸流域、宮城県刈田郡蔵王町の西裏《にしうら》遺跡で、大木7a式から9式までの各時代の土器片とともに出土したもので、いずれの型式の土器に伴存したものかは明らかでない。現存部高八・八センチ、最大幅七センチほどの大きさで、板状土偶とはいえ、正面は多少まるみを帯びた形に作られている。頭部や肩部の表現はあるが、顔面は全く素文で、眼、鼻、口の表現を欠いている。胸部上半には二本の帯状の隆帯があるのみで、乳房の

表現も欠いている。下端は右側が若干ふくらみをもっている。眼、鼻、口の表現を全く欠く点から考えると、中期初頭の作品と思われる。焼成はよく、全体が橙褐色をしている。

図26の土偶は、福島市南部の標高二〇〇メートルの地にある音坊《おんぼう》遺跡で、大木7a・7b式土器などとともに出土したものである。胴部下半を欠き、現存部高8センチほどである。頭頂部は青森市三内出土の中期初頭の小板状土偶（図19）とも近似し、顔面部には逆三角形の沈線文のみが施文されている。顔面部の輪郭を表わしたものであろうか。眼、鼻、口の表現を欠く点はすでに紹介した多くのものと共通する。両腕は肩部に隆帯によって表現されている。このことから、西裏遺跡の土偶の肩部の二本の隆帯も、両腕を表現したものかとも考えられる。この隆帯の周辺から乳房の下へかけてS字状に連続刺突文が施文されている。この文様は、この付近から関東地方の中期初頭の土器に施文される特徴的な文様である。

音坊遺跡ではこの土偶のほか、上半身を欠いた土偶が出土している。臀部がハート形に作られ、やや突出して表現されている点、体部の横断面が楕円形に作られている点などは、東北地方のほかの遺跡出土のものと比較すると、後述する中部地方東半部から関東地方西南部にひろがりをもつ、中期前半の立体的土偶に一歩接近した体型であり、この点は興味深い。

関東地方

関東地方東部、霞ヶ浦沿岸から利根川下流域を中心に分布圏をもつ、中期前半の阿玉台式

■東北南部の立体感ある板状土偶　中期初頭

図25　宮城県、西裏遺跡　（H）8.8cm

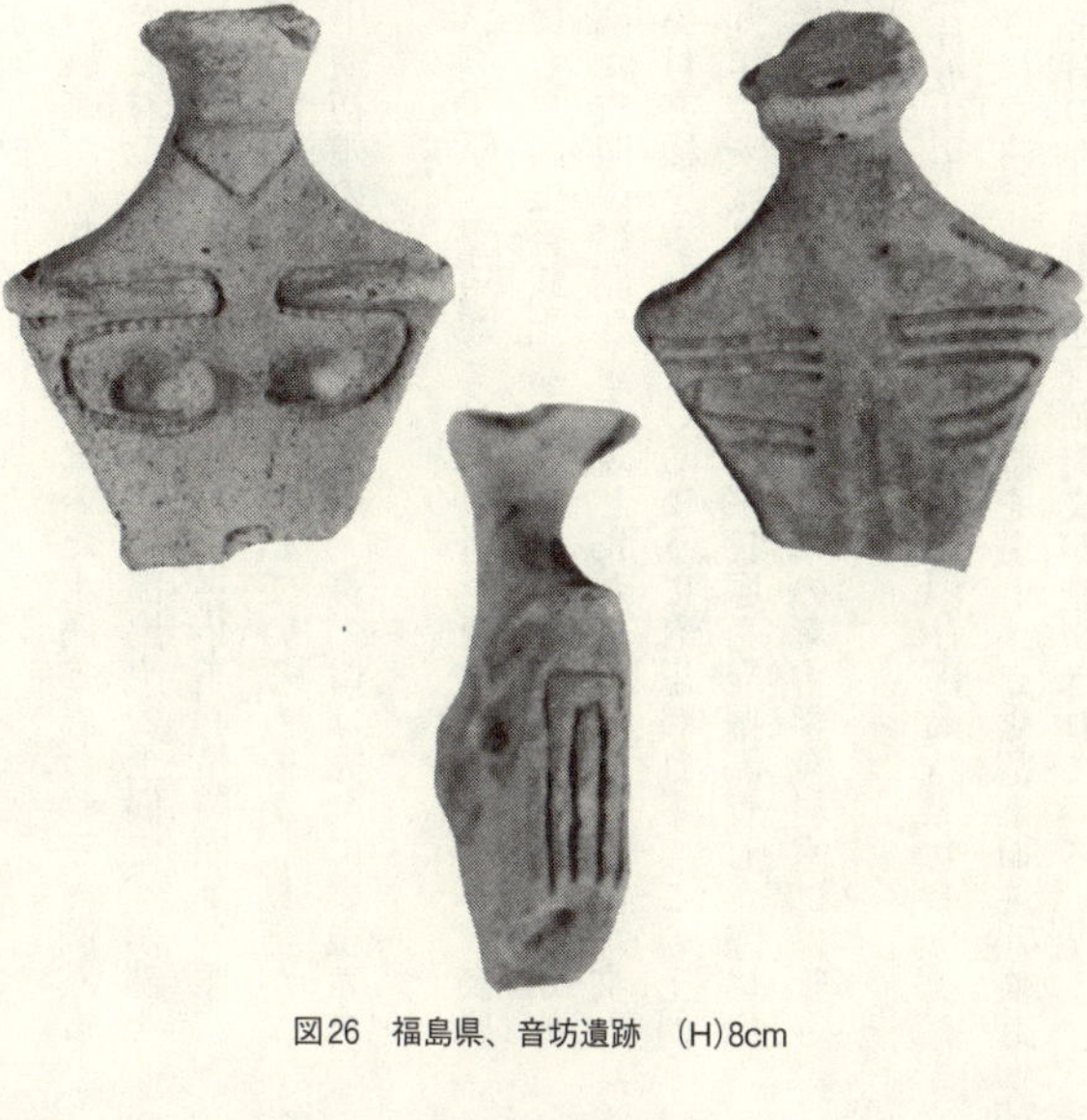

図26　福島県、音坊遺跡　（H）8cm

土器の文化圏では、中期初頭から終末まで、板状土偶が作られた。

図27の土偶は、両肩部の中央に欠損の痕跡があり、頭部を欠いた土偶と思われる。図28も胴部上半より上を欠いている。今日までに、この時期の関東地方東部出土の土偶で、頭部を残したものはほとんど知られていない。したがって、阿玉台式の板状土偶は顔面部の眼、鼻、口の表現を全く欠くものか、眉上弓の隆起と口部のみを表現しているものか、見当がつかないが、おそらく東北地方における中期初頭の土偶と同様に眼、鼻、口は完全に表現されていないと考えられる。

図27の土偶は、現存部高一一・一センチ、厚さ〇・九センチの薄い板状土偶である。表裏両面のほか、両側面、両肩、底面などにも、阿玉台式土器に特有の押し引き連続刺突文が施文されている。体部の文様は、前面胸部に衣服の襟開きを表現したかにみえる刻目沈線文もあり、全体が衣服の縫い取り文様か、染付文様を表わしているようにも思われる。この土偶は、かつて大山史前学研究所で一九三九年、茨城県稲敷《いなしき》郡の宮平貝塚を発掘調査した際に出土したものである。戦災の焼跡から掘り出され、今日、國學院大學の考古学資料室に保管されている。

宮平貝塚からは、胴下半部のみの破片も出土している（図28）。現存部高八・七センチ、完形であれば二〇センチぐらいの大きさになろう。中央部に臍を表わすかと思われる小突起がある。この土偶も、阿玉台式土器に特有の押し引き連続刺突文が施文されている。

■関東南部の板状土偶　中期前半

図27　茨城県、宮平貝塚　(H)11.1cm

図28　茨城県、宮平貝塚　(H)8.7cm

宮平貝塚と近接した位置にある竹来根田《たかくねだ》貝塚からの出土品で、宮平貝塚の土偶のようにウエストのくぼみがなく、胴体が長方形に作られた板状土偶は、現存部高五・六センチの比較的小形な作品で、中央部の突出した臍は焼成後に脱落した痕跡が認められる。文様は図23・24の土偶と同様の施文具で施されている。

立体的土偶

縄文時代中期前半に、東京都西部の八王子市付近から神奈川県西北部、山梨県、長野県南半部の地域では、自由闊達、雄大豪壮な文様を施した、原始芸術の極致といえるような土器が作り出された。このような土器を作り出した人々の手になる土偶もまた、他地域とは異なった、芸術性豊かな多くの作品が生み出されている。ここでは、中でも特徴的な例を、各種形態に区分して解説したい。

産育土偶

その筆頭にあげられる作品は、東京都八王子市川口町宮田遺跡から出土した、母が乳児を横抱きにする土偶であろう(図29)。

一九六八年、都立南多摩高等学校地歴部の生徒諸君が中村威教諭などの指導で、宮田遺跡

図29　乳児を抱く立体的土偶　中期前半　東京都、宮田遺跡　(H)7.1cm

を発掘調査中、中期初頭、勝坂2式の時代の竪穴住居跡の南側周溝内に、倒立した状態で埋まっていたこの土偶を発見した。住居跡内や付近出土の遺物を水洗に際して丹念に調べたが、ついにこの土偶の首部から上は発見できなかった。

横座りし、足先を揃えて体部の左側へ出したこの土偶の現存部高は七・一センチで、比較的小形の作品である。

この土偶は、縄文時代中期前半という悠久なる太古の時代の育児習俗を知る上で貴重な資料である。また、住居内での座り方なども、今日とかなり違っていたことを教えてくれる。母親は乳児に左乳房をふくませ、左手は乳児の肩部に下から上へからませ、右手は下腹部を上から下へまわす抱き方をしている。乳児の顔面は、中期初頭の阿玉台式・勝坂式土器によくみられる箆《へら》状工具の先端を粘土面に押し引き、連続刺突して表現されている。両膝部の渦巻文はズボン状衣服の縫い取り文であろうか。この母親の抱き方といい、乳児のあどけない表情といい、実に巧みに表現され、この作者は、稀にみる芸術性豊かな人であったと想像されるが、あのような芸術的な土器を創造した地域の人々であったからこそ、この地域だけに特徴的な立体感ある土偶が作り出されたのであろう。

図30の円筒形をした土偶は、能登半島の基部、石川県の上山田貝塚で発見されたものである。現存部高一〇センチ、円筒形の上面に斜め上向きの顔面がついていたと思われるが、焼成前に顔面部成形接着面から破損剥離したようである。宮田遺跡の例と対照的に、乳児を背

負い、左手を背にまわし、乳児の脚部をおさえている。

体部を円筒形に作り、底面の一部を円孔として空けて内部の空間部がみえるようになっている例は、中部地方東半部から関東地方一帯にかけての後期前半の土偶にかなりみられる。この土偶は、そのような円筒形体部をもつ中空土偶の祖源的なものとみなすことができるのではなかろうか。

胸部にあてた右手も、背にまわした左手も、背負われた乳児の手足も、何か両棲類の手足を思わせるような表現をとっているが、このような表現は、中部山岳地帯で発見される中期前半の土偶や、人体文付土器についている人体文の手足の表現にも用いられている。無意識にこのような表現をとったのか、何か人以上の神のようなものを表現するために手足だけは他の動物を模したものか、今後に残された一つの研究課題であろう。

体部の文様は、宮田遺跡例と同様に押し引き連続刺突文が渦巻状など巧みに施文されている。乳児は背を向け、顔は母の背についているので、その表現を欠いている。しかしながら、この二つの土偶とも、偶然に母親の顔面が欠損しており、その表情がわからないのは実に残念である。

早期の土偶は畿内地方からも数例の発見が知られているが、中期の土偶は畿内以西の地方からは一例もないようである。ここに紹介した多くの例は、石川県下出土のもの一例のほかは新潟・長野県下以東で発見されたものである。岐阜県下でも出土例がわずかに報告されているが、胴部や脚部などの小破片で、図示できるようなものはほとんどない。そのほか、婦人の妊娠、出産の様子を示す土偶ではないかといわれるものを数例解説したい。

図31は長野県茅野市尖石《とがりいし》遺跡発見の、頭部を欠き、現存部高八・五センチを測る蹲踞《そんきょ》姿勢(坐った姿)の土偶である。左手で何かをかかえたような姿のため、「壺を抱く土偶」という名称をつけて解説している図書もある。腹部は前面に丸くふくらみ、妊娠の状況を表わしたものと思われる。

図32は山梨県西北部、小淵沢町付近発見といわれる土偶である。図31の土偶と同様に頭部を欠き、顔面の状況がわからない。現存部高は八・五センチ、蹲踞姿勢を思わせる土偶である。この土偶は内部が容器状に中空になっている。また両腕は右を上にして、左右から腹部をおさえている。腹部下半、左手下の一条の縦線は、妊婦の陰部を示しているものであろうか。衣服を前開きにして胸部まで露出させ、妊娠した腹部を誇示しているようにもみられる、興味深い土偶である。

図33の土偶は、一九六三年、中央高速道釈迦堂パーキング・エリアの建設敷地内で発見された。釈迦堂地区の果樹園のある台地上一帯は、縄文時代の集落遺跡であり、この開発に伴う事前発掘調査が実施された際に、三口神平《さんこうじんだいら》地区遺跡で発見されたものである。この土偶も蹲踞姿勢のもので、頭部は胴部上半に焼成前に接続するように作られたが、焼成しおわった

後に離脱した痕跡を胴部の上端部に残している。この土偶も頭部を欠き、現存部高は七・八センチほどの小形なものである。

この土偶の最も注目すべき点は、下腹部、股間中央に小突起があり、一見男根のようにもみられる点である。

かつて、山梨県韮崎《にらさき》市藤井町坂井遺跡出土の頭部を欠損した現存部高五・六センチの坐像かと思われる土偶の股下中央に、三個の瘤状の突起が認められることから、永峯光一と野口義麿が「男性土偶」として報告したものとよく似たものである。当時、芹沢長介や私は、これに対して女性の性器を誇大視したものではないかとの見解を発表したのであった。その後、この胴部に接続する右乳房と右手が発見され、豊満な乳房が表現されていたことが判明した。また、背面には小さな臀部が表現され、その中央下に肛門を円孔で示している。つまり、蹲踞姿勢のこの土偶は、出産の状況を示すもので、突起は胎児の頭部が妊婦の産道から体外へ出た状態を表現したものと考えられないだろうか。

このことは、山梨県西北部、須玉町御所前遺跡から出土した、人面把手付深鉢土器がヒントを与えてくれる。図34左は、正面からみたものであるが、背面にも同一の文様があり、胴部中央には人面が施されている。口頸部のくびれが人体のウエスト、その下が腹部にあたるとすれば、この人面は股間から今生まれようとしている嬰児が顔を出している状態と考えられる。人面の上下には、向き合ってひらくコの字形の文様があり、これが陰部の表現かもし

■出産・育児の様子を表わす土偶と土器　中期

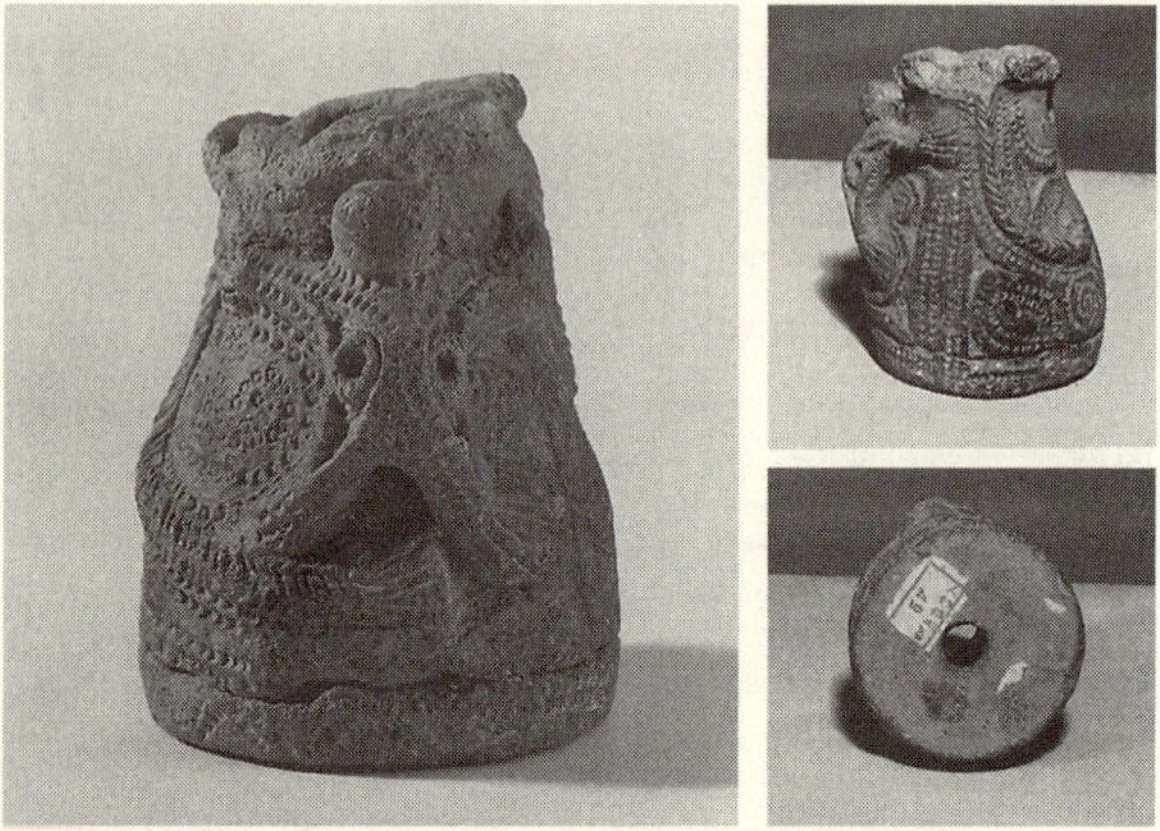

図30　石川県、上山田貝塚　(H)10cm

図32　山梨県小淵沢町付近発見品　(H)8.5cm

図31　長野県、尖石遺跡　(H)8.5cm

図33　山梨県、釈迦堂三口神平地区遺跡　(H)7.8cm

図34　山梨県、御所前遺跡発見の土器　中期前

れない。両脚部を表現している文様は、足先にあたる部分が渦巻文に変化している。立ったままでおこなう立位出産の状況をリアルに表わした土器といえよう。

同じような姿を、タール状の塗料を使って中期末の曾利式土器に描いたものが、須玉町と近距離にある長野県諏訪郡富士見町の唐渡宮《とうどのみや》遺跡から発見されている。この時代の出産が立位出産であったことを物語る興味深い資料である。山窩《さんか》研究で著名な三角寛《みすみかん》氏によると、一九三〇年代頃まで、山地を渡り歩いて生活していた山窩の婦人たちの出産も大変安産で、谷川などで立ったまま股を開き、簡単に出産をし、自分の手で始末したようである。

このように考えあわせると、坂井遺跡出土の土偶も、上部の大きな瘤状の突起は胎児の頭部で、下部の二つは大陰唇を表わすものとも考えられないだろうか。この種の土偶は、長野県諏訪郡の八ヶ岳山麓地方から甲府盆地周辺の山梨県下という、限定された地域の縄文時代中期の土偶と土器にみられるもので、新津健と小野正文はこれらのものに「誕生土偶」あるいは「誕生土器」の名称を用いることを提案している。ここに紹介した土偶も、この範疇に入るものと思われる。

立ち姿の土偶

中期初頭の土偶の例は極めて少なく、高さ三センチに満たない小形のものが数例発見されている程度である。

前期と同様、顔面部の眼、鼻、口の表現があまり明確でないことが一つの特徴としてあげられる。両腕が左右に突出しているが、これがさらに左右にのびて十字形土偶へと発展するものと思われる。このような形態は、東北地方北部・南部の土偶にも認められ、東日本の縄文時代中期の土偶に全般的にみられる共通の特徴といえようか。

中部地方東南部の中期前半の代表的な立ち姿の立体的土偶としては、図35・36のようなものがある。

図35は古く長野県茅野市尖石遺跡近傍の広見遺跡で発見されたものである。誤って胸部を折損し、五ミリほど欠けてしまったが、発見当初の姿は写真のような形態で、高さ一七・五センチほどあった。胴下半から脚部は最初から欠けており、背面はハート形をした臀部までが残存している。

両腕先端の沈線は左右とも三条であるが、山梨県韮崎市坂井遺跡出土のものは左四条、右三条と異なり、また後述する新潟県糸魚川市長者ケ原遺跡出土の土偶（図42）も、左四条、右五条と一定していない。指の表現かとも考えられるが、単なる装飾であるかもしれない。

山梨県釈迦堂遺跡群からは、坂井遺跡のものに類似した土偶破片が多数出土している。一六個の土偶頭部の破片をみると、眼尻の上がったものが九個と、半数以上ある。坂井遺跡出土の土偶、図144の長野県富士見町藤内《とうない》遺跡出土の土偶、図43の山梨県御坂《みさか》町中丸遺跡出土の土偶など、この地域の中期前半の土偶は眼尻の上がったものが多い。また、頭部の表現もさまざまである。種々の隆起文がみられるが、明らかに結髪した、一種の髷《まげ》の状態を表現したものであろう。当時の婦人の間で流行した頭髪のたばねかた、髷の結いかたにも、種々な型があったことが想像される。

坂井遺跡出土の土偶顔面部のハの字形の文様は、釈迦堂遺跡群の土偶にもみられ、左頬のみのものもある。この文様については、頬に入墨した様子を示しているのではないかとする説と、頬紅のように色を塗った化粧を示しているのではないかとする説があるが、いずれであるかは明確でない。頬に入墨する習俗は、台湾の高砂族の中のタイヤル族をはじめ東南アジアの海南島の黎族、ラオスのカー族などにもみられる。これらの習俗との類似性については、第二章で記すことにする。

腹部前面、臍の両側には長い三角形の削り出し陰刻文がある。この種の文様は釈迦堂遺跡群の土偶にも施文されているが、パンツ状の衣服を示すものであろうか。この土偶のように、さらに腹部に左右相称の文様化したものを描き出している例をみると、このパンツ状のものは何を示すものか、衣服の一部を示すものと断定できなくなる。

一九八六年九月、長野県茅野市米沢の棚畑《たなばたけ》遺跡の環状集落中央の土壙《どこう》群の一角から、ほぼ完形に近い中期中葉の土偶が出土した（図36）。高さ二七センチの実に豊満な姿態をした立位の土偶である。体部には全く文様はなく、乳房、臍などが表わされ、一見裸体像のようにみえる。しかし、頭部の施文は細かく、渦巻文や三叉《さんさ》文《もん》などが全面に施文されている。ラオ

■立ち姿の立体的土偶　中期前半

図35　長野県、広見遺跡　(H)17.5cm

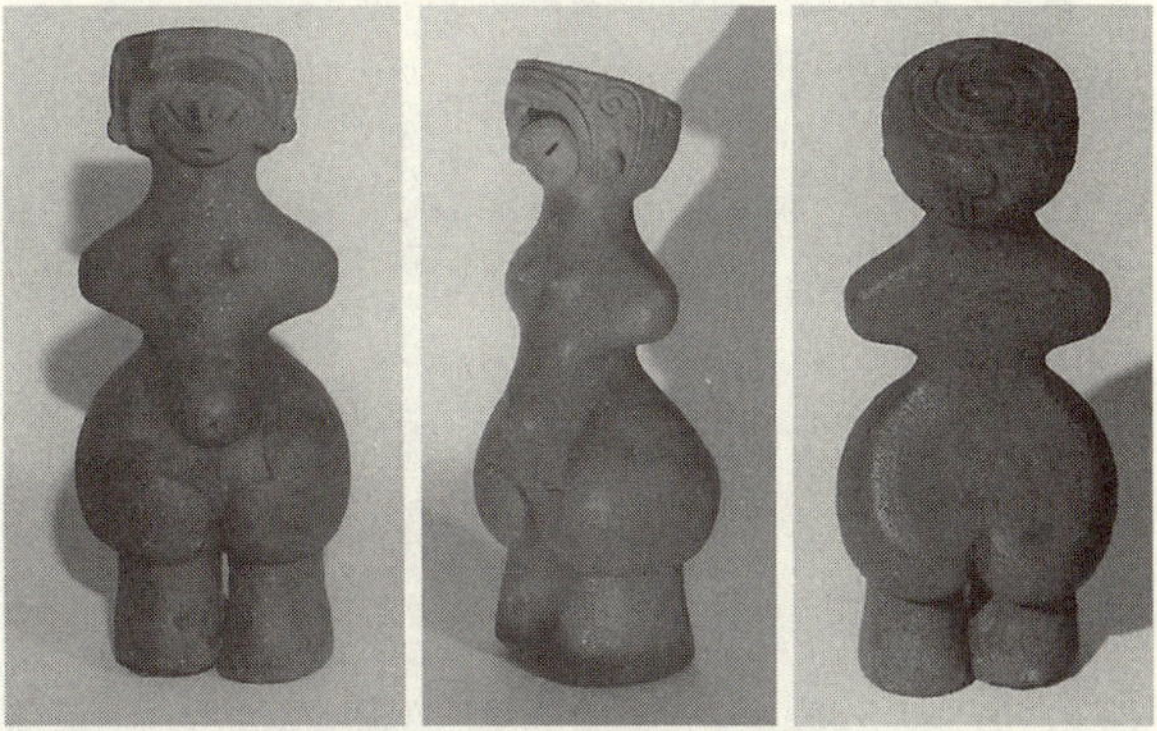

図36　長野県、棚畑遺跡　H27cm

■ハート形の尻をした立体的土偶　中期後半

図37　長野県、葦原遺跡　H16.5cm

図38　長野県、刈谷原遺跡　H26.7cm

ス北部の苗族《ミャオ》婦人に頭髪の髷の上に刺繡をした頭巾《ずきん》を被る風習があるが、苗族の頭巾の形とたいへんよく似ている。髷を飾ったヘアー・ピン類（簪《かんざし》、笄《こうがい》の類）を表わしていると思われるが、被りものの存在も考えられないだろうか。また、この土偶は腰部が大きく作られ、腹部もまるく突出しており、出産間近な妊婦の姿を表現した、誕生土偶の一つとも考えられる。

図37・38は長野県下出土の中期後半の完形土偶である。葦原遺跡出土の土偶は高さ一六・五センチ、刈谷原遺跡出土の土偶は高さ二六・七センチほどの大きさであるが、眼は眼尻の上がった鋭いものではなく、柔和な眼差しをしている点が共通している。また頭部・胴上半部から、左右に直角にのばした両腕部などは、中期前半のものと比較すると扁平になる傾向がみられるようである。しかし、体部と両腕が十字形をなす点などは、まだ前半からの伝統が残っている。また、下腹部から股部にわたって逆三角形の文様がある。陰毛様にもみえるが、両脚部の股関節の位置にまでひろがっており、パンツ状の下着をつけた状態ではなかろうか。図42の長者ケ原遺跡出土の土偶にも同様の文様が認められる。関東地方西南部でも、中期中頃の勝坂3式から加曾利E1式頃以降に、このような文様を施す傾向が現われるのではなかろうか。また臀部がハート形に後部に突出するものは中期前半の勝坂式土器文化圏の土偶の一特徴であるが、前半期末から中頃への移行期の、これらの土偶には、最も顕著な表現となって現われている。

中空土偶

前記した、石川県上山田貝塚出土の乳児を背負う土偶も筒形の中空土偶であるが、中部地方東半部の広範な地域で、数は多くないが、比較的大形の中空土偶が作られていたようである。

図39の土偶は、信濃川中流域、新潟県南部、長野県境に近い中魚沼郡津南町上野遺跡出土の現存部高二一センチの中空土偶で、脚部末端の破片も出土しており、両肩部までの高さは二五センチ以上あるものと推察される。これとよく似たものは、長野県北部、飯山市深沢遺跡出土のものがある。現存部高二四センチと大きさもほぼ同じであり、幅約二センチの粘土帯を輪積みにして成形している。

この二つの土偶は、新潟県南から長野県北部への県境地域、信濃川から河川名が千曲川に変わる左岸、距離にして二〇キロ余りという近接地から出土している。いずれも渦巻文などの沈線文が施文され、信濃川中流域で馬高Ⅰ式土器が繁栄した、中期前半末から中頃にいたる時代のものと思われる。上野遺跡の土偶は、腹部が破損しているため形態はよくわからないが、深沢遺跡の土偶から考えると、下腹部が前に突出し、妊婦の姿態を示しているように思われる。また、肩部中央から頭部がどのように接続するか、両土偶ともこの部分の破片を欠いているため明確にできないが、肩部中央に円形か楕円形に貫孔していたものではないかと思われる。

図40に示した土偶頭部は、山梨県韮崎市坂井遺跡から出土したものである。高さ七・七センチで、首部の下縁は細口壺の口唇部状を呈し、胴部へ連続するものでなく首部から上のみ

■頭部のない中空土偶と頭部のみの中空土偶　中期前～中頃

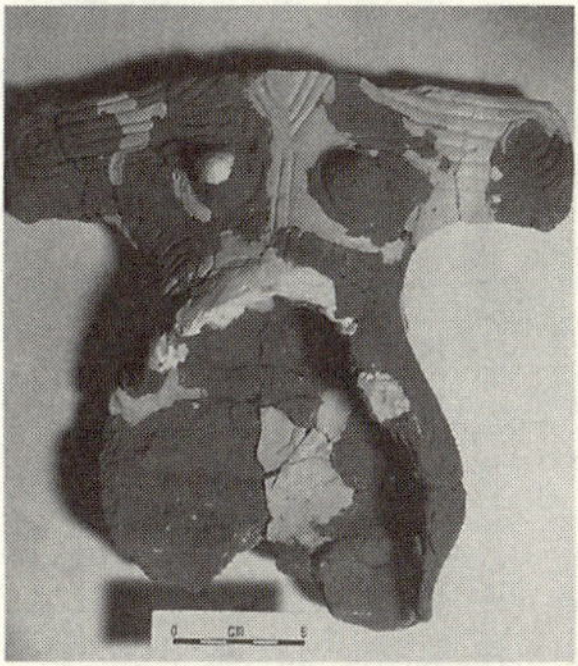
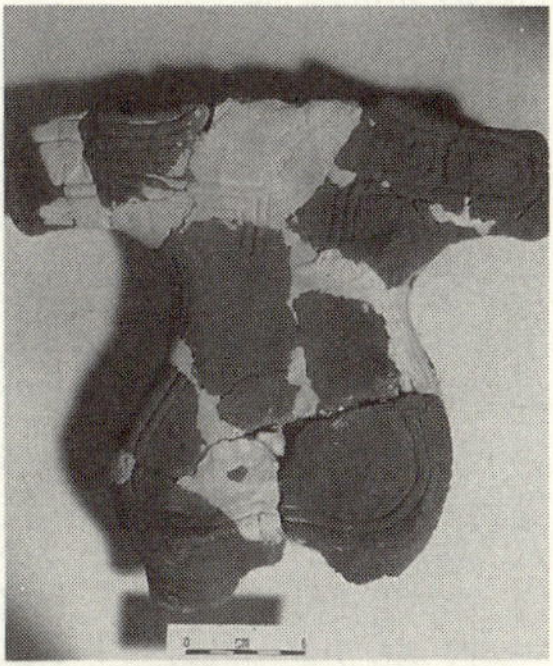

図39　新潟県、上野遺跡　(H)21cm

図40　山梨県、坂井遺跡　H7.7cm

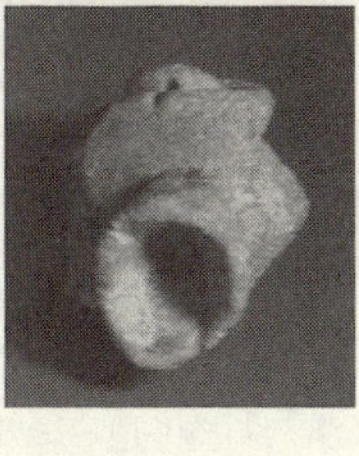

の独立した作品である。頭髪はとぐろを巻く蛇の姿を表現しており、長野県藤内遺跡出土の土偶（図144）の頭部背面の頭髪が、とぐろを巻き首を上に向け口を開く蛇の姿をしているのと共通している。

これと似た形態のものが、上野遺跡の対岸、津南町沖ノ原遺跡からも一点出土している。高さ二・五センチほどの小形の作品である。

このような、独立して作られた土偶頭部が、前記した中空土偶の肩部中央の孔に挿し込まれて、合わせて一体をなしたものではなかろうか。両者は、ほぼ同一時期のものであるが、残念ながら頭部と体部が一緒に出土した例がない。今後発見されることに期待したい。

中期後半初頭の例は、中部地方中央でもかなり広範な地域から出土している。頭部が皿状になり、図41の新潟県長岡市馬高《うまだか》遺跡出土例には沈線による渦巻文が施文されているが、これは藤内遺跡出土の土偶などの頭頂部にみられる、とぐろを巻く蛇の頭髪が文様化したものであることが理解できる。図42の日本海岸、新潟県糸魚川市長者ケ原遺跡出土の土偶は、皿状頭部の内面は素文で、文様は全く認められない。

図43の胴下半を欠く土偶は、甲府市の東南、御坂町上黒駒の中丸遺跡（かつては上黒駒遺跡出土として報告された）から発見された有名な一例である。一九一七年、丘陵上の畑地を耕作中に偶然発見され、東京帝室博物館（今日の東京国立博物館）に寄贈されたもので、翌年八月刊の『考古学雑誌』第八巻一二号に土偶の表裏の写真が掲載され、簡単な紹介がなさ

■皿状の頭部をもつ中空土偶　中期後半

図41　新潟県、馬高遺跡　(H)18cm

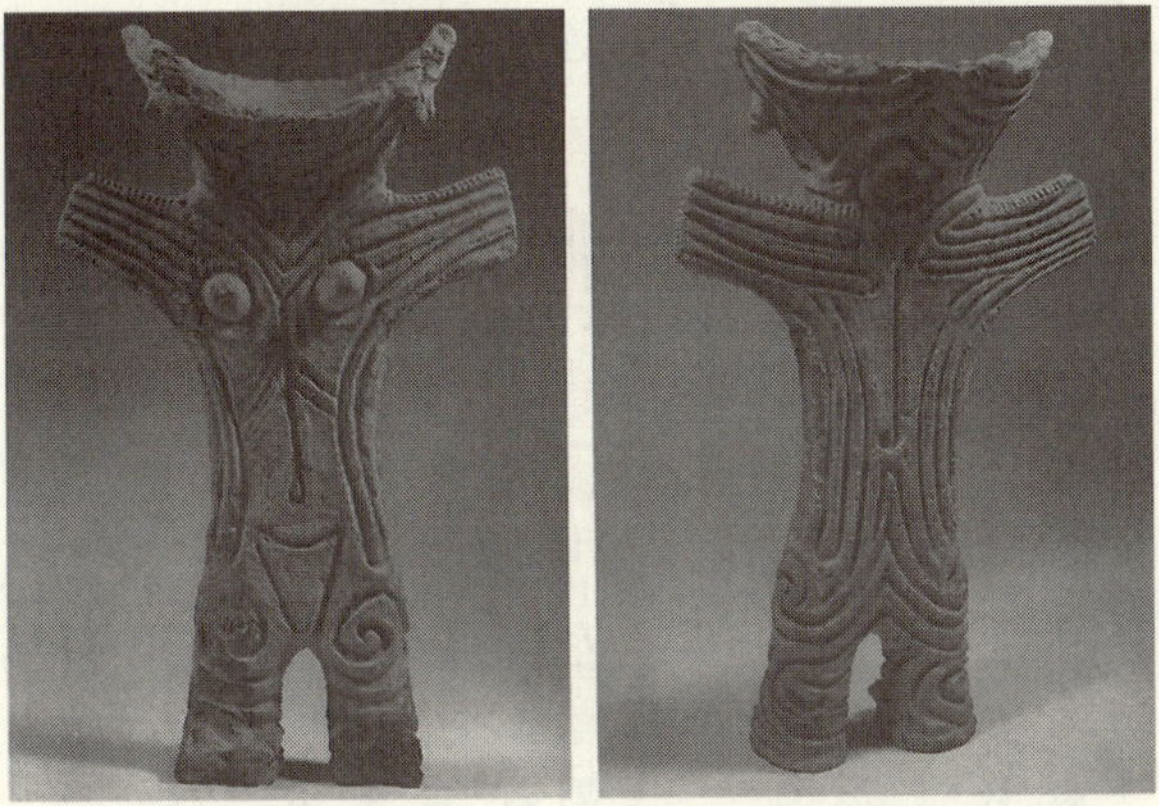

図42　新潟県、長者ケ原遺跡　H29.1cm

図43　オオヤマネコの顔をもつ中空土偶　山梨県、中丸遺跡　中期初頭　(H)25.2cm

れている。現存部高二五・二センチで、完形であれば高さ三五センチを超す大形のものとなり、今日知られる中期のものとしては最大級の土偶と考えられる。

この土偶は、頭部が大きく内部を中空とし、頭部の屈曲の多い隆起文様は蛇体を図像化したもののようにも思われる。このような頭部、立体的な上半身などから考えると、古い時代の発見で伴出した土器は明らかでないが、中期初頭の土偶であろう。

眼は猫の眼のごとく、眼尻が細く逆ハの字形に釣り上がっている。口は鼻下に裂けている。右頰には上下に向いたくさび形の細く深い沈線文があり、左顔面は眼のまわりに楕円形の沈線、その下に左頰にのびた三叉状の一条の沈線、口唇中央から下顎へ下る一条の垂線などが施文されている。これは入墨を示すものであろうか。いや、これは人の顔面ではなく、当時まだ日本列島の山岳地域に生存していた、最も獰猛《どうもう》で動作が敏捷《びんしょう》なオオヤマネコに、縄文時代人が人以上の霊力を感じ、これを神の姿に写しとって、土偶の顔面の表現に利用したものかもしれない。オオヤマネコは大型の犬ぐらいの大きさで、数は多くないが縄文時代の草創期から晩期にいたる各地の遺跡から骨が発見されている。

右腕は上部で欠損しており、腰にあてたか、背面にまわしたか不明であるが、左手は右胸部へ手先をあてている。指先が三ツ指になっている点は、他の人体文土器などの表現との共通性が考えられ、興味深い。

鈴になった土偶

縄文時代中期に、土製の鈴状のものが存在したことをうかがわせる土偶の例がある。図44に示した土偶は、中丸遺跡のオオヤマネコを思わせる土偶の顔とは対照的な、幼児のような柔和な顔をしている。高さ一一センチのこけし形の小土偶で、東京都八王子市楢原《ならはら》遺跡出土のものである。この土偶は体部が中空で、内部に小石か焼成した小さな粘土玉を入れてから成形し、焼成して完成したもので、手にもって振るとコロンコロンと音を発する。最初から鈴として作られたように思われる。

胸部正面には瘤状に乳房が表現され、首部から両乳房の中央に垂線が一条施文されてい

図44　鈴になった土偶　東京都、楢原遺跡　中期後半　H11cm

る。これは上衣の合わせ目を表現したものであろうか。その直下の逆「の」の字形の小さな渦文は、臍を表わすものと考えられる。また両側のU字文も衣服の文様であろうか。

新潟県中魚沼郡津南町沖ノ原遺跡では、中期後半の馬高式土器とともに、径五センチほどの中空の球状土製品が出土しているが、これも内部に数個の小石状のものが入っており、手にもって振ると金属音に近い音を発する。

逆三角形に簡略化された土偶

バラエティあふれる中期の立体土偶には、逆三角形に作られた土偶もある。新潟県長岡市馬高遺跡の出土例（図46）について、近藤勘次郎・篤三郎は「糸巻形三角土製品」と記し（一九三六年、『考古学』第七巻一〇号）、その翌年に発表された近藤勘次郎・藤森栄一の「越後中期縄紋文化馬高期に於ける土製装飾具の発生に就て」（『考古学』第八巻一〇号）と題する論考では、「例示した一群は我々も何と命名したら良いか判定に苦しんでゐる。他には嘗つて見た事もなかつた。今土製服飾具の一例と仮称して置かうか。（中略）通観するにこの三角形の施飾部が、三つの角の突端部で他物に糸でくゝり留められた装飾品と思はれるのである。おそらく衣類であらうと思はれるが、そのボタン又はメタル状の服飾の一部として意義を持つ物ではなからうか」と記している。衣類につけるボタン状の用途をもつものと考えたようである。

その後一九五七年、寺村光晴は「所謂三角型球面状の土製品について」（『貝塚』六四号）と題する論考の中で、「本遺物は常に逆二等辺三角形に於いて観察されるべきと思われる。（中略）乳房状突起を有するものについてみると、突起は逆二等辺三角形の上半部にあり、人体を表現したものが形式化されたとすれば、その位置は胸部に当っている。（中略）上半面に文様の主体があり、下半部に陰部を象徴すると考えられる刺突を有しているものもある。（中略）形態からしてもこれを「三角型土版」と呼称したなら如何であろうか」と記し、この土製品を逆三角形にしてみることに気づき、土偶・土版などと関連あるものであることを指摘している。ここでは後述する三脚石器との関連性については一言もふれず、また新潟県下以外の資料についても僅少例で判断を下しているものの、この時代においては卓見であったといえよう。

図45は、新潟県十日町市（旧水沢村）城倉遺跡の出土品で、中期中葉の土器に伴存したも

■逆三角形に簡略化された土偶と三角形の石製品　中期

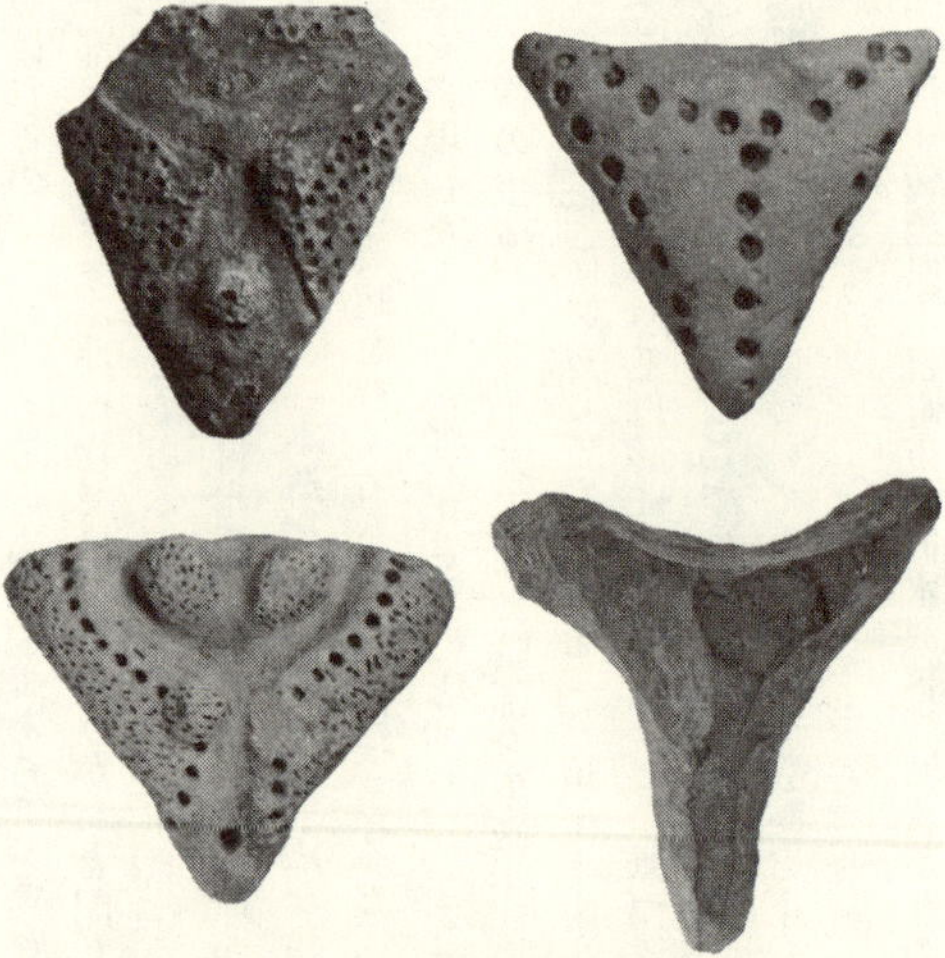

図45　新潟県、城倉遺跡
H左上7.2cm、左下5.4cm、右上4.4cm、右下4.8cm

図46　新潟県、馬高遺跡　H3.8cm

のと思われる。

左上の例は高さ七・二センチ、厚さ一センチの大きさである。左右対称に文様があり、逆三角形の上縁の中央部、首にあたる部分に、幅五ミリ内外の文様の施文されない素文部分がである。それより下は両辺から中央部へ三角形に突出した刺突文帯である。三角形の頂点に、今は脱落して痕跡だけであるが、両乳房を示す瘤状突起があった。さらにその中央直下に、臍を示すと思われる突起が認められる。上縁の刺突文帯は両襟部分にあたり、乳房を頂点とする左右にひろがる三角形の刺突文帯とともに当時の衣服を図案化したものであろうか。

左下の例はより小型で、高さ五・四センチを測る。上部中央に二つの比較的大きな瘤状の突起があり、その部分には全面に刺突文がある。両側にも列点文で画された外縁には刺突文が施されている。これは、前者と同様、衣服を示すもので、上部の二つの突起は衣服の襟あきの部分を示しているものと思われる。中央にも乳房を示す二つの突起があり、左側は痕跡のみであるが右側は残存し、乳房のふくらみの上にも刺突文が施文されている。また下部、三角形の頂点近くに一つの小円孔がある。陰部を示すようにも思われるが、前者の下部中央にある小突起などと考えあわせると、臍を示すものかもしれない。かなり抽象化されているこの土偶が、女体を示したものであることが理解できる。

右下の例は、かつて三脚石器と呼ばれ、山形・秋田・青森県などから数多くの出土例が報告されながらも、用途不明の打製石器とされてきた石製品である。城倉遺跡でこの石器が発見され、前者などの土製品と同形になることから、三角形土偶を石製にしたものであることが容易に理解できるようになった。他の三脚石器・三脚石製品も、人体をさらに抽象化したものであろう。また右上の高さ四・四センチの小形な作品も、さらに省略化の進んだものと考えられ、新潟県栃倉遺跡出土のものでは、その傾向がより顕著である。

図46に示したものは長岡市馬高遺跡発見の例である。三角形の各先端がきのこ状にふくらみ、まるみをもたせている。この形態は、福島県音坊遺跡で中期初頭の大木7a・7b式土器に伴存した砂岩質磨製の三角形岩偶を参考にすれば理解できよう。共通した形態であり、馬高遺跡例などは、このようなものから中期後半に発展させたものと考えられる。上部に施された弧状をなす隆帯は上衣の襟あきを示すものであろうか。また下部中央の小円孔は臍を示すものと思われる。馬高遺跡からは、さらに形態が省略化されたものも出土している。

なお、東北地方北部から北海道西南部にわたって、後期後半から晩期の遺跡で、三角形土製品が発見されるが、ここで説明したものとは時期も異なり、土偶の系列に入るものであるかも疑問の点がある。これについては後稿で紹介したい。

ハート形の顔をした土偶

群馬県吾妻《あがつま》郡（旧岩島村）郷原《ごうばら》遺跡で、道路新設工事の際、安山岩、川原石などを利用した石棺状の遺構内から土偶が一点発見された。高さ三〇・五センチ、重要文化財に指定されているハート形の顔をしたこの土偶（図47）は、体部に渦巻沈線文様などが施されている。これが後期初頭の堀之内式土器にみられる特徴的な文様であることから、多くの書物には縄文時代後期初頭の堀之内式土器の時代の土偶と紹介されている。また顔面背部、体部上半との接続部は、堀之内式土器の把手を思わせる形態でつないでおり、土偶自体からはそう考えることに無理はない。

工事の際、破壊された石棺状遺構内からは、土偶とともに破損した加曾利《かそり》E２式土器の口縁部の大破片と胴部破片の一部が採集されていた。発見当時、富岡土木出張所長で考古学に造詣が深く、県の文化財専門委員もしていた山崎義男のもとに、現地の土木事務所の監督から電話連絡が入った。彼は数日をおいて現場に出張し、発見者から、すでに道路となり取り払われてしまった石棺状遺構の状況、遺物出土状況などを、判明する範囲で聞きとった。そして、その成果を一九五四年、『考古学雑誌』上に発表したのであった。彼は、発見現場に居合わせたわけでもなく、土器片の破損面が新しいことから、この土器は、石棺状遺構の片隅にほぼ完全な形で埋納されていたもので、その一部が採集されたものと考えた。しかし、本来は石棺内の中央部に、仰臥伸展葬の遺体の腹部上に完形の土偶を副葬し、頭部上か脚部下の間隙にはキャリパー形の深鉢土器に食料などを入れていたのではなかろうか。近年、埋葬状況のわかる例が増加している。完形土偶の副葬の問題については、第二章で詳述したい。

図48の顔面部破片と図49の脚部破片は、郷原遺跡出土の土偶と全く同一形態のものである。図48は栃木県東部、塩谷郡高根沢町（旧阿久津町）堂原遺跡からの出土品であるが、堂原遺跡は中期後半の加曾利Ｅ１・Ｅ２式土器を出土する大遺跡で、後期の土器は全く認めら

図47　ハート形の顔をした土偶　中期末　群馬県、郷原遺跡　H30.5cm

■ハート形の顔をした土偶　中期末

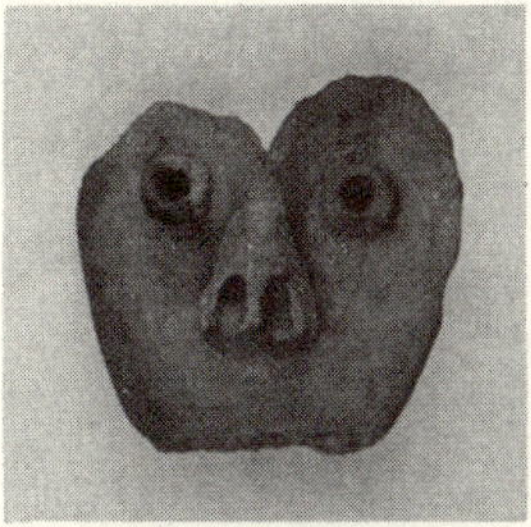

図48　栃木県、堂原遺跡　(H)7.3cm

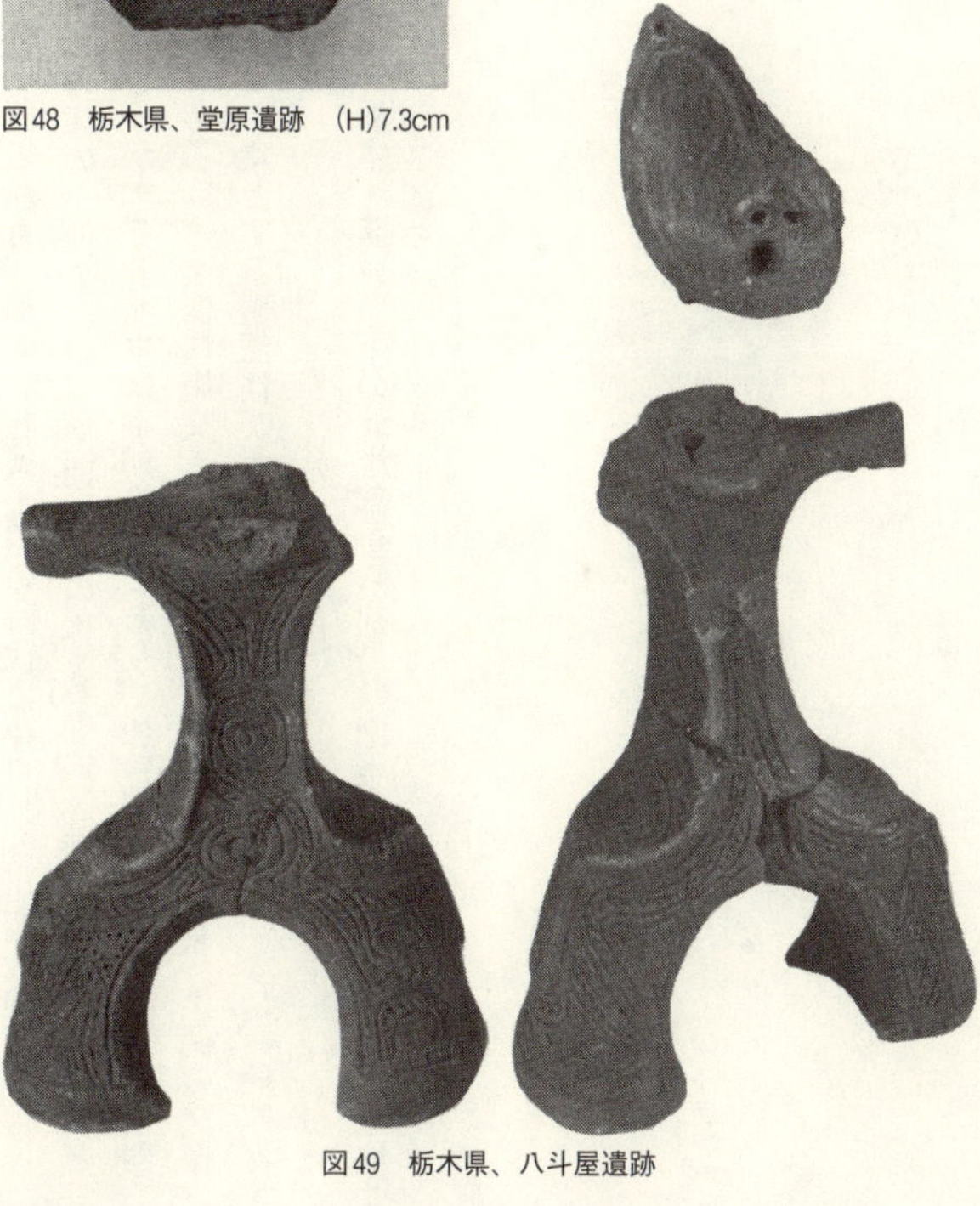

図49　栃木県、八斗屋遺跡

れない。したがって、この土偶破片も、加曾利E式土器の時代に作られた可能性が高い。

　このように考えると、この種の土偶の中で、後期初頭の称名寺《しょうみょうじ》式・堀之内1式土器などに伴存するものもあるかと思うが、その発生は中期後半にあり、加曾利E1式・E2式土器の製作時期に作られたものであろう。土偶に施文される文様は、土器に先行し、土偶の文様が若干遅れて土器にも施文されたとする蓋然性がかなり強いように思われることは、興味深い事実である。

　この形態の土偶は、群馬・栃木・茨城県下の北半部から福島県南半部に分布し、会津盆地南半部にも出土例が多い。

4　後期

縄文時代後期になると、中期までにはほとんど例が知られていなかった中部地方以西の各地でも、ひろく土偶の製作がおこなわれたようである。

後期後半には、熊本市周辺の諸遺跡で、一遺跡で一〇〇体を超す土偶の出土が報告され、総計でも一〇〇〇体は優に超える数が確認されている。そのひろがりは、熊本県北部に連なる大分県下と宮崎県北部にいたり、さらに鹿児島県下からも出土例が知られている。

後期初頭の土偶としては、多くの研究者が群馬県郷原遺跡出土のハート形の顔面をした土偶をあげているが、中期の節で述べたように、私はこの種の土偶を、中期後半の加曾利E1・E2式土器の時代に発生をみたものと考えている。施文されている文様は後期初頭の堀之内式土器と同様であるが、土偶に施された文様が土器への施文に一、二型式先行する例としてとらえている。

したがって、関東地方を中心としてながめてみると、後期初頭には、中期に信濃川流域で出現した大型の中空土偶が数例みられる。神奈川県横浜市の稲荷山貝塚から出土した、顔面上向きのこけし形の筒形土偶や、山梨県韮崎市の後田《うしろだ》遺跡で配石遺構中から発見された土

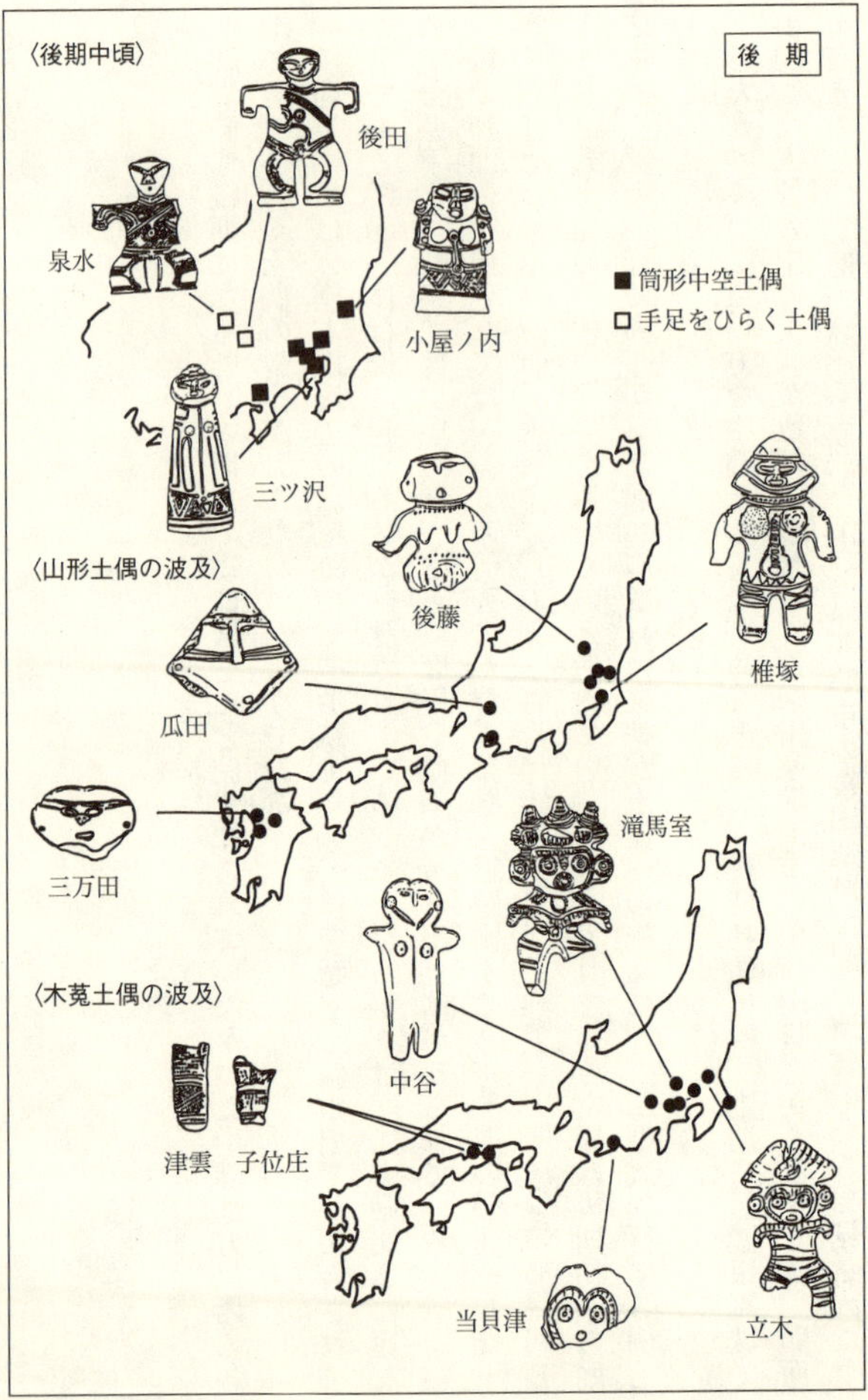
後　期
〈後期中頃〉
後田
泉水
■筒形中空土偶
□手足をひらく土偶
小屋ノ内
三ツ沢
〈山形土偶の波及〉
後藤
椎塚
瓜田
三万田
滝馬室
〈木菟土偶の波及〉
中谷
津雲
子位庄
当貝津
立木

偶、同形態の長野県辰野町の泉水《せんすい》遺跡例などがある。

続いて、後期後半には、山形土偶とよばれる土偶が出現する。頭部が三角形のおむすび形もしくは楕円形で、眼、眉、鼻が顔面上半中央に小さく表現されるこの形態の土偶は、関東地方を中心に大量に作られるが、北は東北地方北部から西は九州地方南部にまでひろがり、最も広い分布圏をもつ、後半の代表的な土偶である。

これに続く後期末から晩期初頭にかけては、利根川流域、埼玉県、茨城県西南部、千葉県北部など、関東地方の限られた地域に木菟《みみずく》土偶とよばれる土偶が分布する。例外的に愛知県豊川市の当貝津《とうかいづ》遺跡から顔面部破片が出土するなどしても、限られた地域でかなり大量に作られた形式の土偶として、注目されるものがあろう。

北海道地方

北海道の中でも、渡島半島・噴火湾沿岸・積丹《しやこたん》半島にかけての石狩地溝帯より西側の縄文土器文化は、東北地方北半部の文化と類似したもので、大きな違いは認められない。

ところが、石狩地溝帯の東側になると、渡島半島方面からの縄文土器文化の波及も認められるが、かなり地域差をもった文化が存在し、いかにも縄文土器文化の縁辺部の文化といった感の強いものがある。

後期中葉以前と考えられる土偶としては、東京国立博物館に古くより所蔵されている室蘭市絵鞆《えとも》町出土の高さ一三・九センチのもの（図50）が知られている。しかし、この土偶については、野口義麿が続縄文文化のものではないかとの疑問を提起したことがあり、もしそうであれば、後期中葉頃にまで遡った時期の、北海道の土偶は皆無に近くなる。この点も一考を要する問題と思われる。

次に注目すべき土偶は、一九七五年、渡島半島東南部の著保内野《ちょぼないの》遺跡から出土した、高さ四一・五センチの直立中空大土偶である（図51）。この土偶は、埋められた時から両腕部と頭頂部の一部が欠けていたと思われ、ほぼ完形で出土した稀有の土偶である。ジャガイモ畑から収穫中に偶然発見されたものであるが、その後の調査で、土偶が埋納された場所の下から、北西から南東の方向に長軸一七〇センチ、幅六〇センチ、深さ四〇センチの不整楕円形の土壙が発見された。またこの土壙内の堆積土中からは細かい骨片が検出され、大場利夫博士の鑑定では人骨である蓋然性が高いという。埋葬された遺体の腹部の上あたりに、伏臥姿勢で副葬されたものと考えられる。

この土偶には、下顎部分と腹部の臍の付近に、細い竹管状工具による刺突文が施文されている。下顎によく似た刺突文を施す土偶は、千葉県銚子市余山《よやま》貝塚と青森県弘前市船ケ沢遺跡（図124左）から出土しているが、この二例にみられる刺突文は、先端の尖った竹串状のものので連続刺突しており、施文工具は異なっている。この種の土偶を、頰髯《ほおひげ》を短く切った状態

■北海道の土偶　後期中頃

図51　函館市、著保内野遺跡　H41.5cm

図50　室蘭市絵鞆町　H 13.9cm

を示すものではないかとの解釈を下し、「有髯《ゆうぜん》土偶」と呼ぶことがあるが、はたしてそうであろうか。そうであれば、臍の周辺から下腹部にわたる刺突文は陰毛を示すことになる。乳房も小さく、また股部は羽状縄文の施文されたズボン状の衣服を着た姿で表現され、股部中央に垂下するふくらみ部が陰嚢《いんのう》と男根が衣服の中にある状態を示しているようにもとれるこの土偶は、数少ない男性土偶の一例とも考えられるが、明確な決め手はない。

また、この土偶の時期について、調査を担当した小笠原忠久は、その文様が後期後半の十腰内《としない》Ⅳ式土器の文様に近似していることを指摘し、伴出の羽状縄文が施文され磨消《すりけし》縄文手法を用いた土器小破片を後期中葉にあたる手稲《ていね》式土器の破片と考えた。永峯光一も『日本原始美術大系』（講談社、一九七七年）では十腰内Ⅲ式と考える旨を記している。ところが、この図版解説中で安孫子昭二は「亀ケ岡様式土偶に先行する後期の」とし、「この土偶の存した土壙内からは、手稲式土器（加曾利B式後半併行）の範疇に属する小破片が出土したという。しかし、その事柄のみに、本例の所属を直結するわけにはいかない点がある」として、もう少し新しく考える見解を記している。しかし、この土偶の体部の羽状縄文の施文法、細い隆帯状の刻目文手法などは十腰内Ⅲ・Ⅳ式土器に発達する手法で、同時期の関東地方の加曾利B2・B3式、北海道西南部の手稲式にもみられる手法である。後期末の十腰内Ⅴ式、東北地方南半部の金剛寺式（新地式）にまで時代を下降させて考えなくてもよいのではなかろうか。

東北地方

東北地方では、北半部の青森県下においても、円筒上層d式土器に後続する、中期末から後期初頭にわたる各型式の土器に伴存する土偶が知られている。

図52の土偶は、胴下半部と右腕を欠いた現存部高八・五センチの比較的小形の土偶で、下北半島のむつ市最花《さいばな》貝塚からの出土品である。この貝塚出土の最花式土器は東北地方南部の大木10式土器ないしはその直後の型式に併行するものととらえられており、一九六〇年に刊行した拙著『土偶』（校倉書房）ではこの土偶を中期末の作品として扱ったが、その後、最花式土器は東北地方南部の後期初頭の門前式土器、関東地方の称名寺式土器と関連するものと考えるにいたった。したがって、この土偶にも中期の項で説明してきた円筒土器文化にみられる板状土偶の残影がかなり認められる。しかし、体部がわずかながら厚みをもち、断面も楕円形になり、頭部の両側には角状の突起がつくことや、頭部背面に瘤状の突起をもち頭髪をたばねた結髪の状態を表現することなどは、後期初頭以降の土偶にはよく認められる表現である。胸部上半の二本の沈線は上衣を身に着けるための紐を表わしたものと思われる。衣服の状態を写実的に表現する土偶も、後期以降に多くなるようである。

このように、この土偶はまさに中期末から後期への移行期の土偶としてとらえられる、興味ある一例である。

日本海岸の青森県西津軽郡鰺《あじ》ヶ沢《さわ》町大平野《おおだいらの》遺跡では、十腰内I式（大湯式）土器に伴って出土した土偶がある。左腕部と下半身を欠き、現存部高八センチの板状土偶で、体形は中期の円筒土器上層各式に伴存する土偶の伝統を引いている。小さな顔面部が両肩部から上部に出て、眼、鼻、口の表現された下に首部があり両肩部に達している点は、中期の土偶にほとんどみられぬ表現で、後期に入っての作品であることを暗示しているのであろうか。

図53の土偶は、一九五〇年代前半、八戸市十日市（旧大館村）字赤坂沢の県道沿い、大館小学校東側斜面の畑地から耕作中に偶然発見されたものである。当時、大館中学校の校長をしていた小井田幸哉が苦心して復原したものであるが、現在その行方がわからなくなってしまった。復原高一六センチ、ほぼ全体像を知ることのできる土偶である。まだ体部に板状土偶の名残りはあるが、両肩部から首部が突出し、頭部が独立して表現され、前述した大平野遺跡出土の土偶同様、後期初頭以降になってからの表現方法がとられている。頭頂部が平坦で三角形に後方に突出しているのは、髷を結っている状態を表現したものと思われる。

図54の土偶は、青森県上北郡六ヶ所村大石平《おおいしたい》遺跡出土のもので、これも十腰内I式土器の時期のものである。高さ一一・五センチの小形の作品であり、右足先の一部を欠損するだけのほぼ完存品である。顔面の形態は、赤坂沢出土の土偶と近似し逆三角形で、後期初葉の土偶の特徴をよく表わしている。体部の文様もこの時代の特徴をよく示しているものであり、

■東北地方の土偶　後期初頭

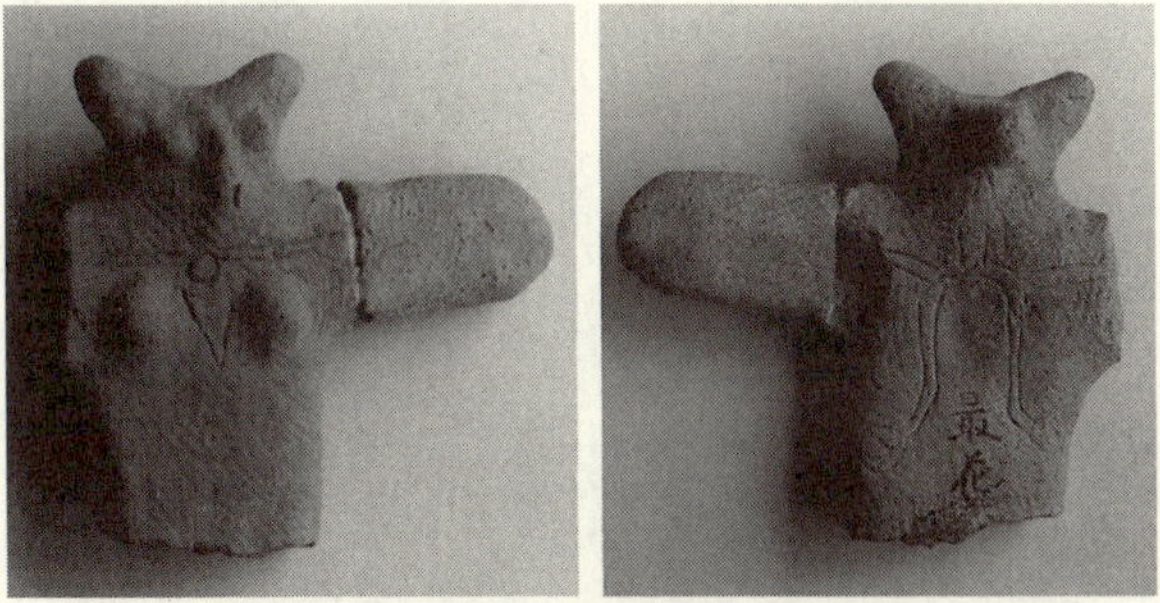

図52　青森県、最花貝塚　(H)8.5cm

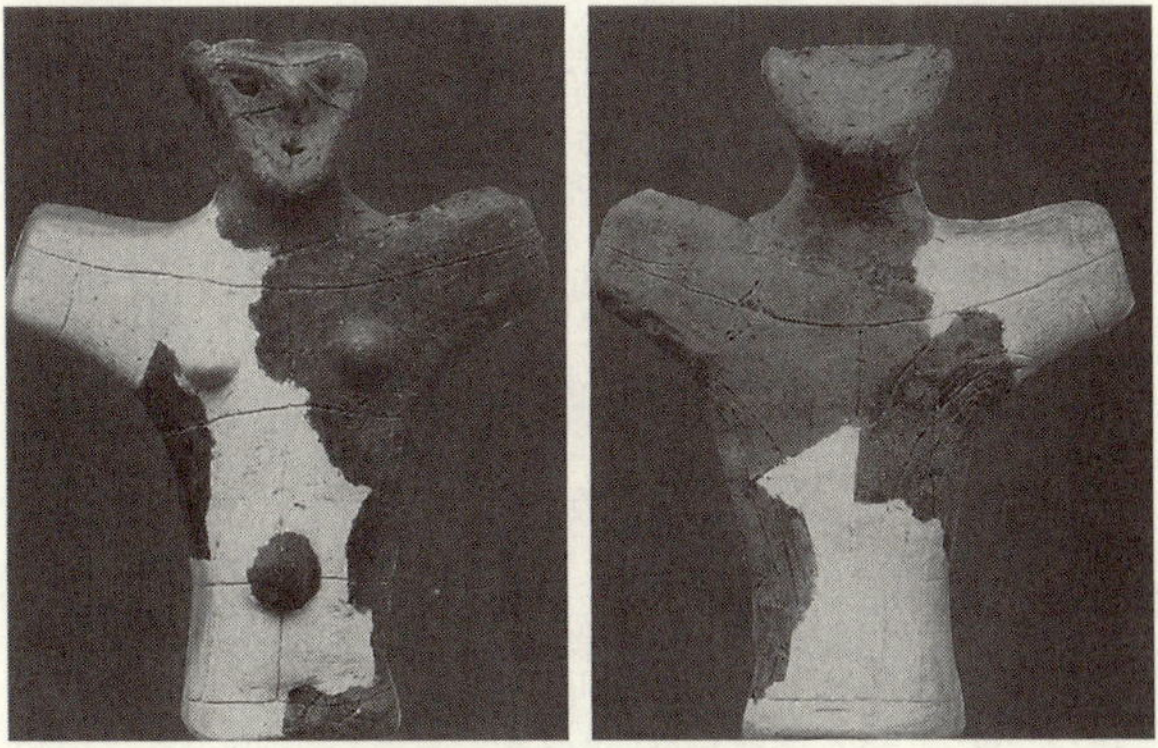

図53　青森県八戸市赤坂沢　(H)16cm

二本の平行沈線文様は衣服の襟あきや装飾などを表現しているものではなかろうか。左足先には五本の刻目がある。関東・中部地方の中期の土偶にも、指の刻目を五本入れて指が六本になってしまうものが多く、またちゃんと刻目が四つで指を五本にしたものもある。指数が五本のため、無意識に刻目を五個入れてしまったようにも思われる、おもしろい一例である。

この土偶は、乳房を表現した小突起とともに下腹部にも瘤状の突起がある。その中心部に穿《うが》たれた小孔は臍を表現しているように思われる。さらにその直下、股のつけ根にも小さな瘤状の突起がつけられており、女性の陰核ともみられるが、これを男根と考え、男性土偶とする見方もできないことはない。しかし、乳房の表現などから、女性を表現していると考えた方が妥当であろう。

図55に示した、首が体部と直角に前部へ曲がり、顔面が前へ突出した特異な体形の板状土偶は、福島市南郊、安達太良《あだたら》山東麓の金田遺跡で一九二〇年代前半頃発見されたものである。

一九二七年に福島県が刊行した『福島県史蹟名勝天然紀念物調査報告』第三に写真が掲載され、一九三〇年の報告（同第四）には、「遺跡は油井川の上流に沿へる耕地に在り、丘阜《きゆうふ》四方を囲み、地気卑湿なり。往時にあっては、恐らくは陰森《いんしん》の悪境たりしならん。此遺蹟より少許の薄手土器及び石鏃を出土せり」と記されている。二本松市の北、阿武隈川の支流、

■東北地方の土偶　後期初頭

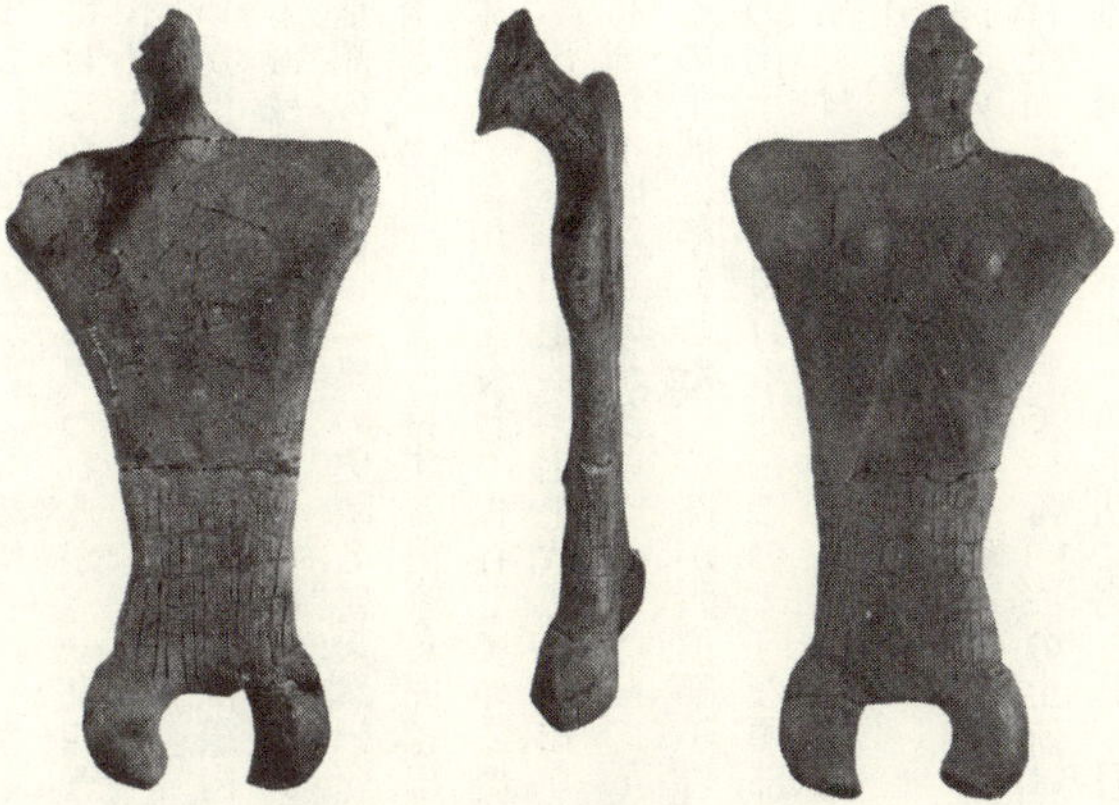

図54　青森県、大石平遺跡　H11.5cm

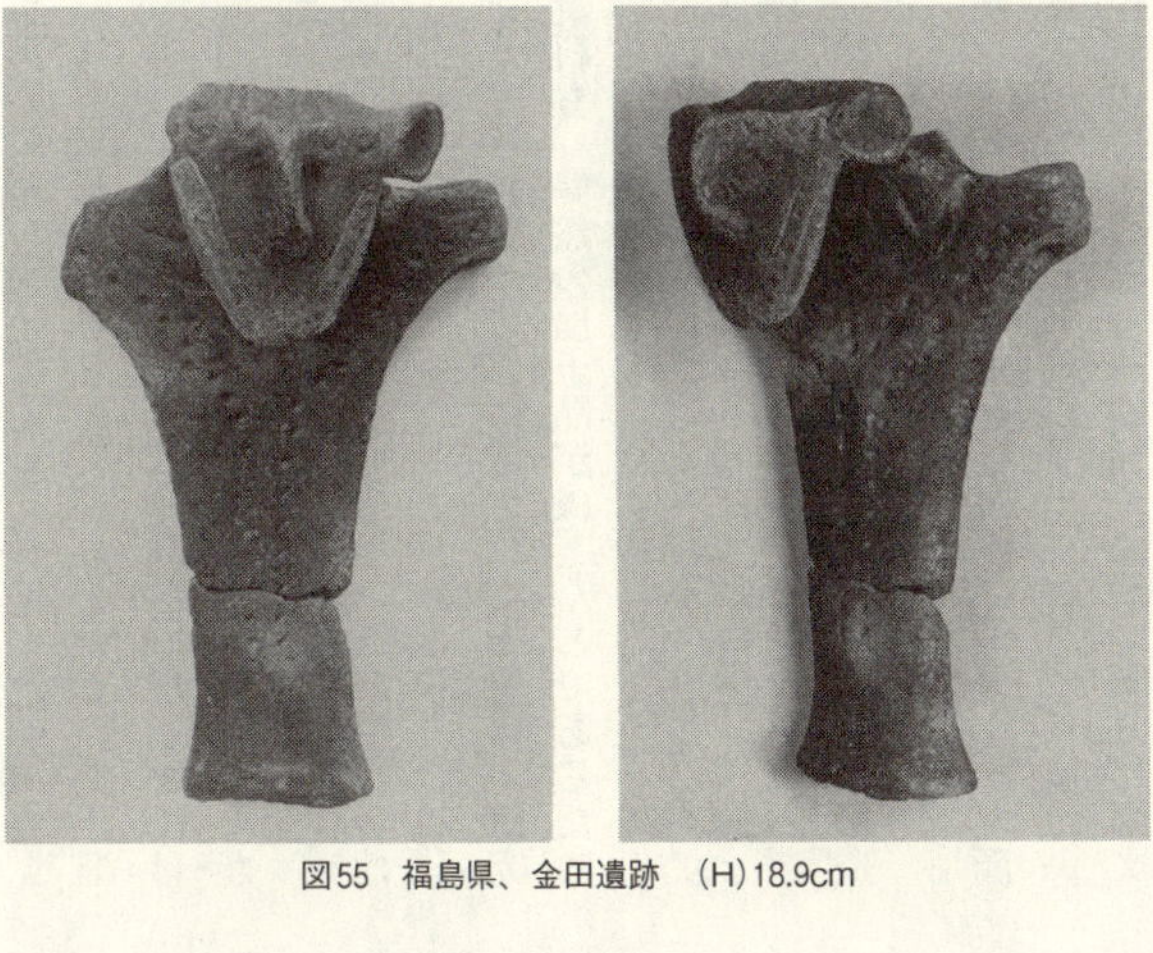

図55　福島県、金田遺跡　(H)18.9cm

湯川の流域に遺跡が数ヵ所あり、おそらく上原集落の東側、里道に沿った畑地が土偶の発見地ではなかったかと思われるが、一九四五年以降に再確認調査をした人がいないようで詳細は不明である。「地気卑湿なり」という文から考えて、水田に接した湿潤な低湿地遺跡ではないかと思われる。左頬部の二本の沈線内に朱彩した痕跡が明瞭に残っており、このことからも湿度の高い土中に埋没していたことがうかがえる。

前記の報告書は、県の史蹟名勝天然紀念物調査嘱託をしていた小此木忠七郎《おこのぎちゅうしちろう》氏が県下各地を歩き、土偶などを所持する農家を聞き出して、主要なものを借用してまとめたもので、小此木署名の借用証を今日も保存している農家もある。したがって、掲載された土偶は、研究上、出土地、伴出土器、出土状態など知りたい資料も、偶然の出土品がほとんどであるために詳細が不明なものが多い。

この土偶に類似した、首部が頭頂部から後方にのびた頭部破片は、新潟県下など、いくつかの出土例が知られるが、このような頭部が、中期末から後期初頭に比較的多くみられる、両肩をはり、板状をした逆三角形状の体部破片と接続することのわかる土偶は、私は金田遺跡出土の一例を知るだけである。

図56の土偶頭部破片は、青森市東部の宮田遺跡出土のもので、現存部高七・八センチ、顔面は全面に朱が塗られている。この土偶は後期中葉のもので、顔面が平坦に作られ、鼻は鼻根部が低く鼻孔部を三角形状に高くし、眉毛の位置の眉上弓部もやや高くなっており、縄文

時代人の容貌の特徴をよくとらえた土偶であると、人骨から縄文人の姿態を復元している人類学者鈴木尚博士の折紙つきの土偶である。

右耳は欠いているが、左耳朵は残っており、その中央には円形の貫孔がある。耳朵に孔をあけ、耳飾をつけた状況を示したものと思われる。この土偶は青森市にある青森県立郷土館に常時陳列されている。同館には県下出土の縄文時代後期の成年女子の頭蓋骨に、鈴木博士の指導で肉付けしたモデル像があるが、この容貌が宮田遺跡出土の土偶の顔貌と近似していることはたいへん興味深い。

■東北地方の土偶頭部片

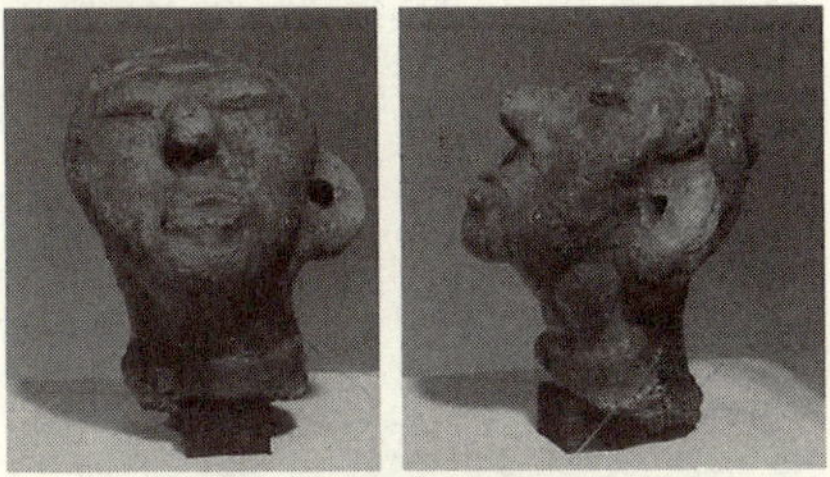

図56　青森県、宮田遺跡　後期中頃　(H)7.8cm

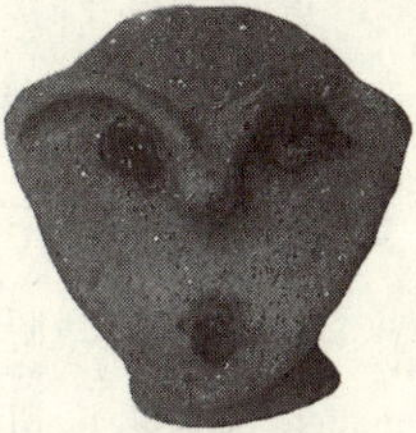

図57　岩手県、浪板遺跡　後期初頭　(H)6cm

図57に示した土偶頭部破片は、岩手県東南部の三陸町浪板遺跡で、開田工事中に後期初頭の十腰内I式（大湯式）土器とともに発見されたものである。眼、口は円形の盲孔になっており、この孔に

は天然のアスファルトがつめられている。

土製の輪鼓《りゅうご》状耳飾の全面にアスファルトを塗り、これに花びら文様や波状文などを彫刻した貝製品を数枚貼り付け細工した例が、岩手県下や千葉県下で知られており、この土偶の場合にも、天然のアスファルトを接着剤として、眼や口の部分に貝殻か何か他の物が貼り付けられていたものと考えられる。また首の折損部にもアスファルトが付着しており、体部と折損後、接着されたものと思われるが、体部は発見されなかったようである。この土偶も顔面部は平坦に作られている。頭部が若干後方へ突出しているのは、頭部の髷《まげ》を示すものであろうか。頭部の形態は後記する関東地方の後期前半の土偶とも共通する。

蹲踞姿勢の土偶

東北地方では、後期後半に入ると、足を膝頭《ひざがしら》で折り曲げ、体部の前に出して腰をおろし、膝頭上に両腕を重ねて置く姿勢の土偶がみられるようになる。

盛岡市の南々東三〇キロ、北上山地の最高峰、早池峰山《はやちねさん》(標高一九一七メートル)の西南麓に位置する大迫町《おおはさままち》で、北上川の支流の稗貫川《ひえぬきがわ》がさらに分かれている。北へ分岐する岳川《だけがわ》の左岸、東へ分岐する小又川との分岐点、西南に突出する台地上にある立石《たていし》遺跡は、縄文時代後期から晩期にわたる大集落の遺跡として知られ、配石遺構や各種の遺物が発見されている。

図58は、立石遺跡から出土した蹲踞《そんきょ》姿勢の土偶である。膝関節から下は両足とも欠き、頭部も剥落したこの土偶は、現存部高七・三センチの小形なものであるが、蹲踞の姿勢を巧みに表現した一例である。左腕を下に、右腕をその上にのせている。指先や手のひらは省略され、球面上にくぼみを作っている。背部は中央に脊柱線が稜をなして下がっており、簡略ながら体部の特徴をよくとらえている。

これとほぼ同時期で、背をまるめ、左腕が左膝頭から上にのび、頬杖をついた形態になっている以外は大変よく似た姿勢をした土偶が、宮城県東北部、宝ヶ峯遺跡から発見されている（図59）。頭部は欠損していないが、顔面部の表現はかなり省略され、中央に鼻梁をあらわすのみで、眼、耳、口などの表現を欠いている。

このほか、いくつかの出土例が宮城県下を中心に報告されているが、いずれもこの二例のように体部は素文に近いものが多く、背を曲げ、手足の姿態のみを忠実に表現したものが、後期中葉の作品には多いようである。

後期でも末葉に近い例は、体部に斜縄文が施文される。背部に沈線文様が施文されている例もある。また顔面も、眼、鼻、口、耳などが明瞭に表現されたものが多いようである。

その好例として、青森県東南部、馬淵《まべち》川の一支流である熊原川右岸、三戸《さんのへ》郡田子《たっこ》町野面平《のもてたい》遺跡出土の、高さ八・二センチの蹲踞姿勢の小土偶があげられる（図60）。右腕を両膝頭の上に置き、右手先は前方にのばした左腕上に置いている。左手先は上方向

■蹲踞姿勢の土偶　後期後半　背を丸め腕を組む土偶

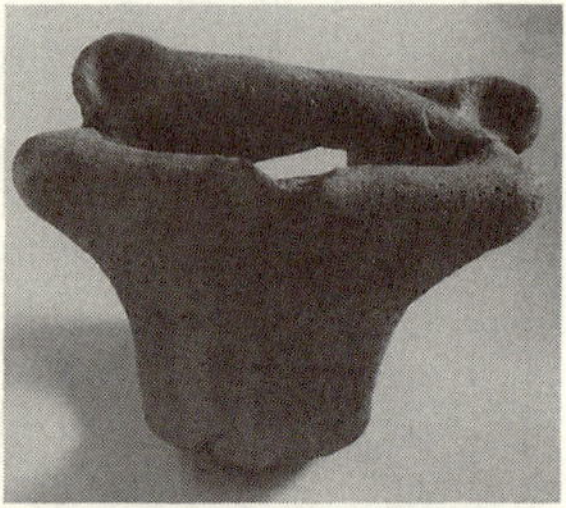

図58　岩手県、立石遺跡　(H)7.3cm

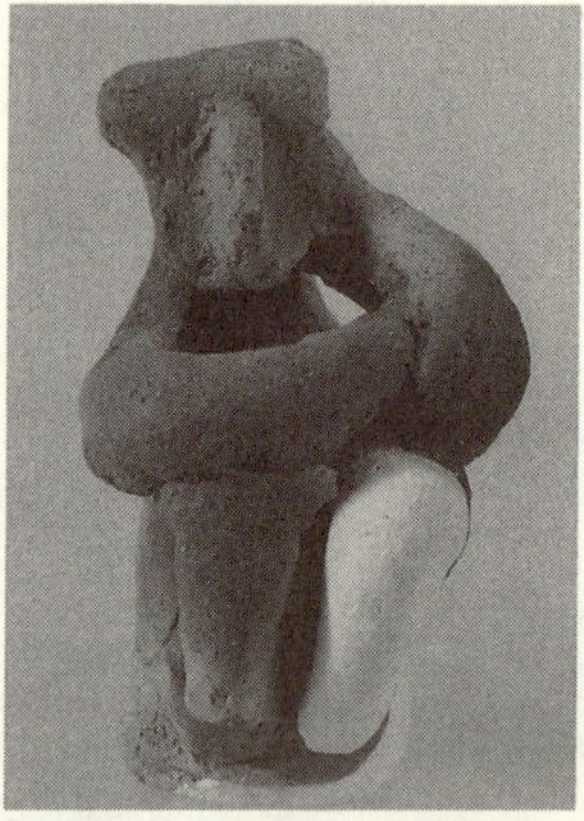

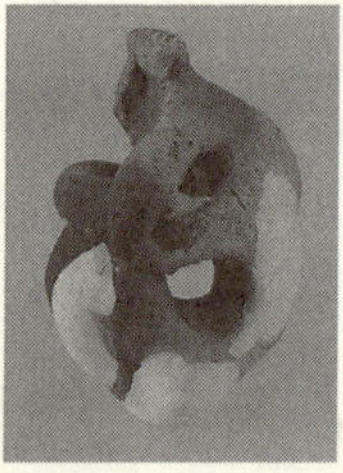

図59　宮城県、宝ヶ峯遺跡

に曲げられている。顔面には両頬の縁辺部から三叉の切り込み文様が刻まれている。単なる文様であるか、それとも頬に施された入墨のようなものを表現しているものだろうか。背面の磨消縄文文様はこの時期の深鉢土器などにみられる文様である。これも単なる文様かもしれないが、胴下半の帯状の沈線から垂下する平行線、その下の竹管状の円文などをみると、スカート状の衣服の襞《ひだ》を表現しているようにも考えられ、このように考えれば、衣服の文様とみなすことができよう。

口絵図版1〔一九頁〕に示した、ほぼ完形の蹲踞姿勢の土偶は、一九八九年九月に発見され、話題を集めた一例である。

八戸市教育委員会では、市の南部、是川字風張《かざはり》地区で道路設営地域の発掘調査をおこない、縄文時代中期から奈良時代にいたる遺構が検出されていた。この調査中、縄文時代後期末の竪穴住居跡・墓壙群などが確認された風張1地区の南側に臨接するごぼう畑でごぼうを収穫していたところ、胴部から上半部がほぼ完存するこの土偶が発見されたという。さっそく市教育委員会の調査員がこの地点を発掘調査し、直径約六メートルの竪穴住居跡の床面に、蹲踞姿勢のまま置かれていたことを確認、さらに腰部から折損した、膝で「く」の字形に折り曲げられた両脚部を発見した。

水洗後、膝関節部で大腿部と脛部に分かれた右脚の二つの折損部、左脚と腰部との折損部など、それぞれの折損面に数ミリの厚さに天然のアスファルトが塗布されていることが判明した。これは、秋田県原産の天然アスファルトである。つまり、両脚部が腰部から折れてしまった際、アスファルトを折損面に塗布して接着修理したことが明らかになった。高さは二〇センチほどで、後記する福島市飯坂町上岡遺跡出土の同時代の蹲踞姿勢の土偶とほぼ同一寸法である点は、興味深い。

この土偶の表情も、青森県野面平遺跡出土例(図60)や福島市上岡遺跡出土例(図63)、図126の青森県八幡崎《やはたざき》泥炭層遺跡出土の蹲踞姿勢の土偶と近似し、鼻梁から眉上弓の隆起をT字形にし、その下に眼と口部を楕円形の隆起文で表現している。眼孔の中央を横長のくぼみで表現し、周囲を楕円形の隆起文としたのは、次代のいわゆる遮光器文様の眼の源流が、この後期末の蹲踞姿勢の土偶にあることを示しているのではなかろうか。頭部の瘤状の突出部は髷の状態を示し、前面中央の小孔は、髷のくずれを防ぐヘアー・ピン(笄)を挿した孔を示すものであろう。製作時には木製のミニチュア品がつけられていたかもしれない。肩部の瘤状隆起は、この時期の関東地方の深鉢土器などにみられる装飾手法であるが、衣服のアップリケ様のものとも考えられる。体部の磨消縄文文様も植物繊維衣料の染付文様を表現しているのかもしれない。当時の婦人のファッションであろうか。

この土偶の最も注目すべき点は、膝頭上に手の両肘を乗せ、顔の前面で手のひらを合掌する形態につくられていることである。この姿勢の土偶は、青森県岩木山北麓に位置する石神遺跡の、頭部の欠損した高さ一〇センチ余の小土偶(図61)が一例知られているだけで、こ

■蹲踞姿勢の土偶　後期後半

図60　青森県、野面平遺跡　H8.2cm

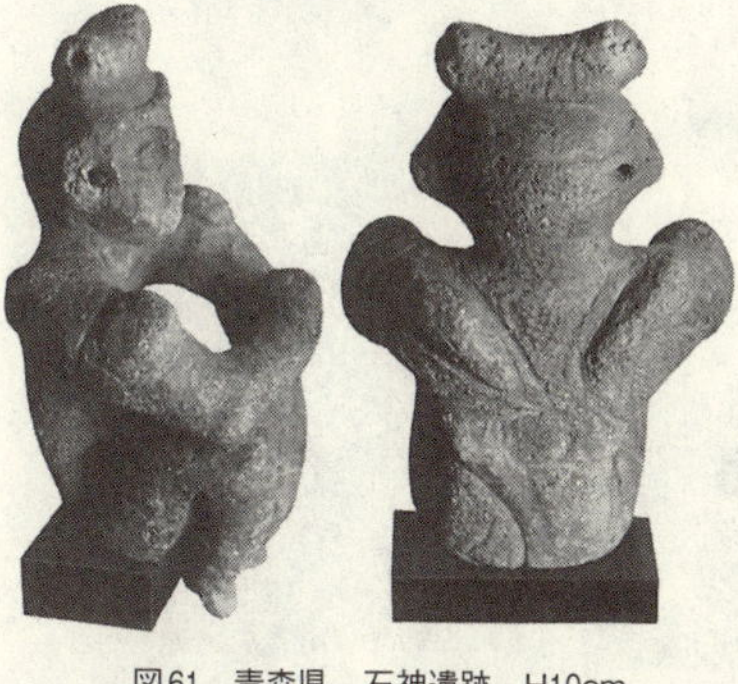

図61　青森県、石神遺跡　H10cm
（別個体の土偶頭部が接合されている）

■蹲踞姿勢の土偶　後期後半

図62　青森県、湯朝館遺跡　H11cm

図63　福島県、上岡遺跡　H21cm

れが二例目である。

図62は口をひらき、一見猿のようにもみえる剽軽《ひょうきん》な顔をした、高さ一一センチほどの小形の蹲踞姿勢の土偶である。この土偶も馬淵川流域、青森県三戸郡南部町の湯朝館《ゆあさだて》遺跡からの出土品である。右脚は欠落、左脚も足首から先は欠損している。両腕を背にまわして背後で組む、他に類をみないユニークな姿勢をとっている。頭頂部に円筒形の造形がみられ、頭髪をたばねた髷を表現しているものと思われる。前面にみられる菱形の沈線文は、衣服の状態を示すものであろうか。

図63に示した土偶も、前記した二例とともに、後期末の東北地方における蹲踞姿勢の土偶として、代表的な作品の一つにあげられよう。東北地方南部、福島市飯坂町の上岡《かみおか》遺跡発見のもので、発掘調査を担当した目黒吉明が、苦心して小破片を接合して復原した。

頭部の大きな三角形の頭巾《ずきん》状のものは、大形の髷を示すものであろうか。腕の組みかたが野面平遺跡の出土品と全く一致することは、大変興味深い。復原した高さは二一センチほどである。背面の脊柱線が一直線に垂下する表現は、立石遺跡の土偶と共通する。腰部上半の帯状の鋸歯文《きょし》は、関東地方の後期中葉の山形土偶の胴部にも普遍的に施文されている文様で、上衣の下縁の縁とりを示しているようにも思われる。

このような蹲踞姿勢の土偶は、完存する例も少なく全体的な特徴や傾向を明確にはできないが、東南アジアのベトナム・ラオス国境地帯、アンナン山脈の奥地に住むカー族など、全く同様の蹲踞姿勢で休息する。野面平例や湯朝館例は、縄文時代人の休息する姿を示しているものであろうか。ただ、風張例の合掌する姿と考え合わせると、これらの土偶は、何かシャーマニスティックな修行をおこなっている姿を表現しているのかもしれない。これも、今後の研究課題として、結論を急がぬ問題点としたい。

関東地方以西

関東地方北部から福島県や新潟県下の一部に分布する、ハート形の顔面をもち、相撲の四股を踏むように両足を開いた土偶は、体部の文様が堀之内式土器に特徴的な文様であるために、伴出土器の型式などを考慮せず、その時期を後期、堀之内式の時期としている。しかし、その多くは加曾利E式土器に伴存するもので、中期後半の作品である。したがって本書では、その代表的作品である郷原遺跡出土の土偶（図47）などは、中期の項で紹介した。しかし、この形式の土偶には、後期初頭にまで下降して作られたものもあると考えられるので、疑問のものも含めてここに紹介する。

図64の土偶は、茨城県三《み》反田《たんだ》蜆塚《しじみづか》で、一九四六年、藤本彌城が発掘したものである。高さ一六・三センチほどの、この形式の土偶としては比較的小形なものである。右側面、正面からみた写真では、仰向きの顔面は平板な円形にみえるが、右斜め上からの写真でみると、鼻

根部上方、顔面中央にくびれ部があり、ハート形顔面の痕跡が残っている。また体部の文様も、郷原遺跡発見の土偶などに比較すると簡略化され、年代も後期初頭にまで下降するもののようにも思われる。藤本はその著『那珂川下流の石器時代研究1』（一九七七年刊）のなかで、堀之内式期のものと推察している。

この貝塚は、中期末葉の加曾利EⅢ・Ⅳ式、後期の堀之内式、加曾利B式の諸型式の土器が出土しており、この土偶は、表土四〇センチの混土貝層中から出土したと報告されている。この混土貝層出土の土器型式が、堀之内式であったか、中期末の土器であったか、知りたいところである。

福島県郡山市田村町谷田川の荒小路遺跡から出土した一例（図65）も、体部の文様は簡略化しているが、ハート形顔面の土偶の系列に入るものと考えられる。本土偶も高さ一七・七センチと、この種の土偶としては小形である。顔面はハート形から卵形に変化しているが、平板である。鼻部のみ突出してつけられ、ハート形顔面土偶の特徴が、まだよく保たれている。この土偶も伴出土器はよくわからないが、中期終末から後期初頭頃の作品ではなかろうか。

ハート形の顔面をした土偶は、中期末に北関東地方から福島県南部で盛んに作られたが、その余韻をうけた土偶が、後期初頭の堀之内Ⅰ式土器の時代までこの地方に残ったものであろうか。

■ハート形の顔をした土偶　後期初頭

図64　茨城県、三反田蜆塚　H16.3cm

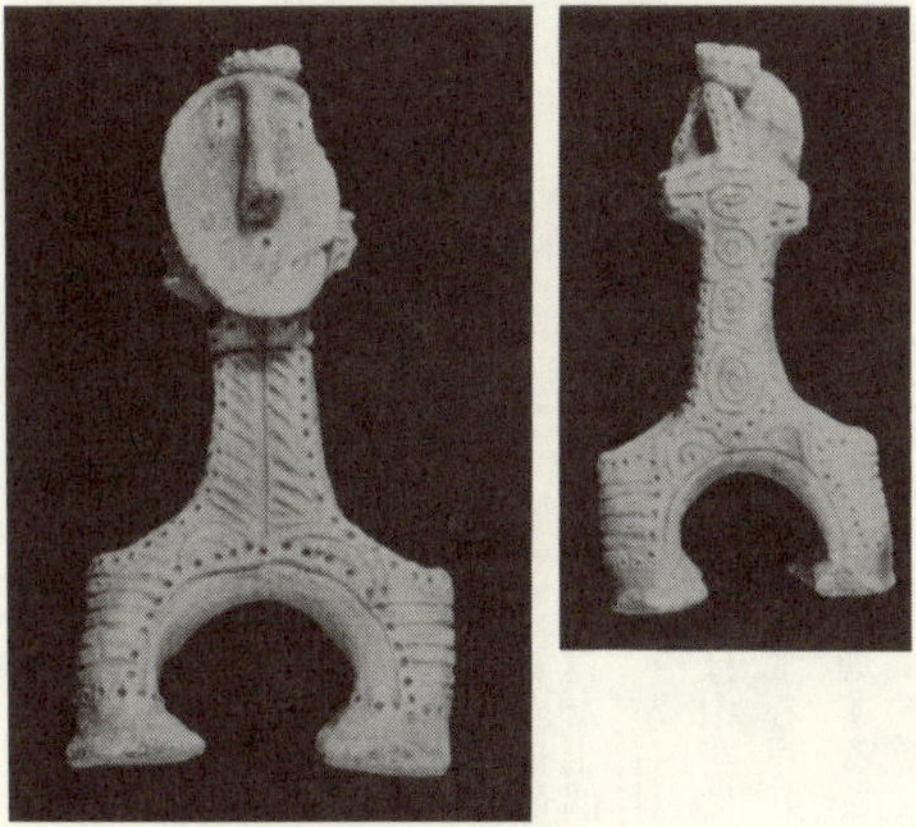

図65　福島県、荒小路遺跡　H17.7cm

体部中空の土偶

北海道渡島半島東南部、著保内野遺跡出土の立ち姿の土偶は、すでに紹介したが、中部地方でも立ち姿の中空土偶が二例ほど知られている。これらが、前述した信濃川上流域地方などで発見されている中期前半の中空土偶から変化したものであるのか、その変遷については、今日まだ十分に検討されてはいない。

図66の中空土偶は、長野県上伊那郡辰野町泉水遺跡出土のもので、高さ二一・一センチを測る。側面からと下からの写真でもわかるように、斜め仰向きの平板な顔面は、頭部前面へ突出しており、顔面の前に仮面をつけた姿を示しているようなので、「仮面をつけた土偶」と呼ばれている。頭部は頭巾を被ったような状態である。左腕は欠損しているが、左右対称にのびていたであろう。両腕部は細く、内部が充実し中空ではない。胴部・両脚は中空になり、太くて安定感のある脚部下面は平坦で、網代《あじろ》の圧痕が施文されている。後述する関東地方後期中葉の筒形中空土偶も、底面には網代の圧痕文が認められ、この点の共通することは、筒形中空土偶の系統をたどる上で興味深い。両脚部の磨消縄文文様は左右相称である。この文様は土偶特有のもので、後期の土器にみられる文様とは若干異なるものである。体部の文様、顔面部の形態は、後期初頭の堀之内式土器後半の時代の他の土偶と共通するところがあり、この時代の作品と考えてほぼ誤りないものと思われる。

図66　仮面をつけた中空土偶　後期初頭　長野県、泉水遺跡　H21.1cm

図67　仮面をつけた土偶　後期初頭　静岡県、滝ノ上遺跡　H16.5cm

図67に正面ならびに背面を示した立ち姿の土偶は、富士山麓、静岡県富士宮市杉田の滝ノ上遺跡（旧富士郡富士根村）発見の一例である。

幕末の嘉永年間（一八四八～一八五四）頃、滝不動付近の地下二メートル余のところから土偶三個が出土した。その内二個は行方不明になったとのことで、写真の一個だけが杉田の安養寺に秘蔵されている（一九三〇年刊行の『静岡県史』第一巻の記載による）。

頭頂部のS字文は、この時期の鉢形土器の口頸部にも認められる文様で、頭髪の髷の状況を示しているようにも思われる。高さ一六・五センチ、脚部が太く、底面が大きく平坦で安定感がある。顔面は前に突出し、『静岡県史』にも「顔面は「マスク」でも被つたやうに取付け」と記され、顔面に仮面を被った姿を表現しているものと思われる。この土偶は中空でない点が泉水遺跡出土のものと異なるが、ほぼ同時期の作品とみなすことができる。

筒形土偶

南関東地方を中心に、後期には胴体部が円筒形の空洞に成形された土偶が作られる。大きさは高さ一五センチから二〇センチ前後で、中空ではないが群馬県下発見のものが高さ八・八センチと、この形態の中では最も小形なものである。

円筒形の底面は円板形の平坦面をなし、中央部には直径二センチ前後の、内部の空洞部へと抜ける円孔がある。底面には網代の圧痕が施文されたものが多い。またこの種の土偶は、顔面が斜め上を向き、仰向きの姿勢に作られている。中期後半から後期初頭に現われるハート形の顔をした土偶も、顔面は仰向きになり、体部と顔面の背部は、堀之内式土器の橋状把手と近似する形態によって支えられている。横浜市三ツ沢貝塚出土の筒形土偶の顔面背部にも、この把手状の名残りがみられる。

中空筒形の土偶の起源は中期前半に中部地方で発生した蓋然性が高いと思われる。中期の項で紹介した、石川県上山田貝塚出土の子を背負う土偶（図30）など、底面中央に円孔のあることでも一致し、上山田貝塚の土偶は母親の顔面が欠損しているが、首部の状況から仰向けの状態の顔面部がついていたと考えられる。また最近になって、山梨県韮崎市の坂井南遺跡から、高さ一〇センチ未満の小形の筒形土偶が発見された。この土偶は、体部の押し引き

■筒形土偶　後期初頭

図68　神奈川県、稲荷山貝塚　H20.4cm

図69　群馬県、壁谷遺跡　H8.8cm

刺突文様などから中期前半の時代のものと考えられる。南関東地方を中心として存在する、後期前半のこの形態の土偶へ、北陸地方からどのような経路をたどり到達したものであろうか。さらに、底辺部の破片は静岡県沼津市近郊の三島市反畑《そりばたけ》遺跡からも発見されている。

高さ一五・五センチ、横浜市神奈川区三ツ沢貝塚で石野瑛によって古く発見されたものは筒形土偶の代表的な作品である。胴下半部の鋸歯状の三角形平行線文は、関東地方を中心とした堀之内2式以降、加曾利B1式までの深鉢形土器の胴部上半に普遍的な文様である。

図68の池田健夫が一九三一年、横浜市の中心部、中区中村町稲荷山貝塚を発掘調査した時に出土した筒形土偶は、首部が細くなり、その上に斜め仰向きの顔面のついた作品で、高さは二〇・四センチを測る。正面、背面、両側面に首部から底面に向かって垂下する波状文があり、その文様の屈曲内部に、径約六ミリの円孔が各六個、四面に付けられている。

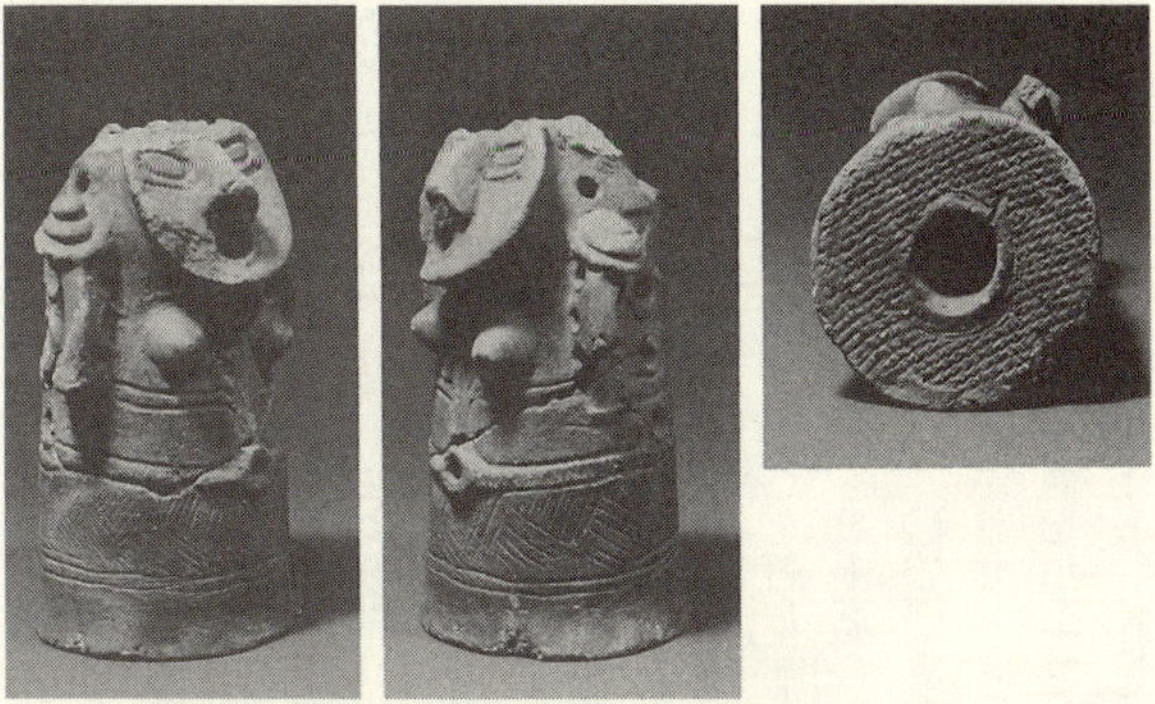

図70　筒形土偶　後期初頭　茨城県、戸立石遺跡　H16.5cm

図69は、群馬県北西部、利根川上流の吾妻《あがつま》川流域、中之条町壁谷《かべや》遺跡出土のもので、この形態の土偶としては高さ八・八センチ、底径四・三センチと最も小形なものである。断面図をみると底面から胴下半部に逆U字形に空洞部はあるが、胴上半から顔面部に向かっては内部が充実し、逆U字孔の頂点部から顔面口部に向かっては、直径〇・五ミリの円孔が貫いている。筒形土偶の省略化形式とみなしてよいであろうか。

図70は、水戸市北郊の戸《と》立石《だていし》遺跡出土のもので、この形態の典型的な土偶の一例である。底面には明瞭な網代の圧痕が施文され、中央に内部に貫く円孔がある。顔面部両側の耳朶には、棒状の長い耳飾を装着した状態を示すような突出物が付けられているのは興味深い。

この種の中空土偶も、前記した泉水遺跡出土のものなどと同様、後期の堀之内２式から加曾利Ｂ１式頃の限られた時期の作品で、関東地方一帯から静岡県沼津市付近までを分布圏としているようである。首部のある稲荷山例などは稀なものと考えられたが、胴部破片と思われる、全く同一形態のものが鶴見川上流の横浜市緑区の奈良遺跡から発見されており、この形態のものも関東地方西南部の横浜市付近一帯では、まだ類例の増加する可能性があると思われる。また戸立石例と同形態のものも、私自身、茨城県南部、埼玉県東部などで胴部から底辺部にわたる破片を数例採集しており、この地域でひろく製作されたものと推察できる。

山形土偶

関東地方で、加曾利B式土器が作られた後期中葉に、さかんに作られた土偶が山形土偶である。

利根川流域左岸、茨城県北相馬郡利根町立木《たつぎ》貝塚では、かつて地元の研究家の大野一郎の蒐集した資料が二〇〇点を超し、東京都足立区に在住の松村脩が蒐集した資料も一〇〇点を超すものがある。他にも数十点、一〇〇点余とコレクションが知られているので、総計では一〇〇〇点、あるいは二〇〇〇点もの山形土偶が発見されたものと思われる。立木貝塚には山形土偶を製作する人がおり、ここからかなり広範な地域に供給されたのであろうか。

一遺跡から多量に土偶を出土した遺跡は、山梨県釈迦堂遺跡群がある。主として中期の六〇〇個を超す土偶が出土し、特にこの遺跡群中の三口神平地区に所在した一集落では、破片であるが四〇〇点を超す土偶が出土した。また山梨県西北部、八ヶ岳山麓の金生《きんせい》遺跡でも、二〇〇点を超す後・晩期の土偶片が出土している。

このほか、熊本県下でも四方寄《よもぎ》遺跡、山海道遺跡などでは数百点の後期の土偶が出土している。

また東北地方でも、蹲踞姿勢の土偶のところでふれた岩手県大迫町の内川目中学校敷地内の後期の遺跡からも、一〇〇点を超す土偶が発見されている。

このように、例は少ないが山梨県下などで中期前半に一遺跡で多量に土偶を製作した遺跡が現われ、後期に入るとほぼ全国的に土偶を多量に生産する遺跡が出現していることは注目すべき現象である。土偶の使用法、用途を考える上でのキー・ポイントといえよう。

後期中葉に最も普遍的に作られた土偶は、ここに紹介する山形土偶である。扁平で両頬が横にひろがった、不整楕円形の顔をした土偶は、西は九州地方から東は東北地方南半部にまで分布している。

図71に示した山形土偶は、一九三六年頃、明治大学専門部史学科のメンバーが後藤守一博士の指導で、千葉県佐倉市江原台（当時は千葉県印旛《いんば》郡臼井《うすい》町江原台）遺跡を発掘調査の折に、後期の加曾利B３式土器や土笛と思われる亀形の有孔内部中空の土製品などとともに発掘したものである。腰が豊かにふくらみ、腰部にはこの時期の土偶に普遍的にみられる帯状

■山形土偶　後期中頃

図71　千葉県、江原台遺跡　H12cm

図72　茨城県、椎塚貝塚　H12.5cm

の平行沈線と三角形を連続した鋸歯状文がみられる。上衣の裾と、下衣の上縁を示すものであろうか。顔面部両側の瘤状の小突起は、耳朶に輪鼓《りゅうご》形の土製耳飾を嵌入《かんにゅう》した状況を示しているものであろう。同様な形態のものは、茨城県立木貝塚はじめ、福島県三貫地《さんがんじ》貝塚、山梨県金生遺跡など、ほぼ同時代の遺跡から出土する山形土偶に普遍的に認められる。

図72に示す土偶は、明治後半、関東地方各地の遺跡を探索して、完形土器や土偶などの蒐集を趣味とした高島多米治《ためじ》が、茨城県、椎塚貝塚を発掘した折に発見したものである。彼の蒐集した遺物のうち主なものはその後、関西の実業家、下郷伝平の購入するところとなり、下郷は郷里である滋賀県長浜に鍾秀《しょうしゅう》館を建設、ここに陳列公開した。一九二七（昭和二）年四月刊の『鍾秀館蔵日本石器時代土器選集』第21図版2にこの土偶の写真を掲載している

が、出土地は誤って宮城県里浜貝塚と記している。その後、鍾秀館の遺物の主なものは大阪市立美術館を経て大阪市立博物館に移っており、この土偶も市立博物館の所蔵となり、写真にみられるように右手先と右乳房が補修されている〔現在は大阪歴史博物館蔵〕。

この椎塚例は、江原台遺跡出土のものと大変よく似ていることがわかる。大きさは椎塚例が高さ一二・五センチあり、江原台例が高さ一二センチと近似している。顔面は平面かまぼこ形とスルメイカの頭部形で若干相違するほか、額と眉との境界線が江原台例は鼻梁とT字形に隆帯で結び、椎塚例は一条の沈線となっている。眼、口、頬の境界の隆帯の表現は同様である。椎塚例は首部に二条の帯状沈線を施文し、その間に竹管状の刺突文を一列に施しているが、首飾の連珠を表現しているものであろうか。体部の衣服を表現するかと思われる文様、また両腕は両側へ下げ、手先のみを左右にひろげた姿勢、脚部の状況なども大変よく似ている。

図73は水戸市に近い茨城県北部の三反田蜆塚の出土品である。顔形などの表現は若干異なるが、類似点が多く、山形土偶の範疇に入るものである。

図74は、茨城県立木貝塚出土の山形土偶の頭部破片である。一例は顔面の額部、両頬、鼻下、口唇部などに三条の列点文が施文されており、この部分に施された入墨の状態を表現しているものであろうか。

関東地方から離れて、岐阜県高山市の瓜田遺跡からは、図75に示した薄い板状の土偶が出

■山形土偶　後期中頃

図73　茨城県、三反田蜆塚　H10cm

図74　茨城県、立木貝塚

土している。後期中葉の縄文土器と伴存したものであり、鼻梁の形態、眉上の隆帯、両耳部の穿孔など、関東地方の山形土偶の顔面部と共通するところが多い。飛驒地方にまで山形土偶の製作がひろがるうちに地域的な変化が生じたものではなかろうか。瓜田遺跡からは同形の顔面部破片がもう一点発見されている。

図76は、熊本県北部の三万田《みまんだ》遺跡出土のものであるが、顔面の表情は関東地方の出土品と瓜二つの作品である。三万田遺跡は後期後半のこの地方の代表的な遺跡で、土偶も体部破片なども含めて、一〇〇点前後の出土が知られている。縄文時代後期後半に、山形土偶の製作がこの地域にまで波及したことが如実に示されたことは、文化の流れを究明する上で、注目すべきことである。

九州では同様の例がほかにも数例確認されている。図77の土偶は、熊本市北郊の太郎迫《たろうざこ》遺跡出土の、両脚・両腕を欠く、現存部高六・五センチの土偶である。この土偶も後期後半の所産であり、広義に解釈すれば山形土偶の範疇に入るものとみてよかろう。

また図78に示した土偶は、宮崎県西臼杵《にしうすき》郡高千穂町陣内《じんない》の後期後半の遺跡からの出土品で、顔面部は欠損しているが、腕部、脚部などの体形からして、熊本県下発見のものと同様に、山形土偶と考えてさしつかえないものと思われる。この資料は、山形土偶の文化圏が九州東部の山地にまでひろがることを示す貴重なものである。

図79に示した熊本県山海道遺跡出土の頭部破片は、背面が半球状にふくらみ、平坦に研磨

■山形土偶の波及　後期中～後半

図75　岐阜県、瓜田遺跡　(H)15cm

図76　熊本県、三万田遺跡　(H)5.4cm

図77　熊本県、太郎迫遺跡　(H)6.5cm

された顔には眉の線が弓状に表現され、口部を球面状にくぼませたのみで、眼、鼻、耳などは省略されている。ほかにも顔面を平坦に研磨したのみで、眉、眼、鼻、口、耳などの表現を全く欠くものが出土しており、これらは、三万田例や太郎迫例のような形態のものが、後期末に入ってこのような省略化された形態に推移したことを示すものであろう。

熊本市上南部《かみなべ》遺跡は、一九七八、七九年と発掘調査されたが、一〇八個体分の土偶が出土している。調査を担当した富田紘一は、「上南部遺跡出土土偶の観察」という論考の中で「九州においては、縄文後期後葉三万田式土器の頃から晩期の前半にかけて、土偶が短期間ではあるが製作される」（『森貞次郎博士古稀記念古文化論集　上』）と記している。また一九八七年の『考古学ジャーナル』二七二号にも、「熊本県出土の土偶」と題して以下のように記している。「熊本県下で出土した土偶はすべて縄文後期後葉から晩期前半にかけてのものであり、東日本で発見されているものより製作の年代幅がいちじるしく狭いことがしられている。この前後の時期の土器編年を筆者は次のように理解している。辛川Ⅱ式―西平式―太郎迫式―三万田式―鳥井原式（上南部Ⅰ期）―御領式（上南部Ⅱ期）―上南部Ⅲ期―上南

図78　宮崎県、陣内遺跡　(H)12.5cm

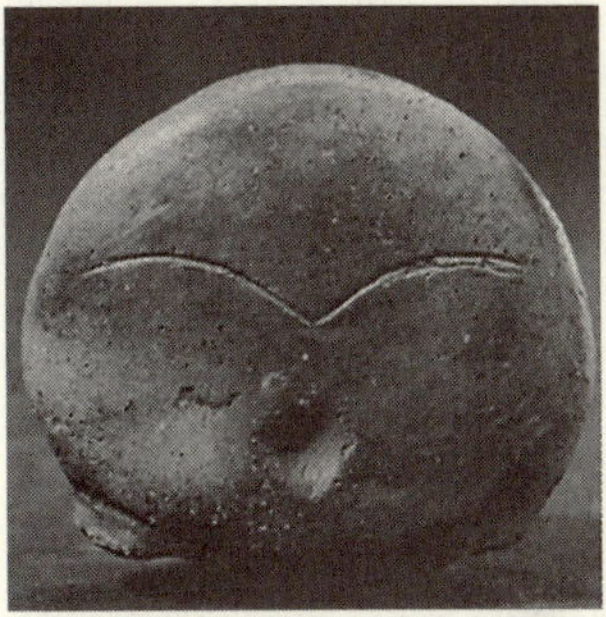

図79　熊本県、山海道遺跡　(H)5.5cm

部Ⅳ期―上南部Ⅴ期―黒川式。このうち辛川Ⅱ式―西平式―太郎迫式の部分は必ずしも一直線に続くものではなく、太郎迫式と三万田式の間には磨消縄文系と黒色磨研系との違いが存在する。これらの土器型式のうち土偶がみられるのは、三万田式から上南部Ⅴ期までである。この間は黒色磨研手法で土器が製作された時期で、その系統は瀬戸内を経て東日本につながるものである」。

つまり、三万田式から御領式までが後期、上南部Ⅲ・Ⅳ・Ⅴ期は晩期前半とし、次の黒川式土器が使用される時代になると土偶が作られなくなるという見解である。晩期の土偶とされるものは資料も少なく、晩期の土偶としての特徴も私には把握しかねるので、本書では上南部遺跡の土偶は後期のものとして考えたい。

関東地方でも、加曾利B3式以降、曾谷式から安行1(岩井)式頃になると、次の時代に入って繁栄する木菟《みみずく》土偶の初期のものの出現をみるが、その直前、加曾利B3式の時代に、顔面が平行線文様のみで眼、鼻、口などの表現を欠くものが発見されている。

図80は茨城県立木遺跡の土偶であるが、顔面部は省略されているものの額部の隆帯と顔面の輪郭は、山形土偶の顔面部の特徴をよく残している。胸部には二つの乳房を突出させ、その下に二つの円形空洞部を設け、その外側で腕部と脚部を直結させた、形態の変わった土偶である。

図81も茨城県の福田貝塚の出土品で、顔面部は土器の把手を思わせるような抽象的な形態

■山形土偶の省略形態　後期後半

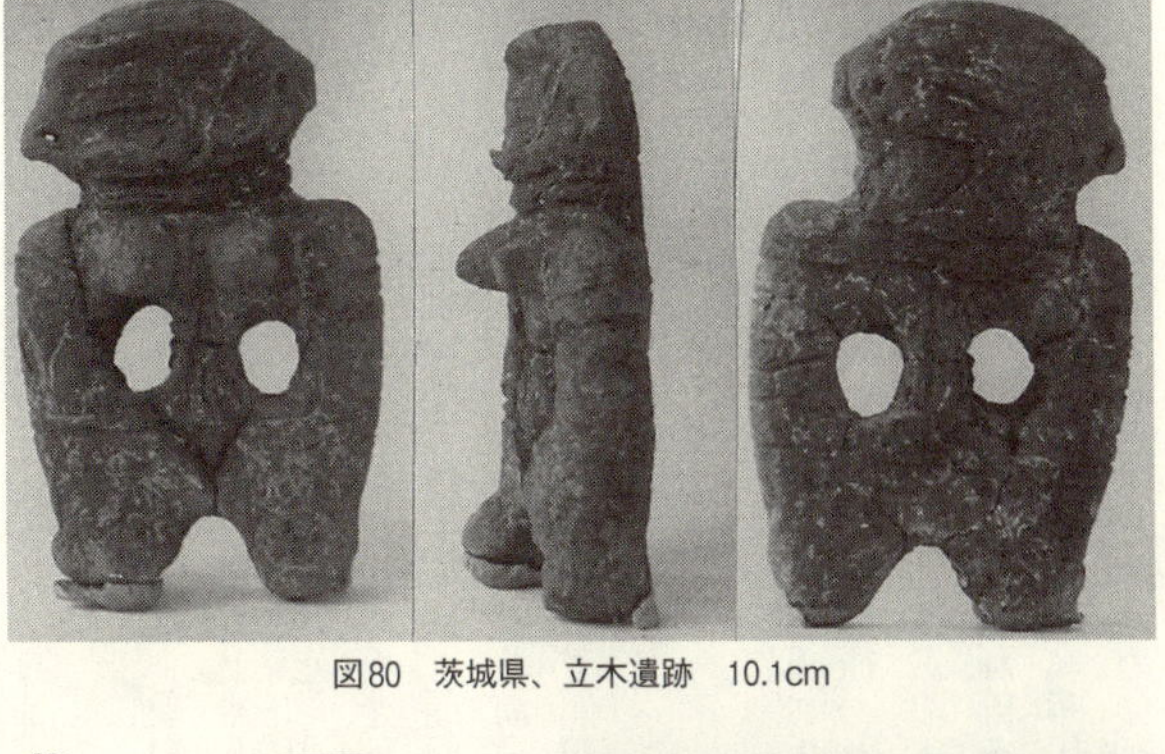

図80　茨城県、立木遺跡　10.1cm

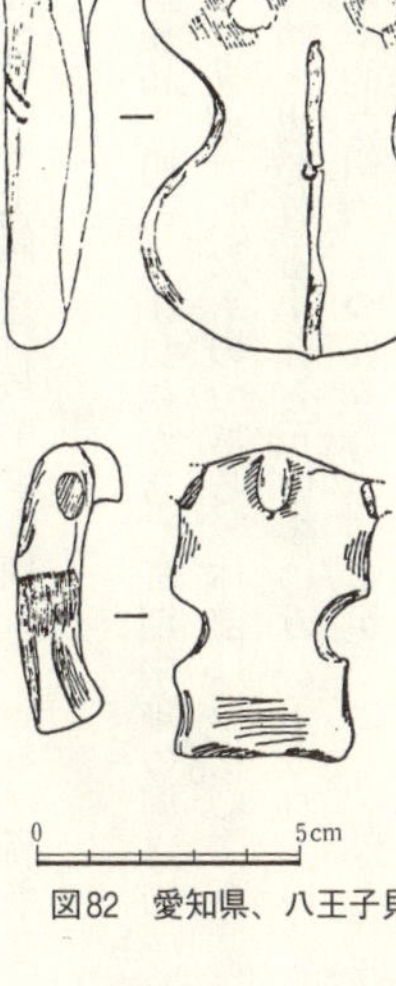

図82　愛知県、八王子貝塚

図81　茨城県、福田貝塚　H5.8cm

に変形し、全く省略されているが、体部の形態は山形土偶の特徴をよく残している。高さ五・八センチほどのものである。

図82に示した分銅形をした土偶は、愛知県西尾市上町八王子貝塚から、後期中葉の堀之内3式ないし加曾利B1式に近似する土器とともに発掘されたものである。体部は板状に作られ、頭部は省略され、胸部の両乳房と、中央に臍と思われる小孔と正中線のみが示されているにすぎないが、これも省略化された土偶の典型的な例の一つとみなすことができる。

このように、後期中葉の後半頃に、顔面部など省略した土偶を製作する風潮が縄文土器文化圏全域にひろがるとともに、北は北海道西南部から九州地方にいたる、ほぼ日本列島の縄文土器文化圏全域で、かなりの量の土偶が生産されたことも注目すべき点である。

木菟土偶

木菟土偶は、顔面が木菟の容貌に似ているため、この名称がつけられたものである。その表情はハート形の輪郭の顔面に、直径一センチ前後の円盤形の眼と口部の表現があり、眼の横、顔の輪郭外に眼とほぼ同じ大きさのボタン状の文様が施文されている。これは耳朶に孔をあけて、土製ないし木製の輪鼓状耳飾をはめこんだ状況を示しているものである。直径三センチ前後の大型輪鼓状耳飾は、縄文時代後期末から晩期初頭に南関東地方を中心に繁栄するが、この耳飾の分布圏と木菟土偶の分布圏がほぼ一致することは興味深い。

頭頂部には、二つないし三つの天をつく瘤状の突起がみられ、また額上にも前面に突出した瘤状突起が一つないし三つあるもの、さらに背面に同様の突起のあるものなどがあるが、この瘤状突起には不規則な波状沈線文が多数施文されている。これは、後期末から晩期初頭にわたる種々な結髪のスタイルを表現したものと思われ、この時代の婦人の髪型を知る上で貴重なデータを提供している。鹿角・骨製などの優美なヘアー・ピン、鹿角製や乾漆の櫛などがさかんに作られたのもこの時代であり、このようなものを使って、かなり変化に富んだ結髪が流行したものと想像される。額上前面に突出した瘤状突起は、明治・大正時代の婦人に流行したひさし髪のある髷を連想させるものがある。

　木菟土偶の分布は、埼玉県東半部、荒川流域以東の台地上の諸遺跡からの発見例が最も多く、茨城県南半部、千葉県北半部などからの出土例が報告されているが、東京都下、神奈川県下などからはほとんど知られていない。

　ただ一例、遠く離れ、愛知県下で、渥美湾にそそぐ豊川流域の豊川市麻生田当貝津遺跡から出土例が知られている。この地方の後期末から晩期初頭にわたる遺物の発見される遺跡からの出土品で、関東地方のものと製作年代はほぼ一致する。ただ一点の例であるが、この土偶の粘土質をみても、この地で他の土器とともに作られたものと考えられる。東海地方にまで、木菟土偶の製作のひろがりがあったことを示すものであり、今後、この中間地域での発見の可能性を暗示している。

図83の土偶は、千葉県銚子市、余山貝塚出土の木菟土偶である。胴下半が欠損し、現存部の高さは一〇センチである。頭部の結髪を示すと思われる瘤状の突起は小さく、円盤状の目も小さく、頭頂部中央寄りに鼻の両側に位置し、口部も鼻や眼とかなり間隔をあけて、顔面部下端中央に表現されている。このような点は、山形土偶の顔面部の表現に近く、後期末の安行1式土器の時代の作品には、このように前代の山形土偶の表現の名残りがみられる。また、両耳の位置にある耳朶に嵌入した輪鼓状耳飾の表現も欠いている。両頬の波状平行沈線文は入墨文様を表現するものであろうか。縄文文様の施文された左腕のアップリケのある衣服をつけたような表現は、図84に示した土偶の両腕とよく似た表現である。

図84の土偶も、明治時代に高島多米治が余山貝塚で発見し、下郷伝平が購入、その後、辰馬悦蔵の手に移り、今日辰馬考古資料館に所蔵されている土偶である。右腕、右脚を欠いたものを復元している。高さ一三・二センチ、顔面部は省略され、全面に不規則な波状沈線文が施文される。眼、鼻、口などの省略化された山形土偶の顔面部の表現と近似している。両耳は大きく表現されているが、この土偶も輪鼓状耳飾の表現は欠いている。胴部の腰が大きく両側にはりだす状態は、木菟土偶の特徴的な表現である。

図83も同じ頃、高島と競争して余山貝塚を発掘した江見《えみ》忠功《ただかつ》の発見品であり、おそらく後期末頃の土器の文化層からの、山形土偶より木菟土偶へ移行する時期の作品と考えられる。なお図84の土偶は、『鍾秀館蔵日本石器時代土器選集』には、誤って宮城県宮戸村里浜発見

と記されている。

図85・86に示した二つの木菟土偶は、本形式の土偶の代表的作品でいずれも埼玉県下の出土品である。

図85は真福寺《しんぷくじ》貝塚出土のもので、高さ二〇・二センチ、図86の滝馬《たきま》室《むろ》遺跡出土のものは高さ一八・二センチで、大きさも近似している。

滝馬室出土のものは、脚部に二条の帯状の平行線が二ヵ所に施文されているが、図84の余山貝塚出土の土偶の脚部の文様と同一の意味をもつものであろう。ズボン状の衣服の状態を

■山形土偶の名残ある木菟土偶
後期末頃

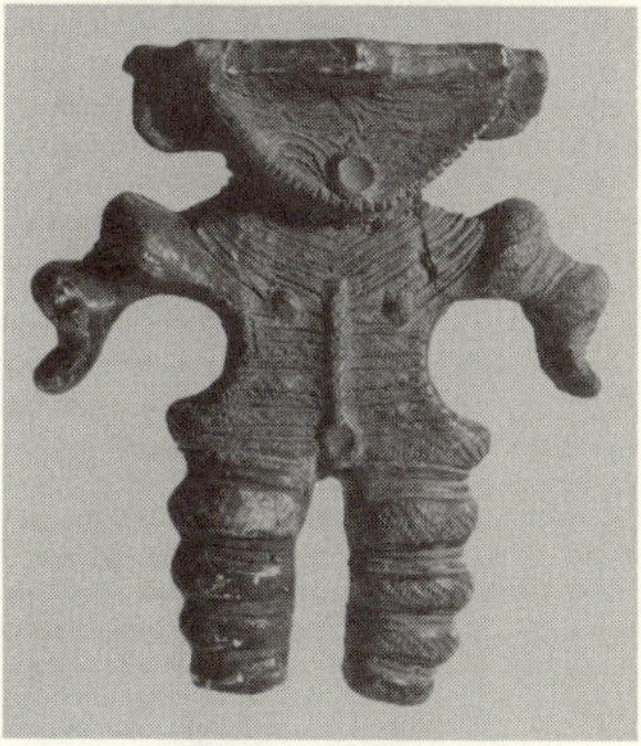

図83・84　千葉県、余山貝塚　上より(H)10cm、H13.2cm

■木菟土偶　後期末頃

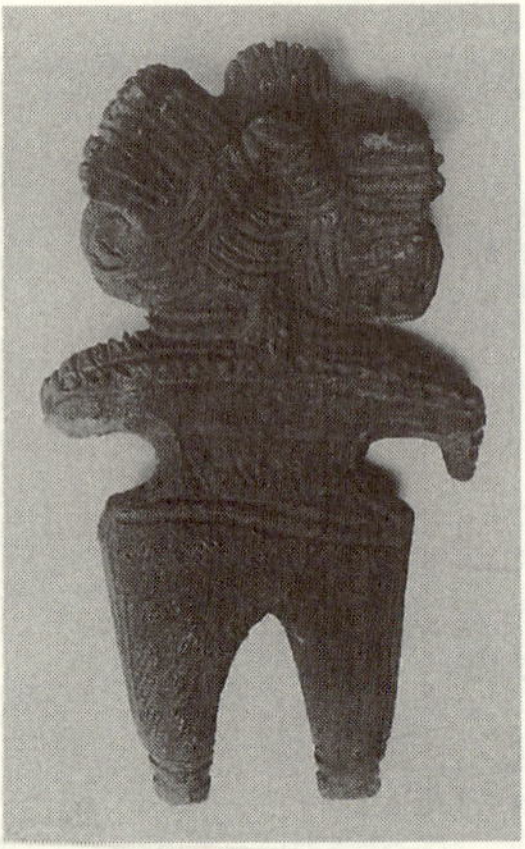

図85　埼玉県、真福寺貝塚　H20.2cm

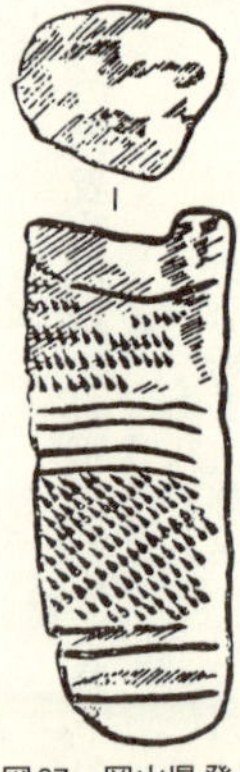

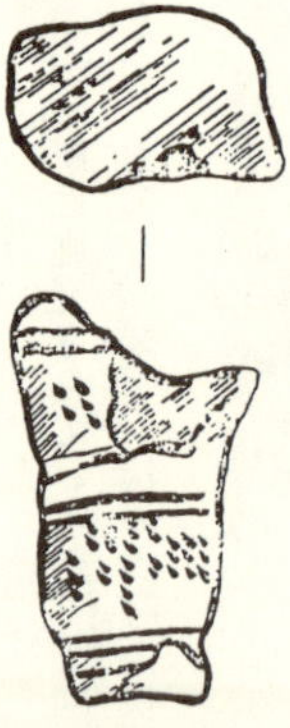

図87　岡山県発見の土偶の足　笠岡市津雲貝塚（左）と倉敷市子位庄貝塚（右）

図86　埼玉県、滝馬室遺跡　H18.2cm

表わしているものと思われる。

脚部にこのような帯状の平行線の施文されたものは埼玉県川口市石神貝塚出土の木菟土偶などにみられ、木菟土偶の脚部にはかなり普遍的にみられる文様である。形態が円筒形になり、状態が若干変化しているが、帯状の平行線を施文する点で近似した脚部破片は、岡山県瀬戸内海岸の二遺跡からも発見されている（図87）。いずれも脚部の小破片で、上半身は全く不明であるが、ほぼ同時代に製作された土偶であろう。

図88の土偶は、山梨県都留市小形山中谷《なかや》遺跡で、石囲いの中から脚部が折損した状態で発見されたものである。静岡県清水市付近からこの地方まで分布圏をひろげている、晩期初頭の清水天王山式土器に伴存していた。両眼は細い線となり、顎に一条の弓状の隆帯があるなど、山形土偶とも似た点があるが、顔面がハート形であり、輪鼓状耳飾が両耳の位置にある点などからして、木菟土偶の系統を引くものとみなしてよいと思われる。

図89に示した土偶は、一九三〇年頃、高橋光蔵によって町田市綾部原遺跡で表採されたものである。いずれの遺跡も後期末から晩期初頭にわたる時代の遺跡である。いずれもかなり省略化したものであるが、中谷遺跡出土の土偶と同様に木菟土偶の系統を引く、省略化され、変形されたものとみなしてよいのではなかろうか。綾部原出土の土偶の頭部両側のボタン状の貼り付け文は、両眼ともみられるが、これは耳朶に嵌入している輪鼓状の飾を示すもので、中谷出土の土偶とよく似た表現である。中央部につく鼻と両眉の隆帯の下の眼の表現

図88　木菟土偶系の土偶　後期末頃　山梨県、中谷遺跡　H22.6cm

図90　木菟土偶の耳飾表現　後期末頃
千葉県、余山貝塚

図89　木菟土偶系の土偶　後期末頃
東京都、綾部原遺跡　H13cm

は欠いている。

木菟土偶に特徴的に表現される輪鼓状耳飾も、今日の研究成果では、中期から前期末、さらに遡って、早期末ないし前期初頭にすでに存在したことが、鹿児島県薩摩半島の石坂上遺跡の発掘調査によって判明している。ここからは、約六〇〇〇年前に噴火した際の火山灰層の下から、早期末の石坂式土器に伴って素焼の輪鼓状耳飾が出土した。これによって、中国の長江南部の浙江省方面から東シナ海を渡って、玦《けつ》状耳飾と輪鼓状耳飾が西九州地方に到達したのは、ほぼ同時代であることが判明した。直径三センチ以上の大型の耳飾が南関東地方を中心に流行したのが、木菟土偶がさかんに作られた後期末であった。

図90は、千葉県銚子市余山貝塚出土の木菟土偶の左耳部の破片である。輪鼓状耳飾を写実的に嵌入状態として表現した好例である。私が一九五七年に南ラオスのメコン川流域を訪れた折、カー族婦人が、耳朶に象牙製の輪鼓状耳飾を嵌入していたので、この装着状態と耳飾を撮影した（図157）。その耳飾は、直径四・四センチ、厚さ二・五センチ、重量は五〇グラムほどである。縄文時代の人々もこのように耳飾を身につけていたものと思われる。

5　晩期

縄文時代晩期は、今から約三〇〇〇年前、紀元前一〇〇〇年代から五〇〇年代ないし三〇〇年代までの間に相当する。

西北九州地方の一部では、紀元前四〇〇年代に稲作農耕文化が定着し、弥生文化へと移行したのではないかと考えられているが、弥生文化の浸透が最も遅れたとされる東北地方北部でも、青森県西部の津軽平野では紀元前三世紀には水田を作り稲作をおこなった痕跡が認められ、従来考えられていたよりも、縄文文化から弥生文化への移行は、九州、四国、本州などの諸地域ごとの大きな年代差がないことが明らかになっている。

しかし、九州地方から近畿地方にいたる地域では、晩期は初頭から中葉まで期間も短いこともあり、土偶の発見例もあまり多くはない。奈良県下、橿原市橿原公苑遺跡で、かなりの数の土偶が出土したことがよく知られている程度である。

中部地方以東北では、東北地方で発展をみた「遮光器土偶」の名称で呼ばれている、目を誇張したと考えられる土偶が、中部地方東半部にまでひろがりをみせている。

ただ、奥東京湾、霞ヶ浦湾など、縄文海進により奥深い入江ができ、食料資源が豊かであ

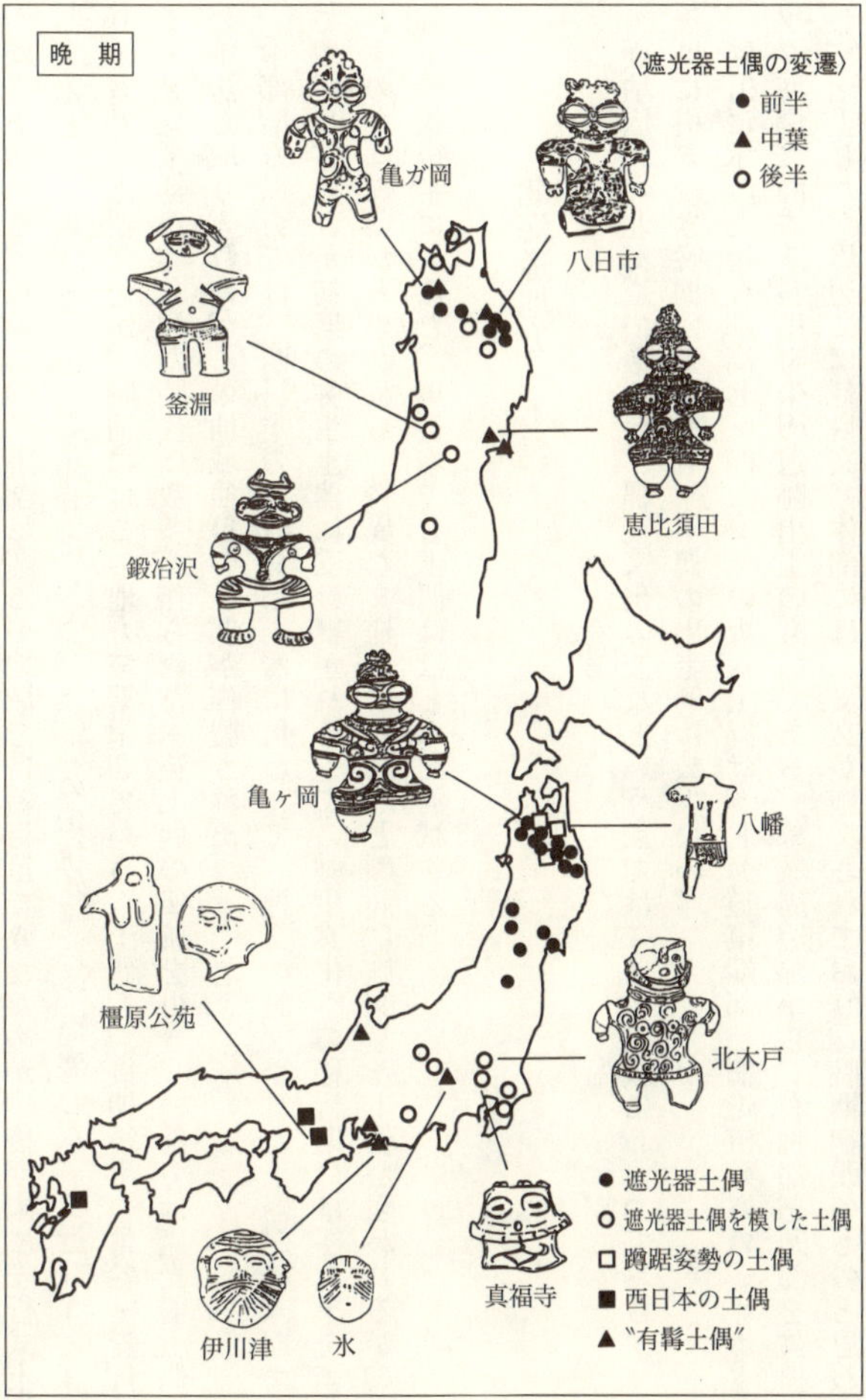
晩　期
〈遮光器土偶の変遷〉
● 前半
▲ 中葉
○ 後半
亀ガ岡
八日市
釜淵
恵比須田
鍛冶沢
亀ヶ岡
八幡
橿原公苑
北木戸
真福寺
伊川津
氷
● 遮光器土偶
○ 遮光器土偶を模した土偶
□ 蹲踞姿勢の土偶
■ 西日本の土偶
▲ "有髯土偶"

ったと思われる関東地方の平野部は、この地域で自給自足できたためか、後期末に安行《あんぎょう》式土器文化という独特な文化圏を作りだしていた。この伝統を受けて発展した、安行3a・3b・3c式土器文化が、晩期にはこの地方で繁栄している。土偶も、後期後半の曾谷・安行1・2式土器が作られた時代に数多く作られた木菟《みみずく》土偶の伝統を引き、一部では遮光器土偶の手法も取り入れた、この地域独自の土偶が作製された。

中部地方以東では、西日本の条痕文系土器に代わって、縄文の施文された土器が終末期まで残存し、これが初期の弥生土器に受け継がれる。この弥生文化への移行期には、入墨を表わすのではないかと思われる、特異な文様を口唇部など顔面に施文した土偶が現われるが、弥生時代後半に入ると、東日本でも土偶はほとんど消滅する。

北海道地方

面積広大な北海道であるが、縄文文化の波及という点ではさほど広域にわたっておらず、後期に引き続き晩期に入っても、土偶の出土例は数少ない。

図91に示した現存部高七・四センチの板状土偶は、北海道東端部、網走市東方の、オホーツク海岸に面する斜里《しゃり》町朱円《しゅえん》遺跡出土のものである。墓域周辺部から、右腕部と頭部を欠損して出土した。周辺には刻目文、体部には三叉文が施文されており、晩期初頭のものと思わ

れる。

札幌市東郊の江別市大麻三遺跡の一土壙内の上部層から出土した土偶は、あたかも埋葬遺体の上に副葬したような状態で、二体の土偶をX字状に重ねて埋納していた。この土偶は縄文時代終末期以降の続縄文文化のものと指摘する人もあるが、そうであるとしても縄文時代晩期からの伝統を引くものであることには疑いないであろう。

津軽半島や下北半島と一衣帯水の地である北海道西南端部、渡島半島函館付近は、青森県下と同様に比較的土偶の発見例が多い。たとえば、上磯郡札苅《さつかり》遺跡（図92・93）、上磯町久根別遺跡、函館市女名沢《めなざわ》遺跡では、晩期前半から中葉、大洞《おおぼら》BC～大洞C2式の土偶破片が数多く出土している。大洞C1式からC2式へ推移する土器にみられる文様をそのまま施文したものや、大洞C2式の文様を省略化したような、この地方独特とも思われる文様を胴部に施文しているものがみられる。また土偶の大きさも小形の高さ一〇センチ前後のものが多く、中空の体部をもつような二〇センチをこす大形のものはほとんど作られていなかったようである。

東北地方

遮光器土偶の発生

大洞B・BC式土器が繁栄した晩期前半の東北地方一帯では、目を誇張した「遮光器土

図91　オホーツク海域の土偶　朱円遺跡　晩期初頭　(H)7.4cm

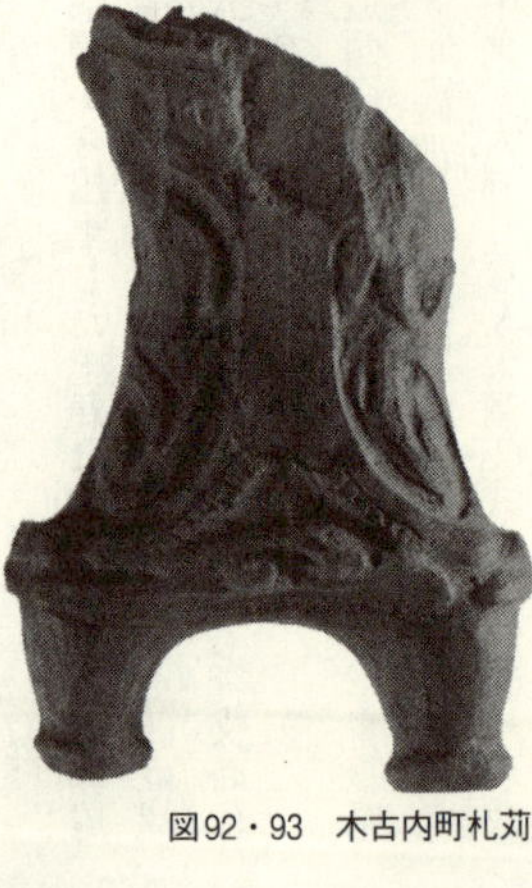

図92・93　木古内町札苅遺跡　晩期前～中頃　(H)9cm

偶」の名で知られている土偶が普遍的に作られている。日本の土偶の諸形態の中では、最も有名なものであろう。

そのような中で、図94に示したような異なった容貌の土偶も作られていた。下北半島のむつ市大湊下町の八森《やちがもり》遺跡から発見された晩期初頭の作品で、現存部高二・七センチ、完形でも一〇センチ前後の小形の土偶である。ハート形の顔面には眉上隆起は表現されているが、鼻と口だけで眼や耳の表現を欠いている。

一八八六（明治一九）年、青森県津軽半島西南部、亀ヶ岡《かめがおか》の小字沢根の水田下に堆積する泥炭層中から、左足部が欠損しているだけでほぼ完形の、高さ三四・二センチの大形土偶が

図94　東北北部の土偶　青森県、八森遺跡　晩期前半　(H)2.7cm

図95　発見第１号の遮光器土偶　青森県、亀ヶ岡遺跡　晩期中頃　H34.2cm

発見された（図95）。翌年一二月、『東京人類学会雑誌』第3巻22号誌上に、神田孝平が淡厓《たんがい》の筆名で「瓶ケ岡土偶図解」として巻末折込図版つきで紹介し、揺籃期の考古学界の注目を集めた。横に真一文字の沈線があり、眼鏡をかけたかにもみえる大きな眼部は、まさか眼を誇張したものとは考えられない、いったい何を表現したものかと、当時の研究者は頭をひねったようである。

これについては、一八九一年、坪井正五郎が大英博物館などでの見聞を『東京人類学会雑誌』の巻末雑報欄に「ロンドン通信」として短報を寄稿していたが、その中で、北極圏近くに住む先住民が使用している氷雪の反射光を避ける革製の遮光器の形が、亀ヶ岡遺跡出土の土偶の眼部に近似していることに気づき、「遮光器と見るが適当でござりませう」という文章を書いている。坪井氏のこの報告により、縄文土器文化の時代は、東北地方一帯に積雪が多く、この地方に居住した縄文文化人は冬場の野外活動にはエスキモーの遮光器に似たもので眼を蔽《おお》っていたものと考え、いつしか遮光器土偶の名称が一般的に普及するようになった。

では、遮光器土偶と呼ばれる土偶は、突如としてあのような容貌で出現したのであろうか。一九六〇年に私が『土偶』を執筆した頃は、類例も少なく、私もこの点に関しては明解な解釈をもたなかった。しかしその後、図96・97に示すような土偶が相次いで発見され、やはりこれは眼部を次第に誇張したものであると確信がもてるようになった。これらの土偶を

■初期の遮光器土偶　晩期前半

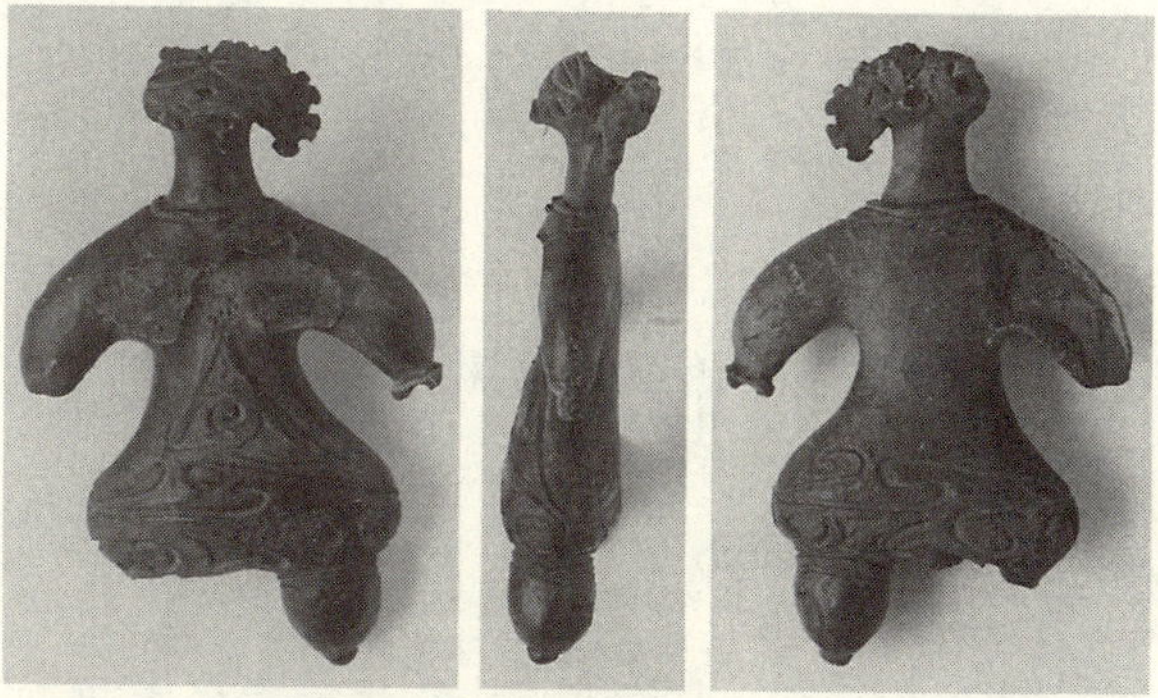

図96　青森県、広船遺跡　H19.8cm

図97　青森県、野面平遺跡
(H)3cm

図98　岩手県、野々上遺跡　(H)14.2cm

初現として眼部を誇大化していく遮光器土偶の変遷をたどることができる。

図96は、青森県南西部、弘前市の東南東、広船遺跡発見の土偶である。腹部に施されている三叉文などから、晩期初頭の大洞B式土器の時代のものであることはほぼ疑いない。右脚、右手首、右頭部の角状結髪部を欠くほかは、ほぼ完形である。偶然の発見品が東京の古美術商に流れたもので、破損面が新しく、ほとんど完形で地中に埋納されていたものが鍬先にあたり出土したものかと思われる。出土状況などはいっさい不明なことが実に残念である。タコの吸盤を思わせる頭部の角状の突起は、結髪の状況であろう。後頭部両側で長い髪を三つ編みに編んで後方から前へ巻き上げた髪型を表わしているのだろうか。両乳房は胸部に脱落痕が残っている。その径は二センチ前後で、豊満な乳房がついていたものと想像される。

これと近似する土偶が、一九六四年、青森県東南部、十和田湖の東南二四キロ、馬淵川上流で西南分岐する熊原川流域の、三戸《さんのへ》郡田子《たつこ》町の同川右岸、野面平《のもてたい》遺跡から出土している。発掘調査中、大洞B式の黒色で光沢ある三叉文の施された土器片などとともに、図97の小土偶の頭部破片が出土した。現存部高三センチ、頭部は完存しており、ヤギの角を思わせるような両側に突き出した結髪の状況など共通している。この髪型は、この地方の婦人の間に流行していたのかもしれない。口部は広船例が楕円孔なのに対し、野面平例は三角孔に表現されている。眼部は小さい楕円形だが、楕円の中央を横に一条の沈線が横切っている。遮光器土偶と呼ばれる土偶と、同一形態の眼の表現がおこなわれている。

図98の胴下半部を欠損した現存部高一四・二センチの土偶も、体部にみられる三叉文からして晩期初頭の大洞B式土器の時代のものと思われる。この土偶は、野面平遺跡の東方約一〇キロ、東北本線金田一駅（現・いわて銀河鉄道金田一温泉駅）の西北二キロの地にある海上川に西面する台地上、岩手県二戸《にのへ》市野々上《ののがみ》の村落（旧金田一村）内に所在する遺跡出土のものである。先の二例と同様、眼は小さく表現されている。両眼尻の下、耳朶の位置にみられる小さな環状の部分は、耳朶に鼓《つづみ》形の小環状耳飾をつけた姿を表現したものであろう。この土偶の眼部は、眉上弓と眼の縁を隆起させ、眼孔を細い横溝にして表現している。

以上に紹介した三つの土偶は、晩期前半に東日本で広範囲にわたり作られた、遮光器土偶と呼ばれる土偶の初現形態と考えられる。

次いで大洞B式の後半からBC式土器前半頃には、図99・100に示したような、内部の充実した比較的小形の土偶が作られた。図99は高さ一七・五センチ、青森県亀ヶ岡遺跡の出土品であり、図100は高さ一二・六センチ、弘前市大字裾野字猿ヶ森遺跡の出土品である。この形態の土偶は、頭部に勾玉《まがたま》状の両端に渦文のある突起が三個以上、太鼓橋状に十字形につけられるが、これは頭部の髷や結髪の状態を示すものと思われる。同形式のものは青森県東部、岩手・宮城・山形・秋田県下など東北地方各地の遺跡から出土している。

続いて、大洞BC式土偶が繁栄を誇る時代になると、体部は中空の、大形の土偶が作られるようになる。図101は高さ二三・七センチ、岩手県九戸《くのへ》郡軽米町長倉遺跡出土品、図102は脚部を欠いているが現存部高二二センチ、青森県三戸郡三戸町八日町遺跡出土品である。この時期の土偶は、八日町例にみられるように、頭頂部が円形に開口し、上面から体部内がよく観察できるものと、長倉例のように、頭頂部の開口部に正面から背面へ一条の粘土帯が橋状にとりつけられているものがある。いずれも結髪を示すものであるが、後者は環状に開口した前者より、中空土偶の装飾技術としては一歩前進したものであろう。

図103も、前二者とほぼ同時期の土偶である。青森県東部、八戸市西南郊、馬淵川流域に位置する平《たい》貝塚からの出土品である。桜桃園でさくらんぼの周囲に堆肥を埋めこむ溝を掘っている最中に偶然出土した。隣接地には大洞B・BC式土器を出土する主淡貝塚もあり、私たちが発掘調査をおこなったことのある遺跡である。胴下半以下を欠いており、現存部高一九・二センチ、完形であれば高さ四〇センチ前後の最大級の土偶と考えられる。焼成・粘土質とも良好な黒色の光沢ある土偶で、八日町例や長倉例同様、体部には羊歯《しだ》の芽状渦巻文、三叉文などこの時代の特徴的な文様が施されている。特に八日町例は、同じ馬淵川流域、約一〇キロの至近距離にある遺跡であるためか、乳房の表現などよく似た豊満な乳房である。頭頂部は両側から二つの環状帯で開口部を橋状にふさいでいるが、これも髷の状態を示すものであろう。左耳部は欠損しているが、右耳部は耳朶に鼓形の小型土製耳飾を装着した姿を表現している。

後続する大洞C_1式土器が作られた時期の初頭の代表的な土偶としては、図104に示した高さ

■遮光器土偶の発展　晩期中頃

図100　青森県、猿ヶ森遺跡　H12.6cm

図99　青森県、亀ヶ岡遺跡　H17.5cm

図101　岩手県、長倉遺跡　H23.7cm

■遮光器土偶の発展　晩期中頃

図102　青森県、八日町遺跡　(H)22cm

図103　青森県、平貝塚　(H)19.2cm

■遮光器土偶　晩期中頃

図104　宮城県、恵比須田遺跡　H36cm

図105　青森県、宇鉄遺跡　H34cm

三六センチの大形中空土偶がある。宮城県北部、恵比須田遺跡の出土品である。現在では完形土偶の類例も増加しているが、発見当初はこのようにほとんど欠損箇所がなく発見されたものは稀であったため、近年の模造品ではないかと疑いの眼を向ける人もあった。この時代には、頭頂部の開口が小さくなり、四方から橋状帯が延びて中央で冠状にもり上がり、王冠をつけたようにもみえるため、王冠土偶の呼び名もある。青森県八戸市是川遺跡からは類似した頭部破片が出土している。

また最初に解説した図95の亀ヶ岡泥炭層遺跡出土の中空土偶も、この時期の代表的作品の一つである。この時期のものは前後の時期のものと比較すると、ウエストが引き締まり、もっとも優美な体形をしているようである。遮光器土偶として最も完成された時期といえようか。

図105の土偶は、図104と比較するといかにも無格好な体形をしている。この中空土偶は、青森県西北端に近い津軽半島北部、東津軽郡宇鉄遺跡出土の土偶である。高さ三四センチ、腕部の最大幅は一六・五センチを測る。体部背面に施された省略化した入組文《いりくみ》は、大洞C_1式よりC_2式への過渡期の土器にみられる文様であり、伴存する土器の多くもこの時期のものである。遮光器土偶がさかんに作られた地域の周辺部でその終末期に作出された、遮光器土偶としては圏外の不出来な作品とみなしてよいものであろうか。臀部が背後に張り出しパンツ様のものをつけた姿は、写実的な作品とも受けとれる。頭部の王冠状にした髪型は、この形態

図106　遮光器土偶の省略形態　晩期中頃　宮城県、薬師山貝塚　H26.2cm

の土偶の隆盛期のものを踏襲している。この土偶は大変興味深いことに、胴下半部を欠いた小土偶が胎内に入れられた状態で出土した。出土状況などについては第二章で詳述したい。

図106は、宮城県東北部の薬師《やくし》山《やま》貝塚出土の高さ二六・二センチの中空土偶である。前記した遮光器土偶に比べて首部が長くなり、頭頂部の王冠状結髪が省略化の傾向にある。体部に施された磨消縄文のS字状文様帯も、大洞C_1式後半の土器の文様と一致する。また眼部が顔面下部に極端に下がり、鼻、口部の表現は省略化している。

これをさらに省略化した、遮光器土偶の終末期の形態を示すと思われるものが、青森県亀ヶ岡泥炭層遺跡から出土している。現在、明治大学考古学博物館に所蔵されているもので、大洞C_2式土器の時代のものと考えられる。

遮光器土偶形態の波及

関東・中部地方でもこの種の土偶が数例知られている。東北地方の諸例と比較すると極めて稚拙な感じを与える。図107の高さ二七センチの中空土偶は、静岡県大井川中流域、榛原《はいばら》郡中川根町の上長尾小学校敷地内から出土したものである。東北地方の大洞C_1式の浅鉢形土器などが付近から出土しており、土偶腹部に大洞C_1式土器に特徴的な三叉文も認められる。背部の渦巻文は関東地方の安行3c式土器にも認められる文様であり、腰部には工字文も施されている。晩期中葉の大洞C_1式頃に該当するとみなしてさしつかえないものであろう。文様の施文など粗雑な感じをうけるのは、この地方に良質な粘土がなく、研磨して黒色の光沢のある精緻なものに作りあげることができなかったためと考えるべきであろうか。頭部の王冠状の髷は、形態的には宮城県薬師山貝塚(図106)や青森県亀ヶ岡泥炭層遺跡出土の大洞C_1式土器に伴存する中空土偶と近似している。眼の表現などども亀ヶ岡例と類似している。しかし鼻、口の表現は、同時期の東北地方のものより後期末に近い古い形態のものに類似例がみられる。

図108は、長野県小諸市石神遺跡発見の頭部破片である。晩期中葉、大洞C_1式頃のものと思われるが、古い発見品であり、伴出土器など詳細は明らかでない。

図109・110は、埼玉県真福寺貝塚出土の頭部破片である。左から、現存部高一一・八センチ、現存部高九・二センチで、前者の胸部には大洞C_1式土器に施されている文様がみられ

■遮光器土偶形態の波及　晩期中〜後半

図107　静岡県、上長尾小学校敷地内　H27cm

図108　長野県、石神遺跡　(H)10.4cm

図109・110　埼玉県、真福寺貝塚　左より(H)11.8cm　9.2cm

る。眼の表現は、前記したもの同様、大洞C_1式後半のものに類似している。

東京都調布市布田《ふだ》遺跡で安行3c式土器と共存したものは、眼の表現などは他のものと比較して地域性を感じるが、頭部の開口部に前頭部から後頭部左右に橋状帯を付した形態は、むしろ青森県平遺跡の晩期初頭の大形遮光器土偶の頭部（図103）に類似している。

図111は、茨城県西部、鬼怒《きぬ》川流域の結城《ゆうき》市山王遺跡出土の小形な中空土偶である。頭頂部の王冠状の結髪の形態、右腕部の形態など、東北地方の晩期中葉の遮光器土偶と類似点が認められるが、顔面のハート形の輪郭は、関東地方で後期末から晩期前半にわたって繁栄した木菟土偶の顔面部のそれと一致する。遮光器様の眼部も、沈線で楕円を描き中央に横に短い沈線を入れただけの、全く力強さを欠く表現である。

図112は、茨城県霞ヶ浦東南部、福田貝塚からの出土品である。頭頂部が開口した中空土偶で、頭頂部の形態は青森県八日町遺跡の土偶と類似し、顔面部は寸づまりで眼部は左右に離れ小さいが、遮光器様の形態の名残りは認められる。八〇年以上前の出土品で伴存した土器など明らかでないが、体部の文様からみて晩期中葉頃の作品ではないかと思われる。現存部高二七・一センチと、比較的大形である。

図113の高さ二八・六センチを測る中空大土偶は、群馬県東南端部、栃木県と埼玉県の県境を流れる渡良瀬川と利根川の流路の中間地帯、群馬県館林市の東方に所在する、邑楽《おうら》郡板倉《いたくら》町北木戸遺跡で、一九四〇年頃、土木工事中に発見されたものである。大洞C_1式土器、安行

3c式土器が共伴している。顔面右上半が剝離しているが、鼻部から左側は完存しているので顔面全体の状態は推察できる。眉上弓と鼻部をT字形隆帯で表現している点は、東北地方の後期末の蹲踞姿勢の土偶の顔面と類似している。両頰部の二本の沈線による八の字形の文様は入墨を示すものと考えられ、中期の土偶や青森県平遺跡出土の土偶（図103）の顔面と共通する。しかし眼部は小さく円形で、中心部に丸い小孔を穿っただけのものである。眼の縁を隆起させている点以外に遮光器様の眼部との共通点は認められない。しかし頭部が円形に開口する点、ネックレスを示すと思われる頸部の連鎖状文、腕・脚部・胴体の形態は、明らかに東北地方の遮光器土偶から強い影響を受けたものである。体部の渦巻状沈線文もくずれた形であるが、大洞BC式土器にみられる渦巻状沈線文の影響ではなかろうか。

このような関東・中部地方の土偶を観察してみると、遮光器土偶製作の波が晩期前半末になってようやく波及してきたことを実感させられる。

北海道の土偶については、先に紹介したが、遮光器土偶の繁栄した周辺部で作られ影響を強く受けた例として、ここでとりあげたい一例がある。渡島半島東北部内浦湾に面する室蘭市輪西町は、本州北端の下北半島大間崎からも直線距離で八〇キロ余の距離にあり、渡島半島南部ほど東北地方北半部の縄文晩期の文化の波及は強くない地方である。ここの富士製鐵所構内の貝塚〔輪西遺跡〕で高さ一九センチの中空土偶が出土している。

図114に示したこの土偶は、体形など脚部の小さい点を除けば、遮光器土偶のかなり強い影

■遮光器土偶形態の波及　晩期中頃〜後半

図111　茨城県、山王遺跡

図112　茨城県、福田貝塚　(H)27.1cm

■遮光器土偶形態の波及　晩期中頃〜後半

図113　群馬県、北木戸遺跡　H28.6cm

図114　北海道、富士製鐵所構内貝塚　H19cm

響を受けている。肩部、腰部の文様は、大洞BC〜C_2式にいたる土器の文様と類似しているる。頭部は頭頂部に開口部がなく、両耳の位置が開口している。眼と口は顔面の中心部に寄っており、楕円形の小孔になっている。眉上弓から鼻部はT字形の隆起文で表現され、むしろ後期末のものに近い。

遮光器土偶の衰退

大洞C_1式後半の土器に伴う土偶は、宇鉄遺跡例・女川薬師山貝塚例（図105・106）にみられるように、眼部の遮光器様の表現などがすでに形骸化しているが、続く大洞C_2式土器に伴う晩期後半初頭のものは、図115・116に示すような土偶である。前代から後代への推移と、後者に前者の伝統が強く残ることで理解できると思うが、私には両者の過渡的な作品が存在しそうに思われる。

図115の土偶は、山形県西北部、鳥海山西南麓、飽海《あくみ》郡遊佐《ゆざ》町杉沢《すぎさわ》遺跡で、長径三七センチ、短径二四センチの平石の下に、頭を北にして仰臥した状態で埋納されていた土偶である。発掘時に折損したものか、右脚が折れ頭部の右結髪が脱落しているほかは、ほぼ完形で、完形土偶を埋納していたものと思われる。高さ一八・三センチ、腰部と肩部には大洞C_2式特有の磨消縄文が施文されている。繊維質の衣服の染付文様を表現したものだろうか。眼部は小さくなっているものの、楕円状の区画の中央に一筋の沈線を施している点は、遮光器

様の眼の表現の流れである。乳房が垂れている点は、青森県平貝塚（図103）や八日町遺跡（図102）の土偶と共通する。中空であるが、頭頂部には開口部がなく、リボン状の突起が頭頂部にみられる。これも結髪の髪型を示すものであろう。

■遮光器土偶形態の衰退　晩期後半

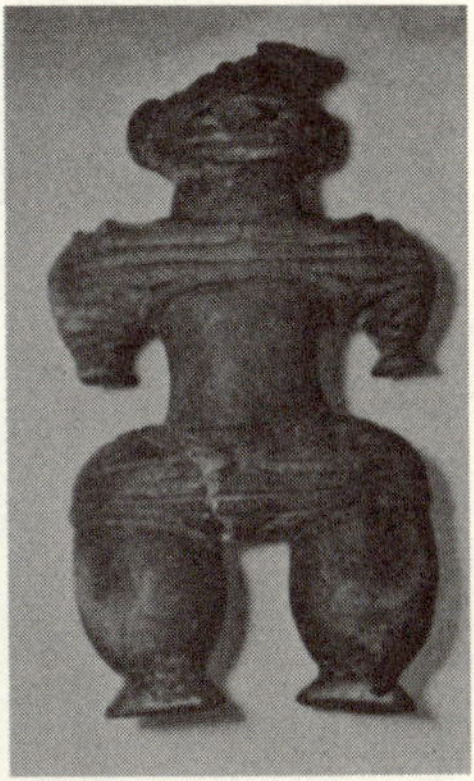

図115　山形県、杉沢遺跡　H18.3cm

図116　宮城県、鍛冶沢遺跡　H16.5cm

である。図116は、高さ一六・五センチと杉沢遺跡例よりわずかに小形であるが、同一形式のものである。宮城県西南の蔵王山東麓、刈田郡蔵王町鍛冶沢遺跡からの出土品で、文様も杉沢例より省略化されている。眼の縁、口唇部、下顎部に刻目文が施されている。おもしろいことにこの土偶は、右脚には五本の刻目を入れ足の指が六本、左は七本の刻目を入れ八本指になっている。五本指を意識し五本の刻目を入れてしまった土偶は、中期以降のものに時々みられるが、このように無造作に刻目を入れた例はほとんど知られていないようである。両耳部の孔は耳孔ではなく、耳朶に輪鼓状耳飾を装着した姿を示しているものではなかろうか。

ところで、杉沢遺跡出土の土偶には、臍孔から胸部を通り肩部までのびる一条の沈線が施されている。これについて哲学者の梅原猛は、『人間の美術1　縄文の神秘』（一九八九年、学研）の中で、「あの胸から腹にかけて深くえぐった線は、腹を割った傷としか思われないのである。（中略）あるいはこれは、いったん切った傷あとを縫い合わせた形であるかもしれない」と記し、出産時に死亡した妊婦から胎児を引き出す開腹手術の痕跡との新説を打ち出しているが、私はこの説には賛意を表しかねる。鍛冶沢例などは隆帯文で同様の施文がある。他の諸例と考え合わせても、これは上衣の襟あきを示すものと理解できよう。

続いて晩期後半、大洞C_2式の後半期から大洞A式の時代になると、図117に示したような土偶が現われる。岩手県東北部、青森県八戸市との境界にある階上《はしかみ》岳の東麓、太平洋岸に近い九戸郡易《い》国津《こくつ》波《なみ》貝塚からの出土品である。この貝塚からは、大洞C_2式後半から大洞A式への過渡期の土器が出土している。高さ一七・五センチ、体部は中空でなく、充実している。体部の形態は、まだ遮光器土偶の伝統を引いているとみなすことができよう。体部の横U字形の沈線文様は、上衣の文様を表現しているものであろうか。胸部の一条のT字状文は、襟から上衣の合わせ目を示すものと考えられる。腰部はパンツ状の衣類をつけた姿を示している。口唇周辺と眼の周囲の列点は入墨を示すものであろうか。前額、頭頂に不規則な波状沈線文が施されているが、結い上げた髷の形態を示すものであろう。

易国津波貝塚からは、もう一点同形態の土偶が出土している。右脚が折損しているが、前者より脚部が長く、ずんぐりした遮光器土偶の体形からかなり変化している。頭部背面の、結い上げた髷を示す部分は次第に大きくなるようである。高さは一五・八センチ、前者より小さい。

図118は、青森県東部、馬淵川流域左岸の剣吉《けんよし》荒町の人家の裏の菜園から出土したものである。多量の晩期末の大洞A′式土器とともに発掘された。胴部破片と脚部は一部でつながるが、胴部上半と首部まである頭部破片は、破片が不足して連続しない。また髷の頭頂部が欠損している。完形であれば、一五センチ余の比較的大型の土偶である。首から下は中空だが、頭部は充実している。

この時代にまで下がると、晩期前半の土偶の面影はほとんど認められなくなり、この時期特有の風貌をもつものが作りだされる。易国津波貝塚の二例の土偶にみられる両側にのびた

■遮光器土偶形態の衰退　晩期後半

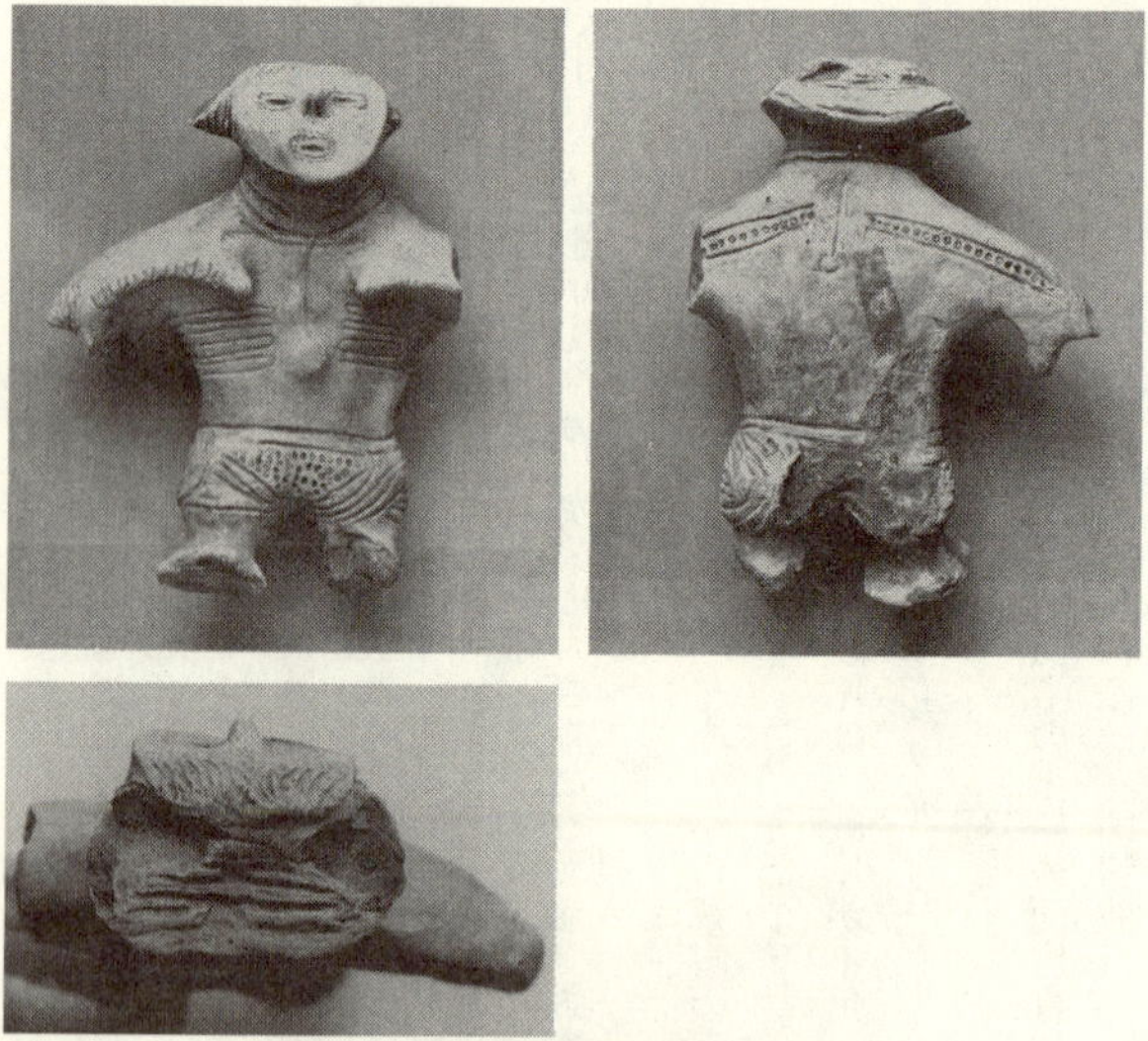

図117　岩手県、易国津波貝塚　H17.5cm

図118　青森県、剣吉荒町遺跡　頭部片

髷は、この土偶ではひさし髪のようにのびている。眉上弓から鼻梁へT字形に隆起文を施す手法は、後期末に多くみられるが晩期になると一部の土偶にみられる程度で衰退するけれども、晩期末には再びさかんになるようである。

図119は、青森県西部、岩木川上流右岸、碇ケ関《いかりがせき》の程森遺跡出土のものである。高さ二三・八センチ、体部中空の土偶である。頭髪の髷の状態など、剣吉荒町遺跡例とよく似たところがあり、衣服の文様など刺突文で表わしている点も、共通するものがある。同形態の土偶は、弘前市西北、岩木山東北麓の砂沢遺跡からも大洞A′式土器に伴って数個体の出土が知られている。

図120は、日本海にそそぐ日本三大急流河川の一つ、最上川の上流の一支流、山形県新庄市の西一〇キロで分岐して北から南へ流れる鮭川の上流に位置する真室川町釜淵遺跡出土の中空土偶である。高さ二三センチ、重要文化財に指定されている。顔面の形態は大洞C_2式土器の時代のもの（図115・116）と類似している。特に眼、眉上弓、鼻の造作は、図115の杉沢例に近似する。また体形にも共通点があり、大洞C_2式土器の頃現われた形態の伝統が、晩期末まで残存することを示すものであろうか。ただ、腰部のパンツ状の文様は、沈線と磨消縄文で表わされていたものが、剣吉荒町遺跡や程森遺跡出土の土偶のように大洞A′式土偶に特有の刺突文に変化している。また、頭部には橋状に大きな突帯がみられるが、大きく浮き上がった髷の状態を示すものであろう。この時代に流行した髷形であろうか。

■遮光器土偶形態の衰退　晩期後半

図119　青森県、程森遺跡　H23.8cm

図120　山形県、釜淵遺跡　H23cm

図121の中空土偶は福島県西部、阿賀野川の支流である只見川流域に位置する大沼郡三島町檜原小字小和瀬で、一九二〇年頃村人によって発見されたものである。発見後まもなく同地を訪れた鳥居龍蔵博士は、その著『有史以前の跡を尋ねて』（一九二五年刊）の中で村人からの見聞として、「此土偶は石を積んだ中から出たさうで、此処から共に他の土器も出たと云ふ話であります」と記している。

この土偶は、高さ二七・二センチと比較的大形で、頭部の結髪、髷の形態は、福島市上岡出土の蹲踞姿勢の後期末の土偶（図63）や岩手県易国津波出土の晩期後半の土偶などに類似している。体部の形態は遮光器土偶の伝統が残っている。この土偶の容貌は平坦で、後期末と晩期後半の土偶に普遍的に現われるタイプである。頭髪両側の小円孔突起は、この時期の土偶に多くみられ、小型の鼓形耳飾を耳朶に装着した姿を表現しているものであろう。胸部と腰部にみられる文様は、浮線網状文で、北関東地方から長野県北部方面の晩期の土器に特徴的な文様である。この文様は、福島県会津盆地方面から郡山市方面にもひろがりをみせ、さらに東北地方北部へとひろがると工字文へと変化する。晩期後半、大洞C_2式からA式へと推移する頃、群馬・新潟方面から前期の弥生文化が波及する。おそらく小和瀬遺跡は、縄文時代晩期後葉から弥生時代前期へ移りかわる時期の遺跡ではないかと考えられる。三島町内の荒屋敷でも、ほぼ同時代の低湿地遺跡が発掘調査されている。

この土偶は、弥生文化が浸透しはじめた晩期後半の、東北地方南西部、新潟・北関東地方

■遮光器土偶形態の衰退　晩期後半

図121　福島県、小和瀬遺跡　H27.2cm

図122　青森県、八幡堂遺跡　左(H)6cm

に接する、周辺地区の特異な一形式とみなしてよいものではなかろうか。

図122の頭部破片は、青森県北端の下北半島大間崎に近い、下北郡佐井村八幡堂遺跡で晩期末の大洞A・A′式土器とともに出土した土偶で、他の東北地方の晩期の土偶と一見異なった容貌をしている。頭頂部が平坦で、顔面部が逆三角形に近い容貌をしている。眼、口のまわりを沈線で楕円形に囲んでいるが、これは図117の岩手県易国津波出土の土偶の眼、口の周囲に施された列点文と同様、入墨をしている姿を表わしたものではなかろうか。口部の周囲を沈線で囲んだものは、弘前市東郊の南津軽郡田舎館《いなかだて》村田舎館遺跡で、この地方の弥生土器とともに発見された頭部片にもみられる。

遮光器土偶以外のさまざまな土偶

晩期の東北地方の土偶は、前記した遮光器土偶が主流をなしているが、それとは異なるさまざまな形態の土偶が、類例は少ないが発見されている。

■抽象化された小土偶

東北地方の晩期前半大洞B・BC式土器が繁栄した時代には、抽象的な小形の土偶がさかんに作りだされた。

図123に示した小土偶は、青森県剣吉で発見されたものの一部である。馬淵川に西北から流れこむ小さな沢の谷頭《こくとう》近く、標高一二〇メートルの地にある寺下の小集落の背後に南面する

林檎《りんご》果樹園が剣吉荒町遺跡である。一九四六年頃から、この地に東京から疎開していた大阪谷良郎が、林檎の木のまわりに円形に溝を掘り堆肥を埋める作業をする際に出土した土器片、土偶石器など、集めて捨てられていたものを丹念に拾い出し、一九五〇年頃までには、一〇〇点をこす土器、土偶、石器などを蒐集した。その中で、抽象化された土偶は破片を含めて十余点、晩期の一般的な土偶を省略小形化したものは二十余点が採集されていた。ほぼ完形の土器も五〇点前後あり、出土品は極めて豊富であった。一遺跡からの小土偶の出土が五〇点近いことは、注目すべきことである。

そのほか、青森県の亀ヶ岡遺跡（高さ四・二センチ）、寺下遺跡（高さ五センチ、全身に朱が塗られている）、平貝塚（高さ三・七センチ）、野面平遺跡、などの遺跡からも同形態の土偶が発見されている。同形態の大形品を小形化したもの、遮光器土偶の体形をそのまま縮小したものもある。この種の土偶の分布は、遮光器土偶の分布とほぼ類似し、新潟県下でも出土例が知られている。

■有髯土偶と呼ばれた土偶

図124左は頭部の破片であるが、顎から首部一面に刺突文がみられる。かつてはこれを髯の表現と考えて「有髯土偶」の名称がつけられていた。しかし土偶の多くは女性を表現しており、これらも首から下の体部があれば、胸には豊かな乳房があり、股間に、男性の象徴はみられないであろう。したがって、この刺突文は頬から下顎部へわたっての入墨を表現してい

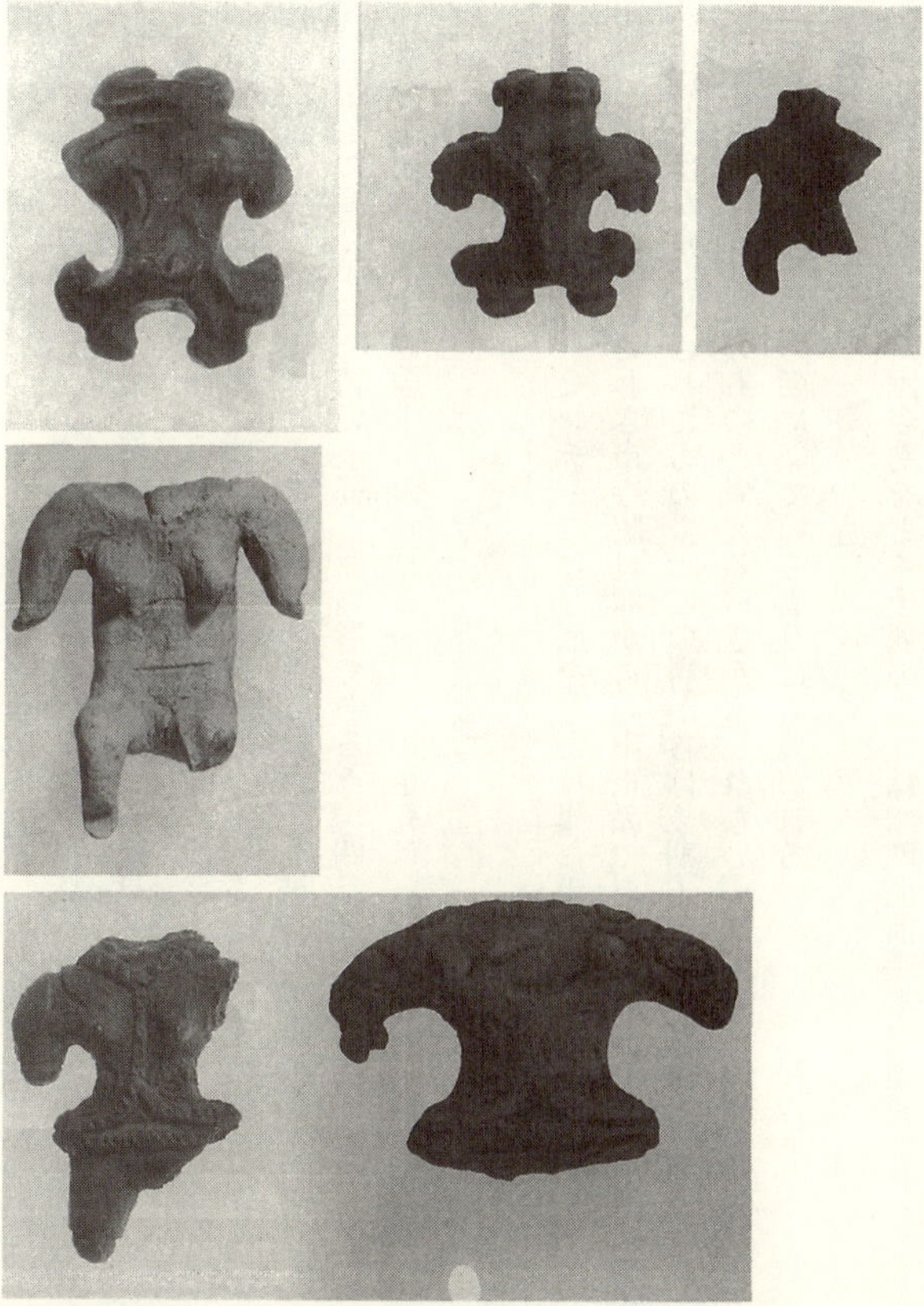

図123　抽象化された小土偶　晩期前半　青森県、剣吉荒町遺跡

るものと推察できる。このような手法で両頬から下顎へ刺突文を施した土偶は、関東・中部地方の晩期の遺跡からも出土している。また口部を中心に放射状に沈線文を施文したものも、中部地方西南部、愛知県の晩期後半の遺跡から発見されている。

■特徴ある頭髪表現の土偶

図124左の土偶の頭頂部には瘤状の小突起があるが、これも結髪の髷を示すものである。また図124右の土偶の頭部はシルクハットのような帽子を被った姿を模したようにみえるが、これも頭上に高く頭髪を結い上げた髷の形であろう。四条の沈線は髷のくずれを防ぐ纖維紐状のものを表現し、その線上にみられる一一個の小孔は、紐をその位置に留めるヘアー・ピン(笄《こうがい》)をさした孔を示しているものと思われる。

■こけし形土偶

図125は、高さ五・八センチ、こけし形をした特異な小土偶である。この小土偶は福島県東南部、太平洋に臨むいわき市寺脇貝塚からの出土品である。大洞C_1式土器が出土した貝層下の土層上部から発見されたもので、この層からは後期末の土器が出土しており、体部の縄文文様からみて後期末のものと考えるべきかもしれない。顔面も、関東地方後期中葉にさかんに作られた山形土偶の顔に似ているようにも思われる。

■蹲踞姿勢の土偶

後期末に出現した蹲踞姿勢をとる土偶の製作は、晩期前半まで継続される。ここでは、晩

■有髯土偶・特徴ある頭部表現の土偶・こけし形土偶

図124　有髯土偶　左より　青森県、船ケ沢遺跡　(H)5.3cm　青森県、亀ヶ岡泥炭層遺跡　(H)9cm

図125　こけし形土偶　福島県、寺脇貝塚　H5.8cm

期の諸例を紹介したい。

図126は、青森県弘前市東郊、尾上町八幡崎泥炭層遺跡から、晩期初頭大洞B式土器とともに出土した土偶である。現存部高一〇・七センチほどの、比較的小形の土偶である。右腕は肩部から折損し、右脚も腰部からを欠いている。左腕と左脚が、上腕部と足の膝関節まで残存しているので、蹲踞の姿勢であると判断できる。膝頭上で両手がどのような姿勢をとっていたかは不明である。晩期前半の遮光器土偶は、豊満な乳房を作りだしているものが多いが、同時期の作品であるこの土偶の胸部にも、豊満な乳房がみられる。また腰にはパンツ状の衣類をまとった姿が表現されているが、股間には衣類の下に隠れているはずの女性の陰部が明示されている。この点も同時期の遮光器土偶の中に類似するものがある。顔部の眼の表現は、後期末の土偶の眼から晩期の遮光器様の眼へと移りかわる過渡期の様相を示している。

図127〜129の三体は、いずれも青森県東部から岩手県北部を流域とする、馬淵川流域の遺跡から出土した土偶である。

図127は八戸市西部、櫛引八幡社近傍の八幡遺跡からの出土品である。大洞BC式土器が作られた時代の作品と思われる。右脚が膝関節で「く」の字形に屈曲している以外、左脚と両腕は基部近くで折損しているため、どのような姿勢をした土偶であるかは不明である。右脚の状態から推察するかぎりでは完全な蹲踞姿勢とはいえないが、広義にみてその仲間に入れ

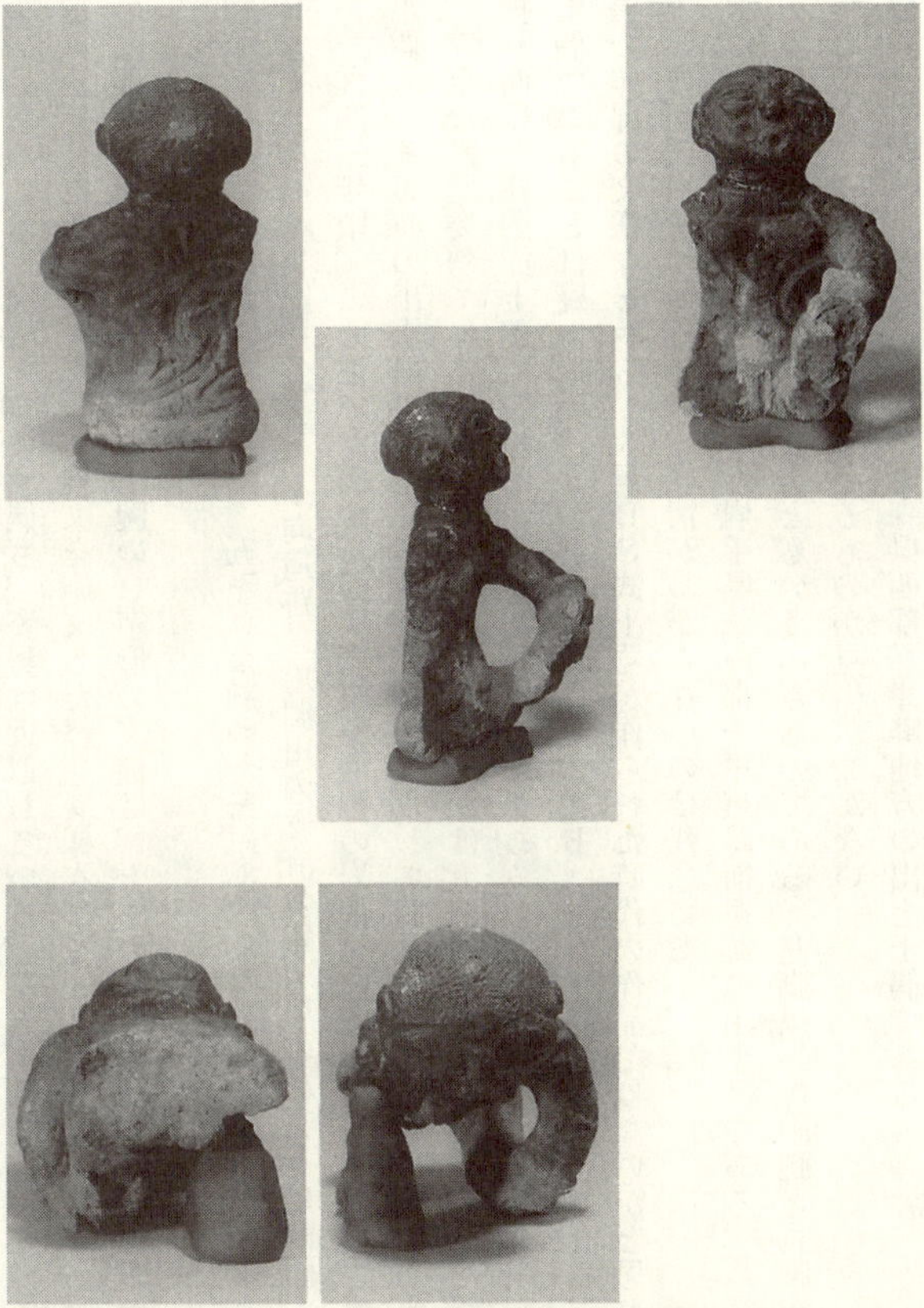

図126　蹲踞姿勢の土偶　晩期前半　青森県、八幡崎泥炭層遺跡　(H)10.7cm

てよいと思われる。図129・130の土偶も、姿勢は近似している。左乳房は脱落しているが、右乳房は垂下した乳房を表現し、縄文を施文したパンツ様衣類を腰につけているが、股間に女性の陰部が表現されている。右上腕のC字形の文様は、上衣の腕部の袖の部分を表現したものであろうか。

図128は、八幡遺跡から馬淵川を一五キロ余遡った三戸郡南部町小向遺跡出土の現存部高一〇センチの小形の土偶である。小向遺跡は馬淵川の支流の猿辺川の小支谷に南面する遺跡で、一九四三年頃、この地で産出する凝灰岩《ぎょうかいがん》質泥岩製の岩偶・岩版が数多く発掘された。この土偶も、その時の出土品の一つである。右脚は完存しており、足先と腰の位置が水平なので、完全な蹲踞姿勢であることが認められるが、両腕は上腕部で折損している。ただ、右脚を折り曲げた膝関節上部に右腕部が乗っていた痕跡があるので、膝頭の上で腕を組んだ姿勢の土偶であることは疑いない。この遺跡からは、大洞B・BC・C1式土器が出土している。土偶の体部の文様などから、大洞BC式土器が作られた時代の作品ではないかと思われる。また頭部が欠損しているので、表情がわからないのは残念である。

図129は、馬淵川をさらに遡った岩手県二戸郡一戸町蒔前《まくまえ》遺跡の出土品である。八幡遺跡出土の土偶と近似した、半蹲踞姿勢ともいうべきものである。左脚以外は両腕と右脚が欠損しているので、どのような姿勢をとるものか見当がつかない。

続いて、図130・131の土偶は、青森県西部、津軽地方の出土土偶である。

■蹲踞姿勢の土偶　晩期前半

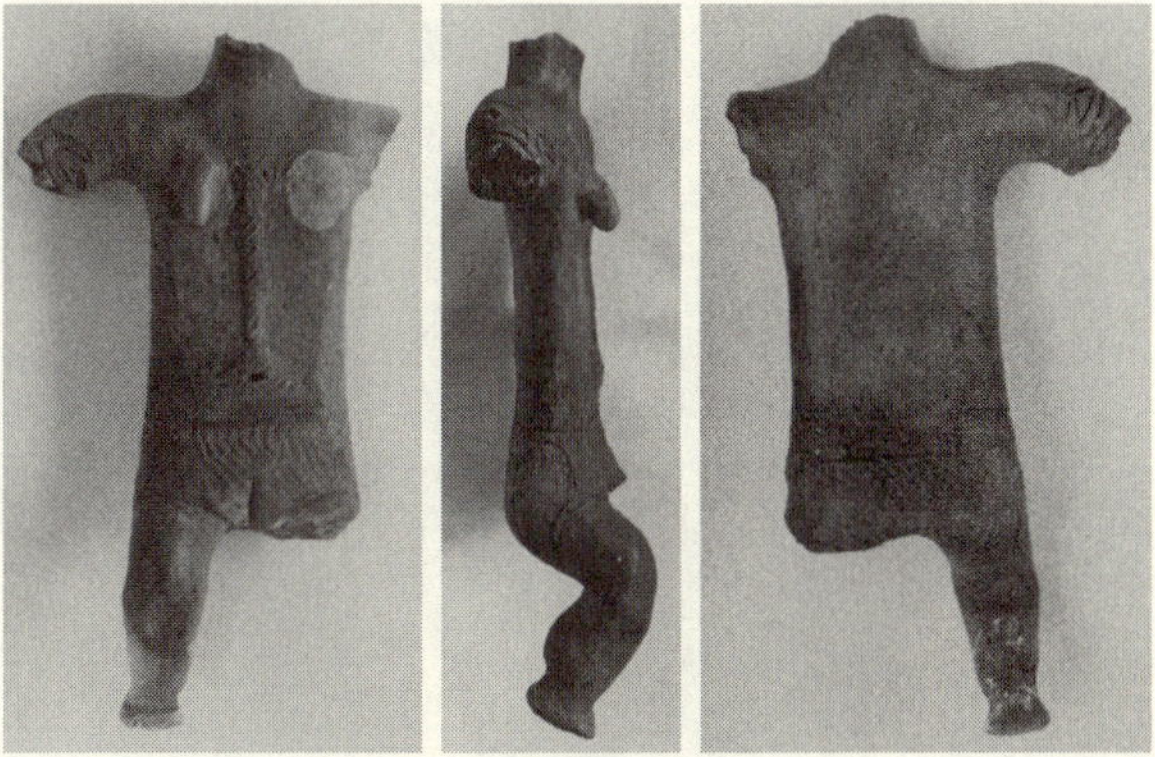

図127　青森県、八幡遺跡

図128　青森県、小向遺跡　(H)10cm

■蹲踞姿勢の土偶　晩期前半

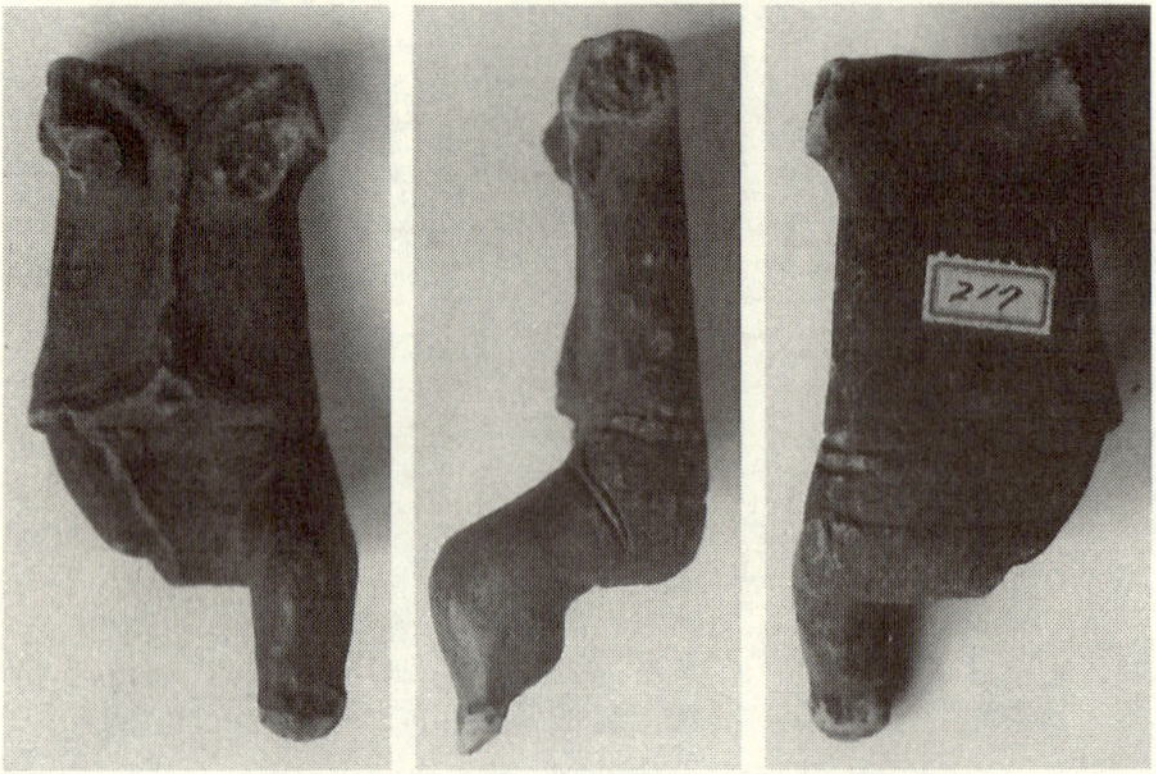

図129　岩手県、蒔前遺跡　(H)13cm

図130　青森県、亀ヶ岡泥炭層遺跡　(H)19.5cm

図131　蹲踞姿勢の土偶　晩期前半　青森県、五本松遺跡　H8.5cm

図130は亀ヶ岡泥炭層遺跡からの出土品である。図127・129と同一姿勢であるが、これも頭部、左腕・左脚部は基部近くより折損、右腕も手首を欠き、右脚のみ完存している。現存部高一九・五センチ、この形態の土偶では大形品で、後期末の八戸市風張《かざはり》1遺跡（口絵）、福島市上岡遺跡（図63）の蹲踞土偶とほぼ同サイズである。図127・129の土偶は腹部のふくらみが顕著ではないが、この土偶は妊婦を思わせる顕著なふくらみが認められる。乳房は図127の八幡遺跡出土品とよく似た垂れた乳房であるが、より豊満な感じがする。腰部のパンツ様の衣類も、前記の二例と同種のものをつけており、当時このようなパンツが一つの流行であったのかもしれない。隠れているはずの女性の陰部を表現している点も、前二例と共通している。

図131の土偶は、弘前市の北々東約二〇キロ、浪

岡の五本松《ごほんまつ》遺跡からの出土品である。高さ八・五センチ、小形の土偶である。灰褐色の焼成で粘土質も砂粒が多いため、粗雑な感じを与えている。頭頂部左上半が欠損しているほかは、ほぼ完形である。膝頭上で両腕を組んでいるが、手先の表現はなく、両手先はそれぞれ反対側の腕先の衣類の中に入れているようにもみえる。左膝を少し左に倒してあぐらをかいているような姿勢になり、腕の位置が後期末のものより低くなっている。腰部のパンツ様の衣類の表現は、前記したものと同様に描き出されている。

晩期の蹲踞姿勢の土偶は、完形に近いものが数少なく、決定的なことはいえないが、後期末のものも加えて、この頃作られた蹲踞土偶は、大形のものは二〇センチ余、小形のものは一〇センチ余と、二つの大きさに区分できる。親指と人さし指など指幅などで測る大まかな寸法が、縄文時代のある時期から存在した可能性を考えさせられるものがある。

■仮面をつけた土偶

仮面をつけた姿を表わしていると思われる土偶は、後期の土偶の中にもいくつか目にとまるものがあるが、晩期のものである図132に示した青森県亀ヶ岡泥炭層遺跡出土の土偶ほど、仮面をつけた姿をリアルに表現したものはないのではなかろうか。この頭部破片は、地元のある素封家の所蔵品であったが、現在は行方がわからなくなってしまっている。一九三六年に私が撮影したこの写真が唯一の資料となってしまった。記録をとどめたノートも戦災で焼失しており大きさなど詳細は不明であるが、現存部高は五センチ前後であったと記憶してい

図132　仮面をつけた土偶　青森県、亀ヶ岡遺跡　(H)5cm

る。頭頂部は菅笠《すげがさ》を被っているようにもみえるが、これは髷を表現しているものではなかろうか。板状の仮面が顔に貼り付いている様子が容易に理解できよう。

縄文時代の土製素焼の仮面は、顔全体にかかるような大きさのものと、眼から下は露出し額にのせてつけるような小さなものと、仮面を模したと思われる全く非実用的なものとの三種がある。顔面全体をおおう仮面はどのような時に使用したものであろうか。現在のところ、まだ検討できるほど材料がそろっていない。

その他、青森県床舞《とこまい》遺跡で明治時代に発見され、『東京人類学会雑誌』などにも図面が紹介された土偶がある。

この二例の土偶は、晩期中葉、大洞C_2式土器が作られた時代のものと考えられる。

■宝石装飾のある小土偶

北海道西南部、渡島半島西部の日本海岸に面する鮎川洞窟からと、一〇〇キロ余東南に離れた青森県津軽

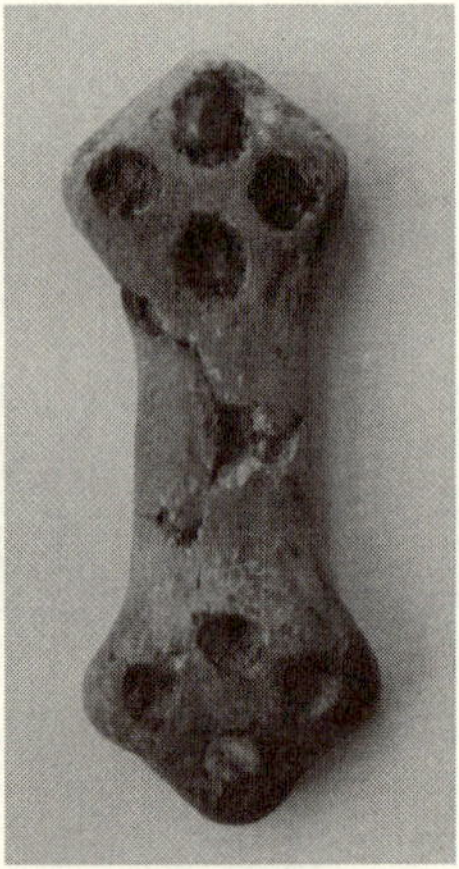
図133　宝石装飾のある小土偶
青森県、宇鉄遺跡

半島北部、津軽海峡に面した宇鉄遺跡からは、体部に宝石を埋め込んだ特殊な土偶が発見されている。現在のところ二例が知られるだけで、他に類例が知られていない。

鮎川洞窟出土のものは高さ六・三センチ、頭部、両腕部、胸部、下腹部、股部、両脚の大腿部と腰の関節部に白瑪瑙《めのう》の径一センチ大の石を焼成前にはめ込んでいる。粘土面との膠着剤としては、天然のアスファルトが使用されている。白瑪瑙の小転礫は、中心部の三個が残存し、五個が脱落している。

宇鉄遺跡出土のものは、高さ六センチ、頭部、両腕部、両脚などが明瞭に示された鮎川洞窟出土の土偶を抽象化したような形態である。図133にみられるように、胴部を細くし、両端を三角形にふくらませて、各四個の石をはめこんでいる。上下両端に二個の硬玉（翡翠《ひすい》）かと思われる緑色の半透明の小石が残っているが、他六ヵ所は脱落した小孔が認められる。

かつて野口義麿氏は「よく注意してみると頭・手・心臓・腹・陰部・足というように、人体の重要な部分にのみ貴重な玉類を象嵌《ぞうがん》している」と解説をしている〔『土偶芸術と信仰』一九七四年〕。興味ある傾聴に価する見解である。

関東・中部地方

関東・中部地方の晩期の土偶は、関東地方では後期末に出現した木菟土偶の終末期のものが晩期初葉まで残存し、また関東・中部地方東半部にわたっては、いわゆる遮光器土偶が繁栄した地域の周辺部として、この文化の影響を強く受けつつ中心地のものとは多少趣きを異にした系統の土偶が作りだされていた。以上の二系統の土偶については、前者は後期のところで、後者は東北地方の遮光器土偶の項で、それぞれ紹介をしているので、ここでは省略し、その他の例を解説したい。

関東地方で独自に、晩期に発生したとの主張はできないが、図134は明治時代後半の流行作家江見忠功（筆名水蔭）が、千葉県の江原台遺跡で発掘した土偶である。彼は考古学を趣味として関東各地の遺跡を発掘したりして、『地底探検記』『地中の秘密』などの調査記録や『三千年前』などの考古小説も著わしている。

図134左の土偶は、高さ二四・一センチ、図右は高さ一九・二センチほどで、いずれも体形は遮光器土偶のそれに類似している。前者には三叉文くずれの文様が胸部に認められ、後者も胴部の右脇と右脚部に三叉文が認められるが、腹部中央の弧線文は安行３ａ〜３ｃ式土器に普遍的な文様である。顔貌は遮光器土偶よりも木菟土偶に近いとはいえ、かなりのへだた

りがある。後者は、右眼は円形文にし、左眼のみタカラガイ状で遮光器様の眼としている。この二例は、一九三〇年頃考古学研究者の杉山寿栄男の蔵品となり戦災で土蔵内で火災にあったが、若干火熱を受けて色彩など変化しているものの、今日も残存していることがわかっている。

図135は、印旛沼北西部の龍腹寺遺跡で、明治時代の研究者高島多米治が採集したものである。現在は西宮市の辰馬考古資料館の所蔵となっている。高さは一九センチほどの大きさで、体部は中空に作られ、かなり形がくずれているが、江原台遺跡のものと同様、体形は遮光器土偶の影響を受けているものと思われる。体部の文様も腹部中央に渦巻文があり、その下に晩期の土版頭部に普遍的に施文される山字文が認められる点は大変興味深い。この文様は、南関東地方の安行3b・3c式土器の文様と共通する点が多い。顔面は中央の鼻が大きく独特な風貌のようにみえるが、山形土偶の伝統を引くものであろう。

図136は、右腕部、両脚を欠損する、現存部高一一・二センチの比較的小形の土偶である。晩期末の土器とともに出土した、南関東地方では珍しい形態の土偶である。体部は前三者と同じように遮光器土偶からの影響がうかがえる。肩部から腹部への逆三角形の襟あきは大きく、肩部のアップリケとともに、当時のファッション感覚は現代に通ずるものがあるようでおもしろい。頭部、顔面の風貌は、この地方独特なものであろうか。

中部地方では、関東地方以上に晩期の土偶の出土例は少ない。

■関東地方の土偶　晩期前半

図134　千葉県、江原台遺跡　左より H24.1cm、19.2cm

図135　千葉県、龍腹寺遺跡　H19cm

■関東地方の土偶　晩期末

図136　千葉県、荒海貝塚　(H)11.2cm

■中部地方の土偶　晩期

図137　愛知県、伊川津貝塚　(H)6cm

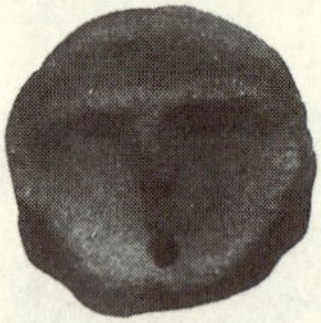

図138　愛知県、稲荷山貝塚

図139　長野県、氷遺跡　(H)3.5cm、3.5cm

名古屋市北郊、一宮《いちのみや》市馬《ま》見《み》塚《づか》遺跡からは数個の土偶が出土しているが、いずれも胴部破片である。現存部高八・八センチのものは、体部に乳房と臍の表現がみられる。

図137は、愛知県渥美半島の伊川津貝塚の顔面部の破片で、額や両頰から下顎にわたって沈線文が施文され、下半部は口を中心に放射状に沈線が施文されている。現存部高六センチほどの大きさで、この地区の晩期の土器に伴存していた。

同一の土器型式に伴う顔面部のみの破片は、愛知県の稲荷山貝塚（図138）、豊橋市大村町大蚊里《おおがさと》貝塚で各一点、長野県小諸市氷《こおり》遺跡（図139）から二点出土している。体部と連続するものがなく、体部の形態は詳《つまびら》かでない。これらもかつては有髯土偶と呼ばれたものである。

近畿地方

近畿地方では一九四〇年頃、奈良県橿原市橿原神宮外苑、現在の橿原公苑地区の遺跡の発掘調査に際して、大洞BC式土器などとともに多数の土偶が出土した。

図140左は、頭部から脚部まで完全に復原された、橿原公苑遺跡出土のものとしては唯一のものである。高さ一五・九センチ、頭部顔面の大きな土偶である。この風貌は他にあまり類がみられない。体部は中空ではないが、体形から考えると、東北地方に隆盛をきわめた遮光器土偶の影響を受けたとみなせるのではなかろうか。

図140中も橿原公苑遺跡出土の土偶で、左腕部、両脚を欠損していて、現存部高八・四センチを測る。稚拙ではあるが、豊満な垂れた乳房を表現しようとした点は、東北地方北部、青森県平遺跡の遮光器土偶にみられる乳房を手本としたかのようである。また顔面下部中央のくぼみは口部を示すものであろう。九州地方熊本県北部の後期末の土偶中に、顔面を平坦に

図140　近畿地方の土偶　晩期　奈良県、橿原公苑遺跡
左からH15.9cm、(H)8.4cm、7.7cm

研磨し顔面下部中央に小さな半球状のくぼみをつけただけの土偶がかなりみられることと考えあわせ、この顔面表現などは西日本的なものといえよう。

図140右も橿原公苑遺跡出土の頭部のみの破片である。現存部高七・七センチ、完形であれば左の完形品より大きく、高さ二〇センチを超す土偶であったと思われる。顔面周囲のハート形の隆線文の輪郭は、南関東地方で後期末から晩期初頭にわたって大量に作られた木菟土偶にみられるものである。またその風貌は、その前代に関東地方を中心に繁栄した山形土偶とも相通ずるものがある。耳飾を装着した様子を示すと思われる耳朶の貫孔も、関東地方の両種の土偶にみられる点であり、この頭部破片は、橿原公苑遺跡出土の土偶の中で最も関東的な土偶といえるのではなかろうか。

橿原公苑遺跡出土のうち代表的な土偶三体を取り上げたが、東北地方でさかんに作られた土偶が北陸地方を経て、南関東地方を中心に繁栄した土偶が東海地方を経て、熊本県北部を中心に繁栄した西北九州地方の後期末の土偶が瀬戸内海地方を経てというように、日本列島の各地域で製作された土偶のそれぞれの特徴が、近畿中央のこの遺跡に到達している様相は大変興味深いことである。また、この地で製作された土器も、地元独自のもののほか、大洞ＢＣ式にみられる羊歯の芽状文などが施された東北日本的な土器、粗い条線文が施された西日本的な土器など、三様のものがみられる点と同様の現象である。

図141の大阪府東大阪市鬼塚遺跡出土の土偶は、下半身が欠損しており、現存部高七・二センチ、完形であれば一〇センチ余のものと思われる。顔面部は口部のみを表現、胸部に二つの乳房のみを表現している。西日本的な土偶といえよう。

図141　近畿地方の土偶　晩期　大阪府、鬼塚遺跡　(H)7.2cm

中国・四国・九州地方

日本列島において、中部地方西部までは縄文時代中期の土偶が認められるが、近畿地方以西では、早期は別として中期や後期の土偶はほとんど発見されていない。

黒色の光沢ある磨消縄文手法を用いた土器が、後期の関東地方で堀之内３式土器が作られた時代に近隣の地域へもひろがり、後期中葉には、九州地方北半部にまでひろがりをみせている。愛媛県今治市北郊、波方町波方港海底出土の注口土器、福岡県若宮八幡宮境内出土の深鉢土器など、東日本の後期の土器の製作技術を取り入れた好例といえよう。

このような土器文化の波及とともに、後期中葉に関東地方で大量に作られた山形土偶の生産技術も西に拡大した。近畿地方以西では、四国・中国地方で数例の出土例はあるものの、土偶の生産はあまり盛んにならなかったようである。九州地方では、熊本市から菊池郡、山鹿市方面一帯で、後期後半に土偶を大量に作った痕跡が認められ、大分県下、宮崎県北部方面へもひろがりをみせている。しかし、それも後期後半の三万田式土器から御領式土器を経て、晩期初頭の上南部《かみなべ》Ⅲ・Ⅳ・Ⅴ期土器の頃までで、黒川式土器が作られる時代になると、土偶は全く見られなくなることを、富田紘一が指摘している。上南部遺跡出土の土偶の一部には晩期初頭にまで年代が下がるものがあるとしても、後期末からの継続で、やがて消滅する時期のものである。他遺跡の多くのものは御領式土器以前のものと考えられるので、晩期の土偶として紹介することは省略した。

第二章　土偶と縄文文化

1 縄文文化の服飾

縄文時代約一万年にわたり、各地域で作られた土偶は、実にバラエティに富み、当時の人々の豊かな創意、想像力を伝えてくれる。

土偶について、その表現は抽象的であり、具体的に当時の人々の顔貌や服装を示すものではなく、人より偉大な、神格化された幻想の世界のものを表現しようとしたとするみかたもある。しかし、縄文時代の人々が土偶を作る時、その製作過程において意識せずに、当時の人々の姿態が写しとられるのではなかろうか。もちろん、土偶には人の姿以上に誇張された部分、怪異な容貌の表現などもある。その点は、幻想の世界の描写と理解しても、他の多くの部分に写実的な部分をみいだすことができるのである。

髪型

金属製の鋏《はさみ》、剃刀《かみそり》の発明以前に、頭髪を適当な長さに切り揃えることは至難の業《わざ》であったろう。縄文時代の人々は、愛媛県上黒岩岩陰遺跡（草創期）から出土した線刻岩偶にみられるように、長い黒髪を左右に分けて垂らしていたと思われる（図142）。

しかし、山林にわけ入り狩猟をする時など、長い頭髪をなびかせて踏みこめば、頭髪が木の枝にからんだりして活動の妨げになってしまう。そのために、長い頭髪を二つないし三つに分けて、これを頭頂部へ渦巻状に巻き上げ、ヘアー・ピンなどでおさえた、一種の髷《まげ》などが結い上げられたようである。角製のヘアー・ピンが、上黒岩岩陰遺跡からも前記した線刻岩偶とともに発見されており、草創期の時代から既に結髪がおこなわれていたとみて、さしつかえないのではなかろうか。

頭髪の三つ編みなどは、縄文の原体の撚り紐を編んだり、衣服である植物繊維による編み布などを製作する経験のあった当時の人々には、比較的容易なことであった。実にバラエティに富んだ編みかた、結髪の方法などが考案され、時代の流れとともに各種の髷が流行したものと考えられる。髷の型は男と女では相違があったかとも思われるが、土偶の多くは女性を表現したもので、土偶からは髪型の性差までは考証することはできない。

図142　女性像を表わす線刻岩偶　愛媛県、上黒岩岩陰遺跡　草創期　H5cm

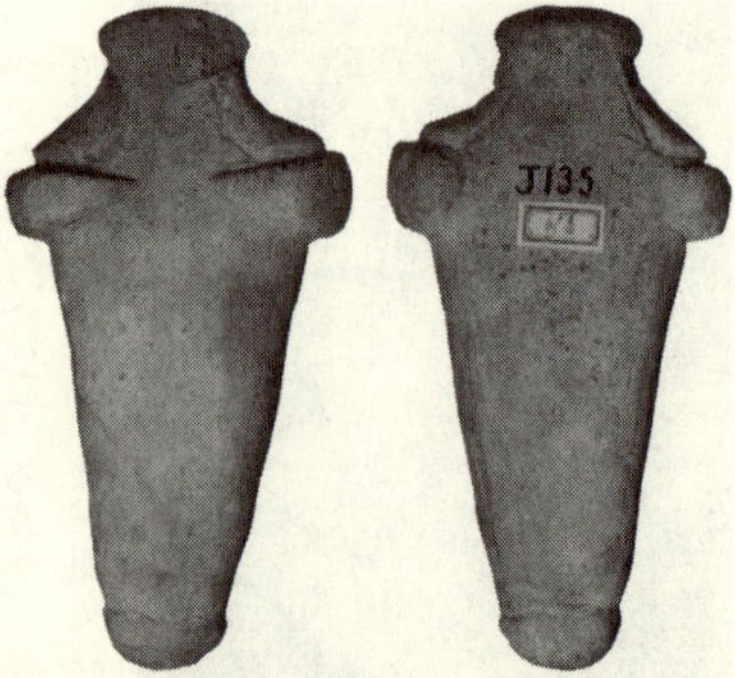

図143　女性像を表わす岩偶　秋田県、内岱遺跡　前期　H14.8cm

縄文時代早期・前期の土偶には、顕著な結髪状況を示すものはない。

前期末の秋田県小坂町内岱《うちのたい》遺跡出土の岩偶は、頭部・顔面部の表現を欠くが、両頰の位置に、左右に垂らした長い頭髪を表現している（図143）。こうした表現は、東北地方北半部で発見された土偶や岩偶に認められ、これは草創期の上黒岩岩陰遺跡出土の線刻岩偶と同様である。

中期の例では、長野県茅野市広見《ひろみ》遺跡出土の土偶（図35）の場合、頭部前面、額の部分のU字形沈線文などは頭髪を表現しているようにも思われるが、頭頂部背面の環状文様は左右対称、均整化された文様である。結髪状況を表現しているとはいいがたい。

眼尻のつり上がった、オオヤマネコの容貌を髣髴《ほうふつ》とさせる山梨県中丸遺跡出土の中期前半の土偶（図43）も、側面からみると長い髪をたばねているようにも認められるが、背面は環状の文様となっている。両肩に垂れ下がる刺突文も、垂らした結髪の状態を示すものであろうか。

山梨県韮崎市坂井遺跡出土の土偶（図40）の頭部背面には、渦巻文が施文されているが、これは長い髪を三つ編みにして、背部から頭頂部に巻き上げた髪型を示しているものとも考えられる。

また、坂井遺跡の西北二〇キロ、八ヶ岳西南麓の富士見町藤内《とうない》遺跡出土の下半身を欠く中期前半の土偶（図144）の頭頂部にも、隆帯による渦巻文が施文されており、坂井遺跡出土のものと同様、巻き上げた髪型を表現しているものと思われる。この土偶は、渦巻の末端が上向きに口を開いた蛇の形態を表現し、頭髪全体がとぐろを巻く蛇となっている。顔面は平坦で、眼尻は上がっているが口は楕円形の孔で表現され、あどけない童顔である。ただ、この眼はオオヤマネコを表現しているものだろうか。中丸遺跡出土の土偶は眼尻もつり上がり、オオヤマネコの表情を巧みに表現しているように思われる。

図144　髷を結う土偶の頭部　長野県、藤内遺跡　中期　12.0cm

当時、日本列島の山中に数は多くはないが棲息していた、シェパード犬ぐらいの大きさのオオヤマネコは、山野を風のような速さでかけめぐる獰猛《どうもう》な野獣であり、縄文時代の人々に神のように恐れられていたものと思われる。動物の表情を移し替え、頭髪はとぐろを巻く毒蛇に変

図145　棚畑遺跡の土偶頭部

えて、人より偉大な神を創造しようとした当時の人々の心情がしのばれる。

長野県茅野市棚畑《たなばたけ》遺跡から発掘された中期前半の完全土偶（図36・145）は、側面からみると顔面の大きさに比較して、頭部が異常に大きいことに気づかれるであろう。額の上部がひさし状に突出している状況は、縄文中期、今から四、五千年前に、近代の婦人の髷型であるひさし髪と同型の結髪がおこなわれていたことを表現したものと思われる。豊かな頭髪を頭頂部に結い上げると、頭部がかなり大きくなることを理解させる好資料である。周辺部にみられる三叉文、渦巻文、重弧文などの沈刻文様は、この時代の土器にも施文された特徴的な文様と共通するもので、単なる文様ともみられるが、耳の背後の渦巻文の垂下、三叉文の垂下などは、結髪を留《と》める笄《こうがい》を文様化したものと受けとれないだろうか。第一章でも触れたが、苗族の頭巾の形にも近似している。しかし、縄文時代中期にそのような頭髪をおおう被りものが存在したかは疑問である。

青森県下北半島のむつ市最花《さいばな》貝塚で発見された、胴部下半を欠いた土偶（図52）は、後期初頭のものであるが、頭部両側に角状の突起があり、背面中央にも後方に突出した一本の角状の突起がある。おそらくこの三本の突起は、両側、背後と三つ編みにした長髪を三本に巻き上げ、ヘアー・ピンで角状に整えた髷の一種と想像される。

最花貝塚出土の土偶と類似した、頭部の両側に角状の突起を付した土偶は、岩手県北部、岩手山北麓の長者屋敷遺跡出土の高さ一二・四センチの後期の小土偶にもみられる。後期前半に東北地方北半部で流行した髪型ではなかろうか。

福島市飯坂町上岡《かみおか》遺跡出土の、後期後半の作品と考えられる膝を立てて腕を組む蹲踞姿勢の土偶（図63）は、当時の休息時の姿勢をよくとらえた土偶といわれるが、スルメイカの頭を思わせる三角形の頭部は、やはり結い上げた大きな髷を表現しているものと思われる。

関東地方で後期中葉の遺跡から多量に発見されている山形土偶の頭部も、上岡遺跡例のような髷を表現したものではなかろうか。頭部背面の瘤状の突起は、青森県北東部の最花貝塚の例でみられるものが古い例であり、関東地方では、後期末の木菟《みみずく》土偶出現の時期まで継続するように思われる。

南関東地方の後期末の安行式土器の文化圏で作られた木菟土偶と呼ばれる土偶の場合は、頭部の瘤状の前面に一つ、頭頂部に三つ、背部に一つというように、四個以上の突起があるものがある。瘤状の突起には細線が刻まれている。明らかに複雑な髷を結った髪型を表現しているものであろう。この髪型も、二つに両側に大きく皿状に開くもの、突起が二つのものなど、いくつかの髷の存在を示しているように思われる。

また、東北地方北半から中部地方東半部にまで分布し、晩期前半の時代にさかんに作られた、遮光器土偶と呼ばれる中空の大形土偶は、晩期初頭のものは頭部が環状に開き、頭部に花輪や帯状の冠を被ったような状況を示しているが、次の段階に入ると、太鼓橋状に粘土帯が頭頂部に向けて十字形に張り出し、その交叉する頂点に左右に向かってさらに突起がつくという、複雑な作りのものがみられる。これなど、三つ編みにした長い頭髪を前後左右から結い上げた特異な髷の形態を表現するものであろう。ヘアー・ピンをたくさん使って髪型のくずれを防いだものと思われる。東北地方の後・晩期の貝塚からは、夥《おびただ》しい数の鹿角製・大形水禽の肢骨製のヘアー・ピンが発見されている。王冠を頭に載せたようにもみえるので「王冠土偶」と呼ばれたこともある。

晩期中葉の、大洞《おおぼら》C_2式土器がさかんに作られた時代になると、遮光器土偶は、眼は小さくなり、体部の文様も、胸部上半から両腕部と腰部に集約され簡素化する。頭頂部の両端がリボン状に突出した形態に変化しているが、これも髪型を表現したものとみなせるであろうか。

晩期末の大洞A・A'式土器と伴存の土偶には、当時流行した髷の一つを表現していると思われる例が何点かみられる。

この髷の先駆的な例は、太平洋岸、青森県境に近い岩手県の易国津波貝塚出土のものがある。体部の文様は前代の大洞C_2式土器に伴う中空土偶と類似しているが、頭部は両側に突出し、次の時代に繁栄する、両側にひさし状に突出させる髷へと発展するものであろう。頭頂部には頭髪が線状に、リアルに表現されている（図117）。

山形県北部、最上郡真室川町釜淵遺跡出土の土偶にみられるように、頭頂部に右耳上から左耳上に橋状に浮き上がった状態のものも、長い頭髪を結い上げた髷の一種を示すものと思われる（図120）。岩手県の篠木遺跡出土の土偶（図147）は、この形状の髪型をさらにリアルに表現したものであろうか。

太平洋岸に流れこむ馬淵川流域、青森県の剣吉《けんよし》荒町遺跡出土のものも、終末期の大洞A′式の時代の代表的作品の一つである（図118）。頭頂部に直立する髷の部分を欠いているが、同じく青森県の程森遺跡出土の土偶（図119）にみられるものとほぼ同一形態と思われる。程森遺跡出土の土偶では、両耳上部、左右にひさし状に突き出した髪型の表現はあまり顕著ではないが、剣吉荒町遺跡出土の土偶では末端が上へそりかえり、リアルに表現されている。

図148に示した土偶頭部の破片は、青森県弘前市砂沢遺跡発見のもので、大洞A′式の時代のものであるが、頭部の髪型が、前記したものとはまた異なる特異な髪型である。両側に二本突出した角状の突起も、三つ編みにした頭髪を巻き上げているようであり、額上部の両側から中央に紐状にのびたものも、三つ編みの頭髪を額上の両側から頭頂部へ結い上げた髷を示しているように思われる。

このようにみてくると、縄文時代の結髪は千差万別で種々な髷の髪型が流行したものと思

■土偶にみる頭部表現

図147　岩手県、篠木遺跡　晩期　(H) 13.6cm

図146　茨城県、立木貝塚　後期 H16.2cm

図148　青森県、砂沢遺跡　晩期　(H)7.3cm

われる。これに伴ってヘアー・ピン、櫛《くし》などの頭髪用具も発展をみたものであろう。また、当時の結髪は女性だけのものでなく、男性も長い頭髪をたばねて結い上げていたものと思われる。この風習は、古墳時代五、六世紀の男性のみずらにまで継続するものである。

髪飾

縄文時代各期の遺跡からは、結髪のくずれを防ぐための用具と思われるものがかなりの量発見されている。ヘアー・ピン、笄、櫛など、様々な用具が用いられていたものと思われる。しかし、土偶頭部の結髪の容姿はかなりリアルに表現されているにもかかわらず、この結髪や髷の上に、ヘアー・ピンや櫛の頭部が露出した姿をリアルに表現した土偶はほとんどみあたらない。

ヘアー・ピン、笄

鹿角製のヘアー・ピン類は、草創期初頭の細隆線文土器の時代のものが、破片であるが愛媛県上黒岩岩陰遺跡の第九層から一点発見されている。また早期の押型文土器に伴うものは、長野県北相木《きたあいき》村栃原《とちはら》岩陰遺跡からの出土例が知られ、関東地方では利根川流域左岸の茨城県利根《とね》町花輪台《はなわだい》貝塚で早期の花輪台式土器に伴って、頭部に三角形の透彫のある、長さ約五センチの短いヘアー・ピンが発見されている。東北地方でも、青森県八戸市赤御堂《あかみどう》貝塚・長七谷地《ちょうしちやち》貝塚などで、早期後半の土器に伴って鹿角製のヘアー・ピンが出土している。六、七〇〇〇年前の縄文時代早期後半には、日本列島全域の縄文土器文化圏に、髷の結髪のくずれを防ぐために骨角製のヘアー・ピンが普遍的に使用されていたものと考えられる。

このような鹿角を主とした原材で作られたヘアー・ピンは、前・中・後期と継承され、晩期にはその頭部に各種の彫刻を施し、さらに彫刻した部分に朱彩をしたものなど、今日の女性が髪飾としても、全くみおとりしないようなヘアー・ピン類が作られている。図149は青森県馬淵川流域の平《たいら》貝塚出土の晩期の作品であるが、鹿角製のものと、大形水禽類の長い脚の長管骨製のものがある。

図150は、岩手県蒔前遺跡からの出土品である。一見鹿角製のようにみられ、古く装身具類を紹介した書物には、骨角製品としたものもあるが、地肌をルーペで詳細に観察した結果、馬淵川流域地方で岩板・岩偶などに利用されている凝灰岩質泥岩に、渦巻文などを浮彫にして、その上に朱漆を塗彩したものであることが判明した。中央のくびれ部に二孔あり、この二孔に紐を通して髷のもとどりをしばり、朱彩の浮彫渦巻文の部分が髷の両側に露出する笄であると考えることが最も妥当と思われる。笄の起源が約三〇〇〇年前に遡ることを示すものであろう。

■縄文時代の髪飾

図150　笄　岩手県、蒔前遺跡　晩期　(H)14.5cm

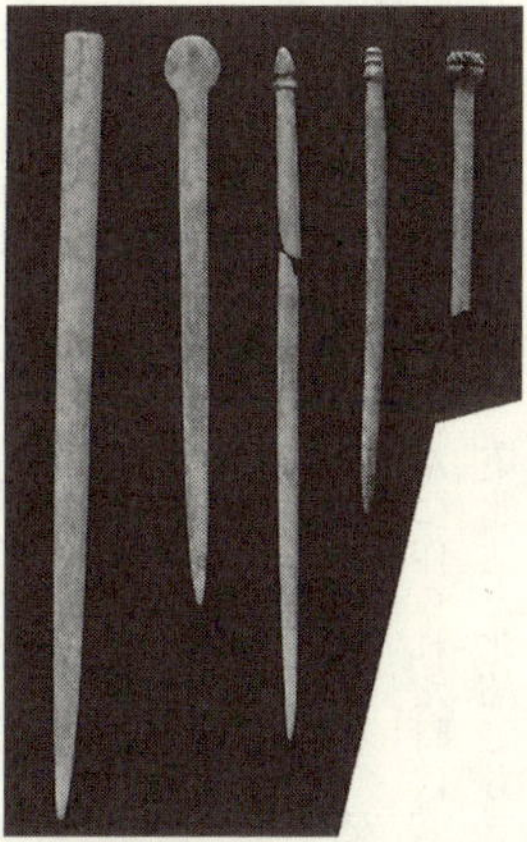

図149　鹿角製ヘアー・ピン　青森県、平貝塚　晩期

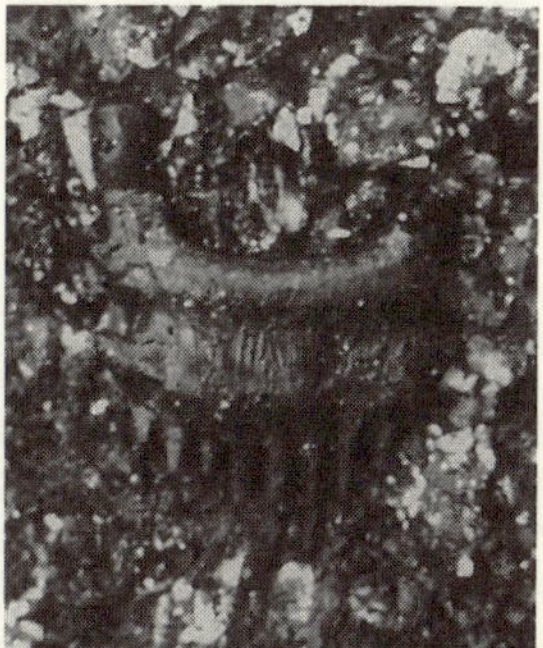

図152　櫛の出土状態　福井県、鳥浜貝塚　前期　(H)9cm

図151　群馬県、八寸出土の埴輪にみる櫛の装着

櫛

図151の前髪に櫛をさした埴輪は、群馬県伊勢崎市八寸《はちす》出土の女性埴輪である。このように、六、七世紀の古墳時代には、櫛は前髪の飾りとして額の上につけられたようである。縄文時代のひさし髪の髷にも、前額上にこのような櫛を髪飾として使用したものであろうか。図152は福井県の鳥浜貝塚で出土した前期初頭の木製朱漆塗りの櫛の出土状態である。同様な形態の細身の鹿角製品は、青森県八戸市の一王寺貝塚から前期中葉の土器に伴って出土している。さらに精巧な透彫が頭部にある鹿角製の櫛は、青森県の榎林《えのきばやし》貝塚から中葉後半の土器に伴った出土例が知られている。前髪にさした櫛も前期初頭以降、縄文時代の終末を経て、古墳時代にまで継続して流行したものと考えられる。

装身具

耳飾

輪鼓状の土製耳飾（図153）は、後期末の安行2式土器から晩期初頭の安行3a・3b式土器が南関東地方を中心にさかんに作られた時代、この土器の分布圏で、径五センチを超えるほどの大型耳飾が作られた。東北地方北部でも、晩期初頭の大洞B式土器が繁栄を誇った時期に

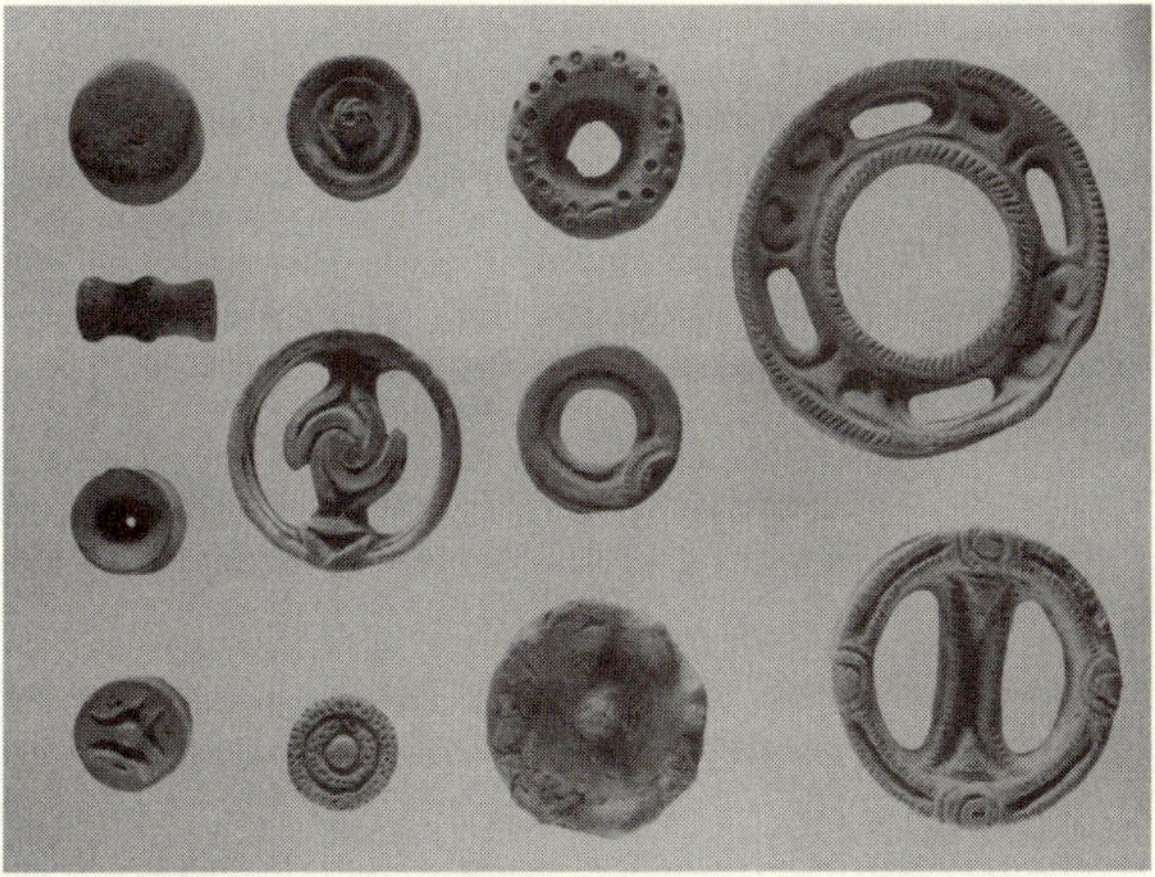

図153　輪鼓状耳飾　群馬県邑楽郡板倉町北門前遺跡　後〜晩期

は、径四センチ前後の大型耳飾が作られていた。南関東地方ではこの時期、木菟土偶がさかんに作られており、おそらく木菟土偶にみられる顔面左右の丸いものは、大型耳飾を装着した姿を土偶に表現したものと思われる。

たとえば、図90の千葉県余山貝塚出土の木菟土偶の顔面、左側部の破片などは、周辺部に瘤状突起のつけられた土製輪鼓状耳飾と同型の耳飾が耳朶に嵌めこまれた姿であることがわかる。図86の埼玉県滝馬室遺跡出土例、桶川市後谷《うしろや》遺跡出土例などの完形木菟土偶（図154）をみても、両耳の耳朶に貫孔して、輪鼓状耳飾を嵌めこんだものであることがよく理解できるであろう。

木菟土偶がさかんに作られる前、後期中葉に関東地方を中心として数多く作られた

図154　木製耳飾をはめた土偶
埼玉県、後谷遺跡　晩期

山形土偶と呼ばれる土偶も、図71に示した千葉県江原台遺跡出土例では、両耳の位置に瘤状突起があり、耳飾をつけた姿を表現している。他にも、この部分を貫孔して表現するもの、小さな環状の沈線で表現したものなどがみられる。

また、図70の茨城県水戸市近傍、戸立石出土の後期初頭の筒形土偶は、耳朶から多少誇張した表現とも受けとれる棒状耳飾の着装の姿を示すものと思われる。この時代に、数は少ないが土製、骨製、鹿角製などの棒状耳飾が存在する。

木菟土偶の分布地域以外で、ほぼ同時代に作られた土偶にも、耳朶に耳飾を装着した姿を表現したものがある。

福島市上岡遺跡出土の膝を立てて座り腕を組む土偶は、後期末のものであるが、スルメイカの頭部のような髷の両下端に円形の小突出部が二個認められる（図63）。

青森県馬淵川上流、熊原川流域の野面平《のもてたい》遺跡から出土した、上岡遺跡出土の土偶と同形、同時代の土偶にも、両耳の位置には中心部に円孔が付されている（図60）。耳孔かもしれないが、耳飾を装着した姿を表現したものと考えられないだろうか。

また、同じ馬淵川流域、岩手県二戸市野々上《ののがみ》遺跡出土の晩期初頭の例（図98）は、遮光器土偶と呼ばれてきた土偶の初現形態といえる土偶であるが、両眼尻の左右にある小孔をもつ環状の小突出物は、この時期の比較的小型な輪鼓状耳飾をつけた姿を表現したものと思われる。野面平遺跡の東約一〇キロの至近距離に野々上遺跡があり、後期末から晩期初頭にわたって、馬淵川上流域では、装身具として両耳朶に輪鼓状耳飾を装着することが普遍化していたのだろうか。

熊本県北部、熊本市北郊の四方寄《よもぎ》遺跡出土の土偶と、熊本市北々東約二〇キロの距離にある三万田《みまんだ》遺跡出土の土偶では、耳朶の位置に小孔が認められるが、これらも耳孔を示すものではなく、耳朶に耳飾を挿入する孔ないしは耳飾を装着した姿を表現したものと思われる。これらの土偶は後期末頃の作品である（図76）。

このように、耳の位置に小円孔のある土偶は、奈良県橿原市橿原公苑内遺跡出土の後期のものと思われる土偶頭部破片にもみられ、後期後半にはほぼ日本全域に輪鼓状耳飾を耳朶に嵌入する風習が一般化したものと思われる。出土する耳飾と耳飾をつけた土偶の分布は、ほぼ一致するような感がある。

晩期に入っても、耳飾を表現したり孔をあけたりして、耳飾の装着状態を示す土偶が作られている。東北地方では晩期中頃のものとして、青森県の平貝塚出土の大土偶（図103）、晩期後半のものとしては山形県遊佐町杉沢遺跡出土例（図115）、宮城県蔵王町鍛冶沢遺跡出土例（図116）にみられるように、両耳に小円孔のあるものも、耳飾の装着を示していると考えてもよいのではなかろうか。青森県西北部、津軽半島の亀ヶ岡遺跡出土の図99に示した高さ一七・五センチの大型土偶は、腰部の文様帯からして晩期中頃のものと考えられるが、これも両耳の位置に円孔がみられる。

また、福島県三島町小和瀬遺跡で発見された図121の浮線網状文のある土偶は、晩期末の作品であるが、耳朶に明瞭に輪鼓状の小型耳飾を装着した姿を表現している。

以上に記したように、耳飾の装着を示す土偶は、後期から晩期にわたりかなりの数みられる。特に後期末頃になると九州にいたるまで、かなり広範な地域に認められる。

その他

輪鼓状耳飾以外の装身具が、土偶にリアルに表現されている例は極めて少ない。

東北地方の晩期の遮光器土偶の中に、たとえば岩手県野々上遺跡出土の首部の鎖状隆起文（図98）、青森県平貝塚出土の土偶の首部の同一文様（図103）、青森県亀ヶ岡遺跡出土の土偶の首部と胸部の懸垂隆起文様（図99）などは、美しい石や獣類の犬歯などで製作した玉類を連ねた首飾を表現しているように思われるが定かではない。

また、縄文時代の装身具として貝製の腕輪などがよく知られているが、腕輪の装着を表現したような土偶は、現在のところ発見されていないのではなかろうか。

衣服

土偶の体部にみられる多くの文様は、衣服の状態を示すものと考えられる。

従来は、縄文時代の人々の衣服というと、毛皮のパンツ様のものと上衣などを想像して描写されることが多かった。しかし日本列島の大部分は亜熱帯性気候に属し、夏季は高温多湿である。縄文時代は現在より温暖であったことが知られており、春から夏季にかけては、体に密着する皮革類の衣類より、通気性の高い植物繊維質の衣類の方が適切であろう。日本列島には、早くから東南アジア方面より繊維質の衣類の製作技術が伝播していたようである。この時代の衣服は、たとえばカジの皮をたたきのばし、パルプ状にしたものを、さらにのばした繊維布、今日ポリネシア地方で利用されているタパと呼ばれる布などに近いものであったと思われる。

衣類を表現した遺物の出現は意外に早く、今から約一万一〇〇〇年前、縄文時代草創期初頭つまり日本列島にはじめて土器が出現した時代のものが知られている。土偶ではないが愛媛県上黒岩《かみくろいわ》岩陰遺跡から発見された石製のヴィーナス像（図142）で、長径五センチ大の緑泥片岩の扁平な川原石の一面に、珪岩質の硬い石の剝片を用いて腰蓑状の衣服などが線刻されている。

また二〇世紀初頭、上黒岩岩陰遺跡のこの腰蓑をつけたヴィーナス像の発見より古く、秋田県五城目《ごじょうめ》町在住の人が、付近に産出する彫刻しやすい軟質の凝灰岩質泥岩で縄文時代晩期の岩版の模造品を多量に製作販売していたが、その模造品の一つに、上黒岩岩陰遺跡の石製ヴィーナス像に大変よく似た、U字形沈線による豊かな乳房や腰蓑を線刻した女性像があった。おそらく当時秋田県北部のどこかでこのような石製ヴィーナス像が発見されており、それをみて模造品を製作したものであろうか。すでに明治時代に、東北地方北部でも発見された同様のヴィーナス像があったのではないかと考えられる。

山梨県甲府市南郊の上の平遺跡でも、細隆線文土器の小破片とともに安山岩質の川原石にパンツ状の線刻を施した、線刻人物像を思わせる石製品が発見されている。

前期の土偶は、小形で顔面の表現はなく、乳房と手足の表現のみである。体部は素文のものが多く、衣服と思われるような表現がみられるものは、ほとんどないようである。

図155に示した十字形をした板状土偶は、本州北端の青森県岩木山北麓の石神遺跡発見の中期初頭、約五〇〇〇年前のものであるが、小さな円孔の両眼の下に口を表現し、その下に二重のY字形沈線を臍の上まで施して、衣服の襟あきを示している。また、乳房下にみられる「工」の字文様は、衣服の染付文様ではないだろうか。両腕の縦の平行沈線文は、衣服の文様であるか、衣服にできたしわを表現したものであるかは定かでない。

図155　土偶に表わされた衣服　青森県、石神遺跡　中期　H8.5cm

中期に入ると、宮城県北部の糠塚《ぬかづか》貝塚発見の胴上半を欠く中期初頭の板状土偶（図24右下）は、脚部にパンツ状の衣服をつけた姿を表現しているものと思われる。長野県天竜川流域の刈谷原遺跡出土の高さ二六・七センチの土偶（図38）は、中期後半のもので、糠塚貝塚の土偶とよく似た逆三角文様が下腹部から股部に認められる。これも繊維布によるパンツ状の衣服を表現しているものと思われる。また体部中央を垂下する隆起文と、その左右に施文される羊歯《しだ》の芽状の文様は、上衣の合わせ目と上衣の文様を示すものであろうか。

中部地方日本海岸の中期の大形土偶の体部の文様も、衣服の染付文様を表現したり、合わせ目を表現しているとみなしてよいであろう。獰猛なオオヤマネコの顔を模したのではないかと思われる、山梨県中丸遺跡出土の胴下半を欠いた大形土偶（図43）には、両肩の段になっている部分に、刺突文様がある。肩にアップリケのある現代のブラウスにも似ているが、縄文時代中期に、このようなスタイルの上衣が作られ、流行していたのであろうか。興味ある問題であるが、一点の土偶の容姿からだけでは解明されない。

東京都八王子市宮田遺跡出土の、乳児を抱き横座りした珍しい姿の頭部を欠いた土偶は、膝頭に渦巻文が施文されている（図29）。これは膝頭に朱彩などして化粧したものでもなく、また入墨したものでもないと思われる。ズボン状のものを長もちさせるための、補強の刺繡ではないかとも想像される。今日でもこのようなことをすることがあり、今から五〇〇〇年前との共通性に驚かされる。このような観点が正しいとすれば、背部の文様も、上衣の染付、ないしは刺繡の文様とみなすことができる。

両膝の位置に渦巻文の施文された例は、新潟県糸魚川市長者ケ原遺跡出土の、両手を左右にのばした立ち姿の土偶にもみられる（図42）。このようなズボン状の衣服がひろく中期に流行したものとも考えられて興味深い。

ところで、後期中葉に関東地方を中心として量産された山形土偶の腰部の位置には、帯状に鋸歯状沈線文が施文されているものがある。この種の文様帯は、福島県上岡遺跡出土の膝の上に腕を組み蹲踞する土偶の腰部（図63）や、同じポーズをとる青森県野面平遺跡出土の土偶の腰部（図60）にも施文されている。この二例は後期後半の作品である。関東地方でも、後期末の埼玉県真福寺貝塚出土の木菟土偶に、この鋸歯状沈線文帯が施文されており（図85）、東日本で後期後半に胴下半部にこのような裾《すそ》のついた上衣が流行したものであろうか。滝馬室遺跡出土の木菟土偶など、まるで胸に洒落《しやれ》たフリルのついたブラウスを着ているようにもみられる（図86）。

晩期前半、東北地方の北半部を中心に多量に作られた遮光器土偶は、雪や氷からの反射光を遮《さえぎ》るサングラス状の器具を眼前につけたような形態から、この名がつけられた。しかし、後期末から次第に眼部を誇張したような表現がみられるものの、晩期中葉以降、次第に小さくなる傾向のあることも判明し、眼そのものを表現したものであることがほぼ明らかになってきている。

ふっくらした体部も、寒冷の地で厚手の防寒衣類を着た姿を表現したものという考え方もあるが、図101・103の岩手県長倉・青森県平出土の土偶などをみても、ふくよかな乳房をリアルに表現しており、あまりたくさんの衣類を着た姿とは思われない。おそらく、タパのような植物繊維製の、体部との間にゆとりのある上衣とズボン状の下衣を着ていたものと想像される。また、衣類の下に隠されているはずの乳房と女性器は、土偶が女性を表わしていることをアピールするかのように、衣類の上から透視したかのように表現している。

晩期後半に入ると、図115の山形県杉沢例にみられるような土偶が東北地方一帯で流行する。胸部に広い襟あきのある上衣とパンツ様の短いズボンが流行したのかもしれない。

この様式の服装は晩期末まで続いたものであろうか。岩手県種市町易国津波遺跡出土の土偶や（図117・156－3）、青森県剣吉荒町遺跡出土の土偶（図118）をみると、晩期末になってもほぼ同じような服装であったことと感ぜられる。

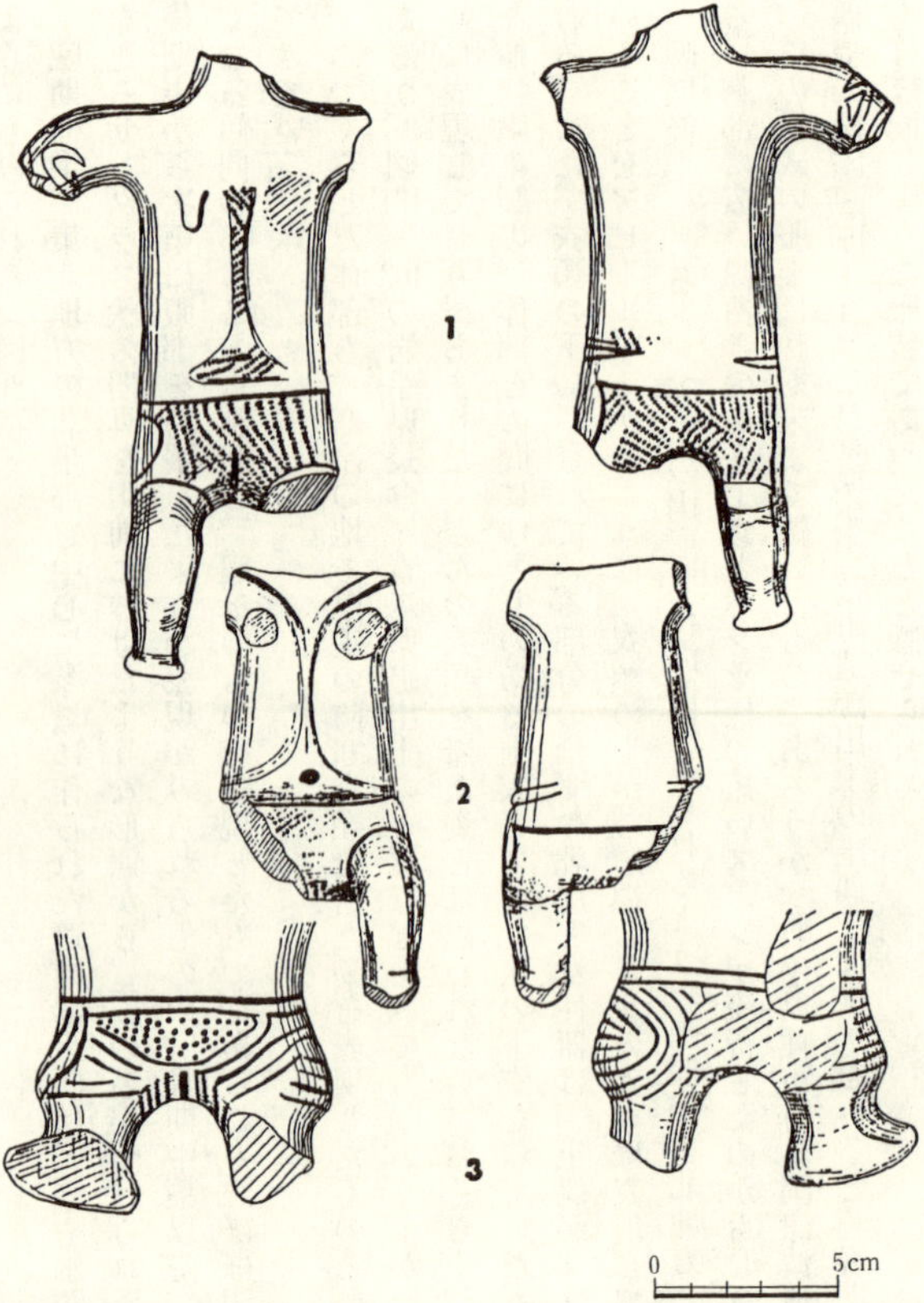

図156　奥羽地方晩期の土偶腰部にみられる腰布状の衣服と思われるもの（江坂『土偶』より）

後期末から晩期の土偶で、残念ながら関東以西の出土品には、当時の服装を推測できるようなものは極めて少ないようである。

化粧と入墨

縄文時代人は、髷を結い、ヘアー・ピン、笄、櫛などの髪飾をつけ、耳朶には耳飾を嵌入したりして、多くの装身具を身につけていた。これらの装身具のはじまりは草創・早期にまで遡り、優に一万年近い歴史のあることはこれまでに紹介したとおりである。

このようなことから、顔面部の化粧もかなり早くより存在したのではないかと想像される。しかし、口に紅をさし、頬に白粉《おしろい》をつけるなどの風習が、土偶に表現されたものは皆無であり、土偶からこのことを明確に実証することは極めて困難である。

八ヶ岳西北麓、尖石《とがりいし》遺跡近傍の茅野市広見で発見された、中期の土偶（図35）には、両眼の下から両頬に、ハの字形に二本の沈線が施文されている。これと同様の施文がみられる土偶は、新潟県馬高遺跡（図41、中期）、長野県葦原《あしはら》遺跡（図37、中期）、埼玉県真福寺貝塚（図85、後期末）、群馬県北木戸遺跡（図113、晩期）、青森県平貝塚（図103、晩期）など、その時期は、中期から晩期にわたっている。また分布をみても、中部地方以東、東日本でひろく作られていたことがわかる。

東日本の古墳出土の人物埴輪には、頬部にハの字形に紅を塗ったものがあるが、これは男女の埴輪にみられる。千数百年の時代的なひらきもあり、古墳時代の人物埴輪にみられる両頬に紅をさすものと同じ風習が縄文時代にも存在したかどうかは今後十分に吟味する必要がある。青森県平貝塚出土の大型遮光器土偶(図103)のハの字状沈線内には朱彩の痕跡があざやかに残っている。

ポリネシア、オーストラリアなどの先住民の間では、白色や赤色などの塗料を顔面や体部などに塗彩する風習があり、頬紅を塗る風習が縄文時代におこなわれていたと考えても不思議はない。しかし、入墨を表現したものとする意見もあり、その可能性も否定できない。今日のところまだ積極的証左はみあたらず、将来の研究課題として残すべき問題であろう。

土偶の顔面、唇の両端、両頬部などにみられる文様に関して、縄文時代の人々が刺青、入墨、文身、黥面《げいめん》などの名称で呼ばれている身体装飾をおこなっていたのではないかという考察はかなり早くよりあった。一九〇四(明治三七)年、大野延太郎(雲外)が『東京人類学会雑誌』上に「黥面土偶に就て」と題する論考を発表したものが嚆矢《こうし》をなすものである。

青森県亀ヶ岡遺跡出土の、一見帽子を被っているかのように髷高く結い上げた状態を示す土偶(図124右)には、両頬から下顎まで、剃り跡から髭が生え出したような不規則な刺突文が施文されている。これは髭を表わしたものであろうか。このような不規則な刺突文が顔面に施文された土偶は、青森県弘前市鶴田船ケ沢遺跡(図124左、晩期)、千葉県余山貝塚(晩期）などから出土した頭部破片にもみられる。

また、口唇部の周囲と眼尻の両端に刺突文のあるものは、岩手県易国津波貝塚出土のほぼ完形の土偶（図117）がある。この土偶は両乳房も大きく、女性像であることは疑いなく、髭ということはあり得ないように思われる。図118の青森県剣吉荒町遺跡出土の晩期末の土偶も、両頰から下顎にわたって刺突文が認められるが、この土偶も胸部には豊かな乳房があり、女性であることは疑いない。

図74の山形土偶の頭部破片は、茨城県立木《たつぎ》貝塚出土の後期中葉の土偶であるが、前記のものと同一表現と考えられる、下顎、両頰、鼻下などに三列の刺突文が施されている。

このように多くの例をみると、これは顔面に入墨を施しているのを表わした蓋然性が高いように思われる。

日本列島に広く分布する縄文時代各期の遺跡からは、今日までの発掘調査で、埋葬された遺体が各地で発見されている。しかし、いずれも白骨化しており、当時の人々の皮膚などが残存するミイラ化した遺体、あるいは屍蠟風になった遺体などの発見は全く知られていない。したがって当時の人々の皮膚に入墨が施されていたかを検証できるような遺体は皆無のため、人類学的には立証はできない。

それでは、文献からは入墨の風習の有無をうかがうことはできないだろうか。

日本列島に居住する人々が、三世紀頃に体部に入墨をしていたらしいことは、三世紀末、西晋の陳寿が編纂した『魏志』東夷伝の倭人の条に「男子は大小と無く皆黥面文身《げいめんぶんしん》す。古《いにしえ》より以来、其の使中国に詣《いた》るに、皆自ら大夫と称す。（中略）断髪文身し以て蛟竜《こうりゅう》の害を避く。今倭の水人《すいじんよ》好く沈没し魚蛤《ぎょこう》を捕え、文身し亦以て大魚・水禽を厭《きら》う」と記されている。魏の倭国への遣使が、対馬、壱岐、松浦付近の西北九州に居住した人々が入墨し、入墨によって鮫などの大魚を威圧しながら、潜水して魚貝類を捕採している姿をみかけたことを紹介している。

この文からすると、入墨は男性のみの風習に思える。この時代の女性が全く顔面などに入墨を施さなかったとはいえなくとも、記述されなかったことを考えると、少なくともすべての女性が目立つような入墨をしていなかったとの解釈ができようか。

中国の漢代に刊行された、紀元前三世紀から紀元三世紀初葉の頃のことまでを記した『淮《え》南子《なんじ》』にも、長江南部の浙江・福建・広東省方面に居住した楚や越の国の人々に、入墨の風習があったことが記されている。

最近まで、台湾のタイヤル族の婦人、海南島の白沙洞黎族《パサズンリ》や傣族の婦人、ラオスのカー族婦人など、東南アジアの先住民の婦人の間には、頬部など顔面に入墨する風習が根強く残っていた。ラオス南部のカー族については、一九五七年、私もブロバン高原へ調査に出かけた際、男性は手の甲、腕、体部に入墨をしたのをみかけたが、顔面部に入墨をするのは女性のみであった（図157）。顔面の入墨は女性のみにおこなわれるのが、東南アジア圏にひろくおこなわれた風習であろうか。北海道のアイヌ族の間でも、図158にみられるような口唇部のみの入墨が婦人の間でおこなわれていた。また、この石狩アイヌの老婆にみられた口唇部の入墨と同じ形態の文様が、青森県下発見の晩期後半の土偶に数例存在することは興味深い。

また奄美大島・沖縄方面では、近年まで婦人が手の甲から指先に入墨する風習があった。初潮を見る頃から入墨を始め、両手の入墨の完成を待って、晴れて結婚することが許されるという、成人式の通過儀礼である。

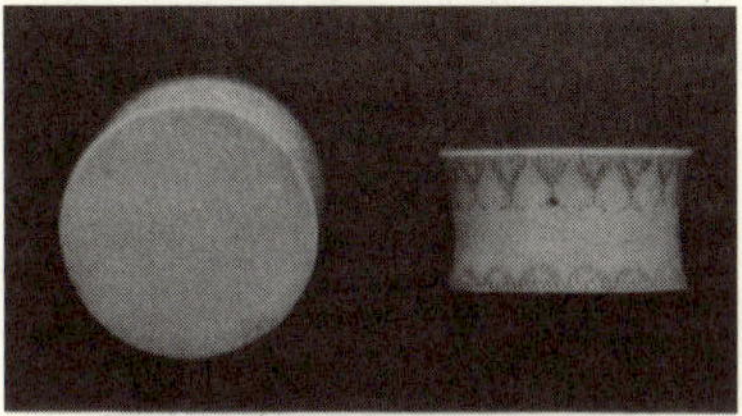

図157　カー族の象牙の耳飾と装着の様子。この女性は頬に入墨をしている（1957年撮影）

図158　アイヌの入墨（江坂『土偶』より）

このように、日本列島周辺には、いくつかの入墨の存在を示す例がある。土偶顔面部の文様は、化粧というよりは入墨の可能性が強いように思われる。縄文時代の終末期から弥生時代の初頭にわたって作られ、死産児か生後間もなく死んだ乳児を火葬し埋納した容器形土偶の顔面部の文様なども、入墨を示すものと考えられる(図164)。

また土偶体部の文様の中にも、衣服の染付文様ではなく入墨を示すものもあるかと思われる。この点はあまり定かでなく、民族例などから推測するまでにはいたっていない。

2　縄文時代人のいのり

日本の縄文時代の遺跡、特に後・晩期の遺跡からは、夥しい数の土偶が発見されている。しかし、そのほとんどが頭部、胴部、腕部、脚部など、小さな破損片である。そのことから、土偶は成形・焼成後、手、足、体部の各部分を故意に破砕することによって、何らかの用途を達成したものと思われる。

しかし、数としては現在のところわずかであるが、ほぼ完全な形で発見された土偶もある。これらの完形土偶は、破砕することに意味をもった土偶と、何か異なった意図のもとに埋納されたのであろうか。この点について、まず完形土偶の埋納状況から探ってみたい。

完形土偶の埋納状況

完形の土偶が発見されることは、極めて稀なことである。完形土偶の多くは、道路の開設工事など、大規模な土木工事の際に偶然掘り出されたものなので、埋葬された状態や伴存した遺物などの状況は、残念ながら発見者の記憶によって知り得るものが数例ある程度で、考古学研究者が自らの手で発掘したという例は、ほとんどない。

しかし、完形に近い土偶の特異な出土状態については、比較的はやくから注目されていた。一九二〇年代以降にいくつかの報文があるので、まずそれらの過去の研究業績から簡単に紹介しよう。

一九二二（大正一一）年八月、八幡一郎が『人類学雑誌』第三七巻八号に「信濃諏訪郡豊平村広見発見の土偶」と題する報文を発表している。その中で、「こゝに注意すべきはこの土偶が発見された際その周囲に小石が直径一尺二三寸位の円形を以て取り囲んでゐたと云ふことである。なほ先年同氏（宮坂春三——江坂注）は大なる香炉様の土器を得られたがその周囲にも石があつたと云ふ。私はこの事がすでに偶然のことにあらずして、かのストーン・ヘンヂ若くはストーン・サークル等が新石器時代に於て原始宗教に重大なる関係ありしが如く只大なる石を以つて小なる石に換へた何等かの宗教的意義ある儀式か呪卜の如きものに用ひたものではあるまいか。記して諸賢の批判を待つ」と記している。この土偶は、短い脚部を欠いているほかは、ほぼ完存した状態で出土した土偶である（図35、展覧会出品中、誤って落とし胴部を折損、今日は胴部が短くなっている）。現在、東京大学総合研究博物館に所蔵されている。この出土状況に関する発見者の宮坂春三の談は、かなり信頼できるものと思われる。

ついで一九二五（大正一四）年一月、雄山閣刊の鳥居龍蔵著『有史以前の跡を尋ねて』の

第一章「会津・越後の有史以前」の「柳津虚空蔵より」の項には次のような記載がある。「私は松井村長の御厚意で、此処から一里余（四粁余――江坂注）上流の原谷村・大字檜原・小波瀬《こはぜ》（大沼郡）から出た有史以前の土偶を見ました。之は極めて大きな土偶で、長さ八寸（高さ二四・二センチ――江坂注）、其容貌・結髪・風俗の様がよく認められます。（中略）村人の語る所によると、此土偶は石を積んだ中から出たさうで、此処から共に他の土器も出たと云ふ話であります」。これは、福島県只見川流域、大沼郡三島町（鳥居博士踏査時は原谷村）檜原小字小波瀬〔小和瀬か〕発見の晩期末の土偶が、石につつまれて土中に埋納されていたらしい状況を報告している。記述によれば伴存した土器があるが、その時期などは不明である。しかし、同町荒屋敷で発見された縄文時代の終末から弥生時代への過渡期の遺跡があり、ほぼ同時期と考えられるので、この土偶もその期の作品として注目すべき資料であろう（図121）。

また八幡一郎は、一九二五（大正一四）年二月と四月に発行された『人類学雑誌』第四〇巻二・四号に「遺跡にある自然石」と題する論考を発表、この中で前記の長野県広見遺跡例と小波瀬遺跡発見例を再録紹介した後、「箱状に組合せた石」の項で、長野県腰越遺跡について紹介した。「東京帝室博物館蔵（現東京国立博物館――江坂注）の大土偶を出した注意すべき場所であるが、土偶出土地点の近くにも平石を箱状に組合せたのがあつたと云ふ」と土偶が出土した場所に近い位置に、自然の平石を箱状に組み合わせた遺構が発見されていることを報告したのであった。

これを受けて野口義麿は、一九五八年、河出書房刊の『世界陶磁全集Ⅰ　日本古代篇』「先史土偶」と翌一九五九年、紀伊國屋書店刊の『日本の土偶』の二著に、「土偶を発見した附近に平石を箱状に組合せたものがあったという」と簡略に紹介した。しかし、これでは、土偶と箱状に組み合わせた平石の遺構が、関連して同時代に埋納されたのではないかとの誤解をまねくおそれがあろう。

そこで、腰越遺跡の出土状況を詳細に報じた一九二二（大正一一）年一〇月刊、小山真夫編『小県郡史』の記載に目を通してみよう。「小県郡内に於ける石器時代遺跡の発掘状態のよく知らるゝものを丸子町腰越区淵の上遺跡となす。（中略）遺跡は初め田圃なりしが、明治四十三（一九一〇）年九月此田を壊して掻きならす際、地下凡二、三尺にして、其西南隅に黒曜石製石鏃、及び同破片、折れたる大石棒、土器片、男女土偶二体、歯牙、骨片等を得たり。之を第一遺物発見地となす。其後大正七（一九一八）年六月に至り、更に其地を拡張して、土壌を掻きならせしに、地下凡一尺六寸にして、第一遺物発見地を距る東北約十数間（約二〇メートル――江坂注）の処に石囲、打製石斧、石を載せたる円筒土器、甕、黒曜石の五六寸大の一塊を発見せり。之を第二遺物発見地となす」と記している。つまり、土偶の出土地と石囲いの遺構は、同一遺跡地内のものと思われるが、その距離は二〇メートル以上も離れているので、同時代の関連のあるものとみなすことはできない。また、大石棒、打製石斧、黒曜石製石鏃、円筒土器など多くの出土品は中期のもので、土偶とは二〇〇〇年前後の年代的なひらきのあるものである。また二つの土偶が発見されているようであるが、これは縄文時代終末期直後の弥生時代の、火葬乳児骨などを収納した容器形土偶と呼ばれるものである。おそらく、首部から上半を欠損したものに胸部に乳房などの表現がないため、一体を男性と考え、男女二体の土偶と記したものであろう。しかし、乳児骨を母体に返し再生を願うという意味のある容器形土偶は、女体でなくてはならないものである。付近に歯牙や骨片があったと記されているが、これはこの容器形土偶に収納されていた乳児骨が散乱したものとも考えられる。

また一九二七（昭和二）年五月発刊の『歴史と地理』第一九巻五号に、谷川（大場）磐雄が「神奈川県中郡大根村の石器時代遺跡調査」（大根村は秦野市に編入）と題する論文を発表しているが、氏はその中で、天神台遺跡で、長径一メートル余の大石が二つならんだ場所に接近して土偶（後期初頭）が発見されたことに注意し、既に報告された例などとも比較して、この二つの大石が土偶に関する特殊な遺構のように考えている。しかし、これも大石の近くから偶然に土偶が発見されたもので、土偶を埋納するために大石を配置したものではないと私は考えている。この大石がさらにいくつかあって、一定の配列のもとに埋没していたとすれば、配石遺構などと呼ばれる遺構と関連するものとして注目する必要があるが、いかがなものであろうか。

なお前記した例に加えて、野口義麿は、一九七四年七月に刊行された『古代史発掘3・土偶芸術と信仰――縄文時代2』（講談社刊）に「遺構から発見された土偶――土偶の意義を探る2」の表題で総計二二例を紹介している。

1 群馬県吾妻郡郷原遺跡（図47の土偶）

一九五四（昭和二九）年三月刊の『考古学雑誌』第三九巻三・四号に、山崎義男が「群馬県郷原出土土偶について」と題する報文で詳細に報告している。

一九四一年頃、長野原線郷原駅新設に伴い、駅前から鉄道に沿った県道局部改修工事がおこなわれた。この道路開設工事中、道路の南側寄りから、南北に長辺の軸をとる、長辺約一・五メートル、短辺は北面で約〇・六メートル、南面で約〇・四メートルの、梯形をなした河原石を組んだ石棺状の遺構が発見された。変わった遺構のため慎重に掘り進めたところ、節理面で剥離した安山岩の板石が蓋石として上面に用いられていた。この蓋石を除去して、内部に何か埋納されているのではないかと好奇心をもって探してみると、中央より南より、南壁から約四〇センチの位置の石棺状石囲いの底面と思われる深さ約四〇センチの位置に、高さ三一センチのハート形の顔面をした大土偶が、左右の脚部と上半身の三つに割れ、頭部を北に仰臥した姿勢で横たえられていた。そして北壁から六〇センチ、土偶の頭部から約一〇センチ余離れた位置に、縄文時代中期後半の加曾利E2式の深鉢土器の口縁部から胴部上半の大破片が、土偶の副葬品のごとく置かれていたという。

この発見を聞いた現場監督は、県土木部の富岡出張所長であり県文化財専門委員でもある山崎義男にさっそく連絡した。山崎が現場の人らの証言にもとづき、記述したのが前記のような出土状況である。

棺の大きさからして、おそらく幼児が埋葬された棺であったと思われる。幼児の遺体の胸部に土偶が置かれ、頭部に被るように、深鉢の口縁部破片が置かれていたのであろう。遺体については石囲いが破壊されてしまった後のことであり、発掘後の聞き書きからは、前記した以外のことはわからない状況であったという。山崎が現場視察におもむいた時には、この遺構は工事のため完全に破壊、取り去られていたが、道路北側の切り通し崖面に、同じような石棺状遺構が三基、石組み断面を露出させていた。しかし、それらからは何の遺物も認められなかったという。

発見後、数日して山崎より電話連絡を受けた私は、山崎宅で土偶と伴存土器を実見、堀之内式土器の特徴的文様をもつ、ほぼ完形の大土偶であることを確認した。そして、土器片とともに借用して帰京し、後藤守一博士と相談の上、山崎に『考古学雑誌』上に発見の経緯を発表するようにお願いした次第である。

山崎によると、破壊された石囲いについては、これと類似する三基の石囲いのうち、中央の二号と名づけた石囲いが、比較的原形を保って断面を露出していたので、この二号石囲いを参考にして、その状況を聴取したとのことである。

この二号の石棺状石囲いは、黒色土層中に存在した。地表面から石囲いの上面までは約三〇センチ、下面までは六五センチ、石囲いの内側の幅は約四〇センチ、深さは二〇センチあり、南側は道路の切り取りによって失われていたが、この長方形の石囲いの主軸は南北の方向をとっていた。南側の道路で切り取られた部分はほぼ一メートル余と思われる。

また、土偶が埋納されていた一号と名づけた石棺状遺構は、側壁に使用された川原石を二段積みにして、底面に敷石は全くなかったという。また、地表から蓋石まで約三〇センチ程度の黒土があったという。

近年、縄文時代の中期から後期にわたる石棺墓は、東日本各地で発掘され、内部に埋納された遺体の骨格の残存した例も数ヵ所で知られている。この時四基確認された郷原遺跡発見の石棺状遺構からも、このあたりが中期後半の墓地遺跡であった蓋然性は極めて濃厚である。墓地遺跡であるため、付近から日常の道具である遺物等の発見は少なく、土器片や石器類の出土をみなかったものと思われる。

また、第一章でも記したように、土偶の文様は土器の文様に数型式先行して出現する場合もあるようで、このことを如実に示した好例のように思われる。

2　山形県飽海郡遊佐町杉沢遺跡（図115の土偶）

一九五三年七月上旬、山形県西北部、鳥海山西南、月光川の一支流である熊野川流域にある遊佐町大字杉沢字中山口の村落内で、新築家屋の入口付近を三・三平方メートル余、工事をおこなった際、地表面下約四〇センチの深さの所に、長径三七センチの平石が、長軸をほぼ南北にとって埋没していた。この平石を取り除いてみると、北側に、南をあけて径二〇センチ前後の川原石がコの字形に置かれ、平石の北縁はこの三個の石の上に載っていた。そして平石の下の柔かい土壌には、土偶が頭部を北々西に向け、仰臥の状態で置かれていた。これにより、上部の平石は蓋石であることが判明した。

即刻、同町の村上孝之助から、旧藩主の一族で考古学に造詣の深い酒井忠純に報告され、酒井が現場におもむいた。そして、工事をおこなった発見者から以上のような出土状況を聴取し、現場で復原、それを実測したのが図159の図面である。ほぼ発見時の状況を正確に伝えている貴重な資料と思われる。

図でもわかるように、土偶が仰臥して置かれた位置は、ローム層を約二〇センチほど掘りくぼめた径約六〇センチほどの浅い土壙の中心部付近で、土壙の中心部は地表面から約六〇センチほどの深さであったという。

このような状況から推察すると、この土偶は、当時の地表の石囲い中に置かれたものではなく、地表からローム面まで掘りこんで、円形土壙をつくり、頭部に三個の石を配し、土壙の中央に土偶を仰臥の姿勢で置き、その上を平石で蓋をして、何らかの目的をもって埋納さ

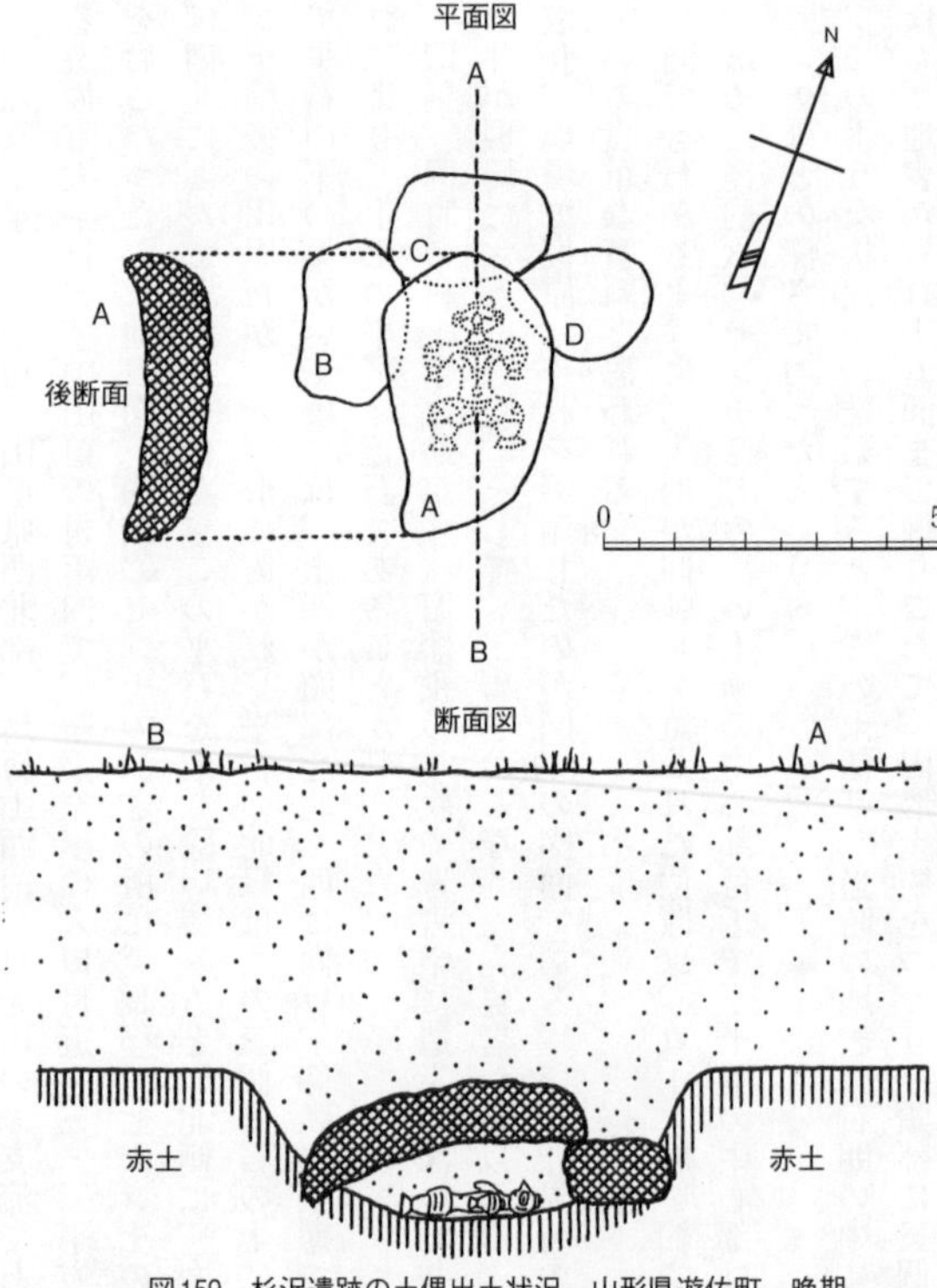

図159　杉沢遺跡の土偶出土状況　山形県遊佐町　晩期

れたものではなかろうか。

この約三平方メートルの工事をした場所からは、この土偶のほかには縄文時代後期のものと思われる土器の小片が数片、出土しただけであったという。なお、月光川と熊野川の間に挟まれた、西南にゆるやかに傾斜している土偶発見地と、熊野川を挟んで相対する現在水田となっている台地は、縄文時代中期から晩期までの各型式の土器を出土する遺跡である。土偶は晩期中葉の作品であるが、出土した村落地付近にはこの時代の集落遺跡は存在しないようである。集落から一定の距離を置いた所に、何らかの目的をもった宗教的な場所があったものとも考えられるが、この小地域における発見だけでは、これ以上の追究は不可能である。

3　長野県茅野市棚畑遺跡（図160、図36の土偶）

一九八六年九月、棚畑遺跡を発掘調査中、馬蹄《ばてい》形状にならぶ竪穴住居跡群の中央広場から、長径八〇センチ、短径六〇センチ、深さ二〇センチの、不整楕円形の土壙が発見された。この土壙内から、土圧で両足部分が折損していたが、完形の姿で、頭部を若干下にした側臥の状態で、土偶が発掘されたのである。

高さ二七センチ、図36のこの土偶は、中期前半のものである。出土状況も、乳幼児の遺体を埋納した上に、土偶を副葬したと考えても十分余裕のある状態である。集落の中央に位置

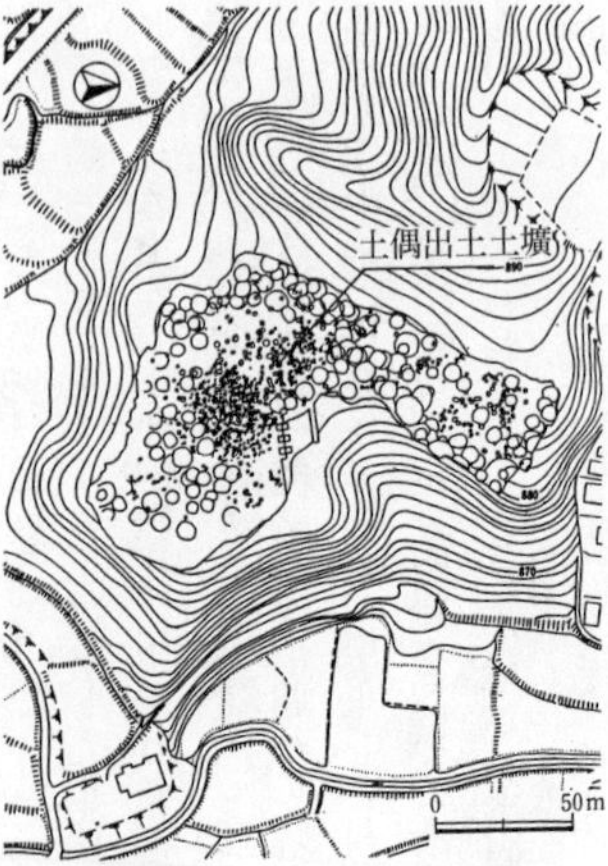

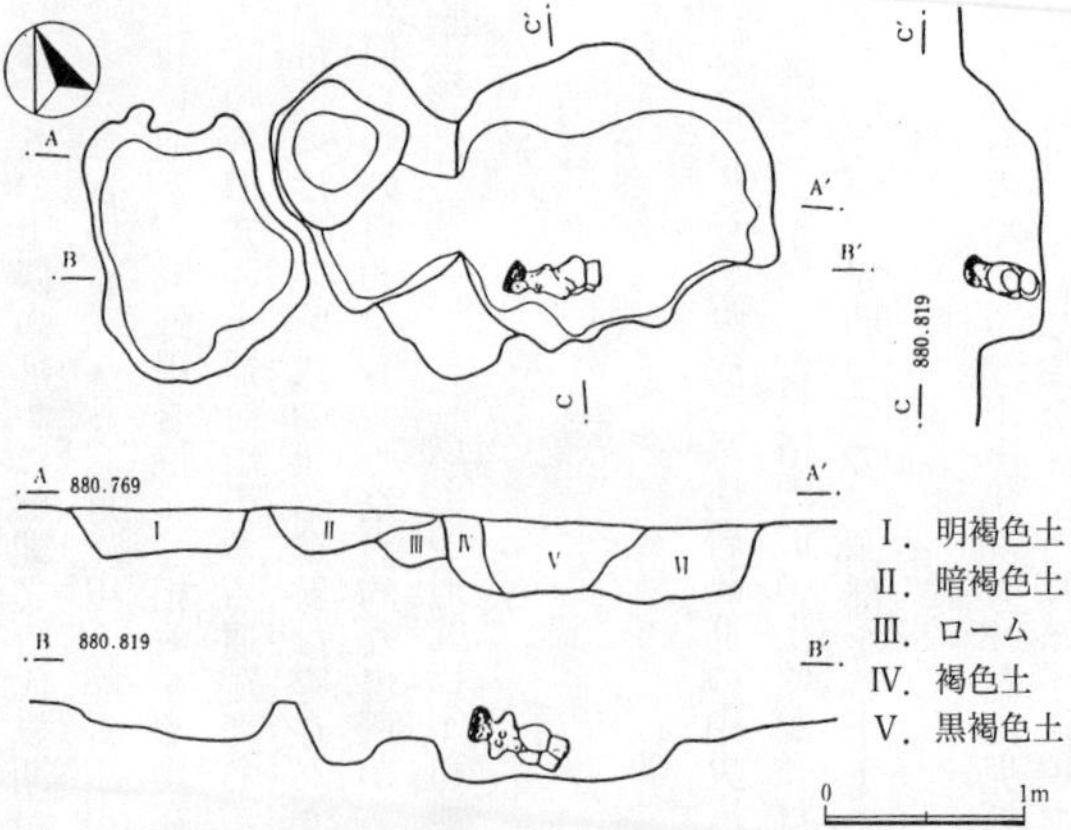

図160　棚畑遺跡の土偶出土状況　長野県茅野市　中期

するこの土壙は、ここに居住した人々の愛児たちの墓壙である可能性もあろう。前記した完形土偶の出土状況とともに、注目される一例である。

4　山梨県都留《つる》市中谷《なかや》遺跡（図161、図88の土偶）

山梨県都留市の中谷遺跡では、畑地の地表面下約五〇～七〇センチの個所に、径一〇～二〇センチ大の石を直径約一・五メートルの範囲に環状に配列、そのほぼ中心部に長径三〇センチ余の小土壙が発見された。図161にみられるように、その土壙に、仰臥の姿勢で頭部を南にして、土偶が埋納されていた。

この遺構も、周囲に石を環状に配列、中央の小土壙に乳幼児の遺体を収め、その上に土偶を副葬したものではなかろうか。なお、この土偶の出土地点は、土壙の底面に近い位置で、土壙はこの上面数十センチの黒土層から掘りくぼめられていたものと推察される。後期末～晩期初頭の作品である。

5　宮城県東松島市宮戸《みやと》（松島諸島宮戸島）里浜貝塚（図162）

晩期初頭の大洞B式の時期の、高さ一二センチ、ほぼ完形の小型土偶が、前記四例と同じように仰臥の状態で出土している。

この里浜《さとはま》貝塚出土例は、地元で農業を営む人が一九四三年頃発掘し、所持していたもの

図161　中谷遺跡の土偶出土状況　山梨県都留市　後期

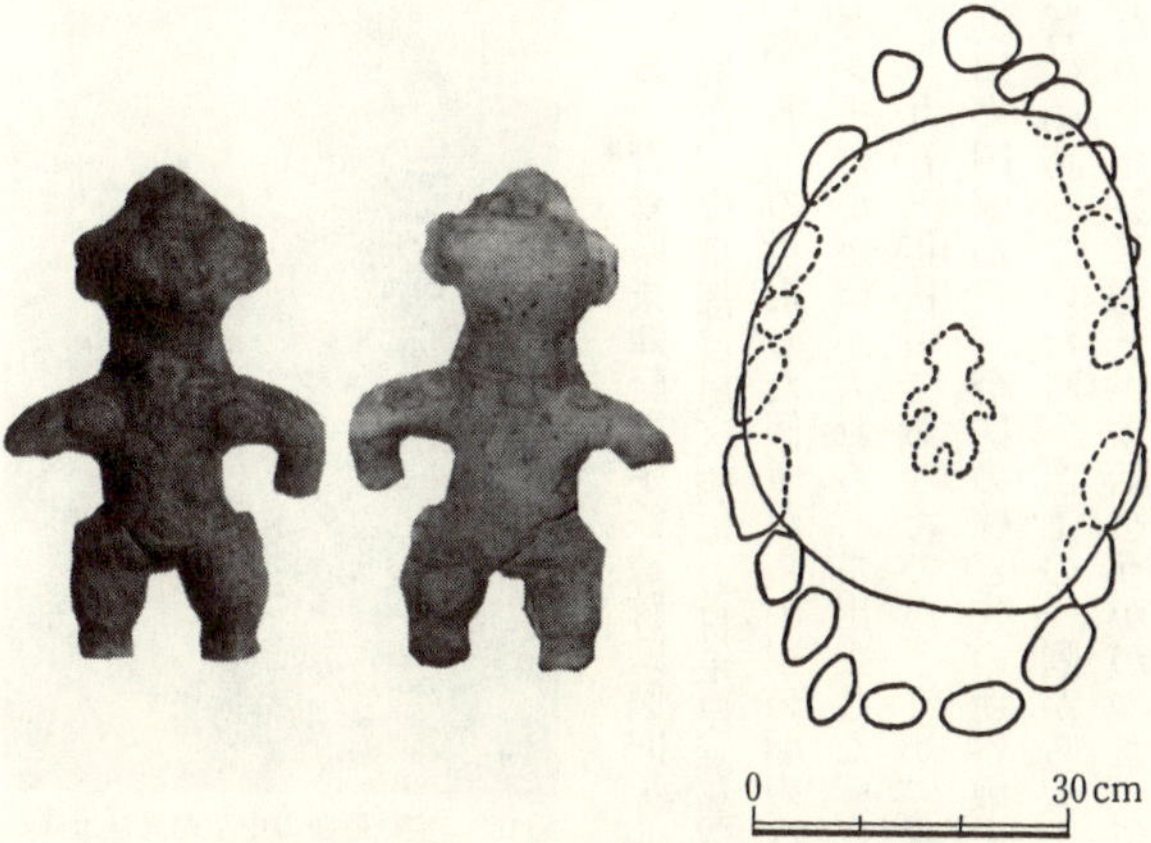

図162　里浜貝塚の土偶と出土状況　宮城県　晩期

を、楠本政助が譲り受けたものである。楠本は、発見当時の模様をつぶさに聞き出して記録している。

発見者は、畑地に杭打ち作業中、一本の杭が深さ三〇センチ前後の所で硬いものにぶつかり、それ以上に入らぬため、この場所を掘り起こしてみると、図162に示したような扁平な川原石が、蓋石のごとく平らに埋没していたという。これを取り除き、石の下をみると、仰臥の姿勢で小土偶があり、右脚は折損していた。また土偶の周囲、蓋石の下には、長径約四五センチ、短径約三〇センチの楕円形に小円礫が配列されていた。土偶の頭部の方向と、楕円形に小石を配列した長軸の方向などは、発見者が記憶していなかった。偶然の発見で、楠本がここを訪れ、発見状況を聞くまでの間にかなりの歳月を経過しているの

図163　宇鉄遺跡の中空遮光器土偶と体内に収められた小土偶　青森県　晩期

で、これ以上の探索は望めなかったと思われる。

この場合も、平石の下、仰臥した小土偶の所在した位置に小土壙が所在したかどうかは不明であるが、蓋石の下に小土壙が存在し、小土偶はその上面に置かれていたものではないかと考えられる。

6　青森県東津軽郡宇鉄《うてつ》遺跡（図105・163）

現在、東京都目黒区駒場の日本民藝館に所蔵されている高さ三四センチの大遮光器土偶は、頭部の折損した個所から中空の胴内へ、右腕と胴下半、脚部を欠いた現存部高一〇・四センチの小土偶が入れられて出土した、稀有のものである。

一九五三年秋頃であったであろうか。青森市在住で考古学研究に造詣の深い陶芸家である浜田喜四郎から、令妹の嫁ぎ先の新谷敏夫が津軽半島北端、津軽海峡に面する三厩《みんまや》村の営林署に勤務していた時、苗圃の一隅から大土偶を発掘し、水洗中に胎内には小土偶が入っていたのを発見したという話をうかがった。新谷は当時、下北半島のむつ市三本松に転居されていたので、翌年に同氏宅を訪ね、うかがったのが以下のような発見の顚末であった。

宇鉄小学校の北方台上の営林署苗圃付近一帯は、縄文時代晩期中葉の大洞C_1式からC_2式土器を出土する遺跡である。黒土層が地表面から一、二メートルぐらいの深さまで達している個所があり、この付近一帯四平方メートルぐらいの範囲には、完形土器や大破片などが多数発見され、ここからこの大土偶が、頭部上半が数片に割れた状態で発見されたという。

周囲より黒土が深く落ちこんだ個所から出土したことはわかるが、この談話だけでは墓壙状の穴から出土したかどうか、また土偶の埋没状況が仰臥か伏臥か、側臥であったかは定かではない。

7　北海道函館市著保内野《ちょぼないの》遺跡（図51の土偶）

遺跡は渡島半島東南部、恵山岬の西北約二〇キロの地で、一九七五年八月二四日、同町尾《お》札部《さつべ》に住む小板アエが、畑地でジャガイモを収穫中に、地表下約三〇センチの個所で、土偶の頭部が埋没しているのを偶然発見、仏頭に似た不思議なものが埋没していると思い、破損せぬように注意して掘り出したようである。埋没状況などは詳しくはわからないが、頭部に最初に気づいて掘り出したとのことから、脚部を下にして直立したかっこうで埋納されていた可能性も考えられる。しかし、土偶背面に新しい破損面のあることから、おそらくこれも伏臥姿勢で埋納されていたものであろうか。

発見の報を受けて、南茅部町〔当時〕教育委員会では社会教育主事の小笠原忠久がさっそく緊急発掘調査におもむいた。その結果、土偶が出土した個所の畑からは、長軸一七〇センチ、短軸六〇センチ、深さ二五センチ、長軸の方向が東南から西北のほぼ長方形の土壙が発見されたのである。遺構内の堆積土層中からは微細骨片を検出、大場利夫博士の鑑定によると、人骨片の可能性が高いとのことである。土偶は墓壙の東南部よりの地表下三〇センチ、土壙の上面付近に埋納されていたと思われ、前記したように、この位置に伏臥姿勢で、埋葬遺体の首から胸部付近の上部に置かれていたものと思われる。この土偶は後期末の作品である。

北海道地方では、このほか土偶が墓壙の上部に埋納されていた例が二例ほど報告されている。

その一つは、噴火湾北岸の高砂貝塚で、川原石を環状に配列した土壙の上面に、左手を欠損した小土偶が伏臥の姿勢で置かれていたというものである。土壙の底面から、副葬されたと思われる小型の土器三点が発見された。

もう一例は、河野広道博士が一九五〇年九月刊の『北海道郷土研究会会報』第一号に報告された「朱円ストーン・サークル」(北海道東北部、斜里町朱円、西区)の中で、栗沢台地で後期末の土壙墓から、土器とともに土版に移行する形式とも思える、頭部を欠いた土偶の発見を報告している。

以上が、今日までに私が見聞した、仰臥、伏臥、側臥などの姿勢で遺体の上部に埋納されていたのではないかと思われる、出土状況がほぼ判明している土偶の類例である。

ところで、私がこれらと深い関連性を考えているものに、縄文時代終末期、弥生時代への過渡期に製作された容器形土偶がある。この土偶は、甲野勇氏によって命名され、土偶の中空体内へ火葬した死産児ないしは生後間もなく死亡したと思われる乳幼児の骨を収納したものである。以下、これらの土偶について検討してみたい。

8　神奈川県足柄上《あしがらかみ》郡大井町中屋敷遺跡

一九三四（昭和九）年四月、中屋敷六四五番地の小柳宮太郎宅地で、入口通路の掘り下げ工事中、地表下一・二メートルほどの所に、うつぶせになって埋没していた土偶が発見された。その直下約一メートル四方の土壌中には、灰のようになった骨片が混じっていたという。この土偶は、頭部が開口した容器様になっており、この胎内を調べたところ、胎内からも骨と歯の細片が発見され、ほとんど泥土は混じっていなかったという。土偶の胎内から発見された骨片の総重量は五四グラムほどであり、歯、頭骨、四肢骨の細片を含んでいた。これらは、火葬されたもので、小金井良精《よしきよ》・長谷部言人《はせべことんど》両博士の鑑別によれば、新生児のものとのことであった。

図164　容器形土偶　神奈川県、中屋敷遺跡　弥生時代　H26.7cm

この土偶は、図164にみられるように、高さ二六・七センチ、底部は楕円形で、底面の左右径は一三・七センチ、前後径八・七センチ、頭頂部には左右径六・五センチ、前後二・五センチの開口部があり、体部が空洞の徳利《とっくり》状をなしている。

伏臥したこの土偶の直下の土壙中にも灰状になった小骨片があり、人骨のように思われることなどからして、出産とともに死亡した母の遺骨が火葬され墓壙に埋納され、その上に火葬した乳児骨を収納した容器形土偶を、身代わりとして伏せた状態で置いたのではないだろうか。再生を祈念して、母子とも埋葬したものではなかろうか。

この土偶および関連する土偶について、『人類学雑誌』第五四巻一二号（一九三九年一二月）・第五五巻一号（一九四〇年一月）に「容器的特徴を有する特殊土偶」「土偶型容器に関する一二の考察」と題する示唆に富む論考をまとめられた甲野勇氏は、「之等は原形を止めるもの極めて稀になるまで打砕けて居るが、火に掛つた形跡は認められず」と後者の論文で記しているが、これは甲野氏の見誤りであろう。火熱を受け細片となり、細片となったものがまた、炭化しているために永く土中で残存したものと、私は考えている。（甲野の二論文は、一九七一年、築地書館刊『日本考古学選集』20に収録されている。）

今日この種の容器形土偶は、長野県や山梨県の五遺跡八例が知られているが、いずれも中屋敷遺跡出土のものより発見が古く、出土状況の全く不明のものが多い。

この中で、腰越遺跡出土の二例については、前記したように石囲いと同時に発見されたかのように紹介されたこともあり、また二体の土偶は、一体が容貌怪異で乳房の表現を欠くために男性土偶と報告されたが、石囲いとは無関係で、いずれも女性とみるべきであろう。歯牙や骨の出土の記載があり、二つの土偶の周辺から出土したものかどうかはっきりはしないが、中屋敷遺跡と近似した出土状況ではなかったかとも思われる。

坂井遺跡出土の土偶は、一八七九（明治一二）年、道路工事の際に出土したもので、大甕の中に入っていたと伝えられているが、今日その甕は残存していないので詳細は不明である。河口湖の鵜ノ島遺跡で出土しているような、縄文時代終末から弥生時代初頭への過渡期にみられる条痕文の施文された水神平《すいじんびら》式の大甕に、土偶が入れられ、その胎内に新生児の遺骨が埋納されていたならば興味深い発見であると思われるが、現在では全く追究するすべがない。

岡遺跡出土の二体も、樹木の抜根中に出土したという以外は詳細は不明である。

このように、二体が相接して出土した例が三例あることは、一つの儀式形態として注目できないだろうか。そして、このような葬法は、関東地方南西部から甲信地方の縄文時代終末期から弥生時代への過渡期におこなわれた特異な葬法で、その起源は前記した、中期以降の墓壙の上に完形土偶を埋納することで、新生児などを母の胎内にもどし再生を祈念する習俗に結びつくものと思われる。

縄文時代の貝塚は、単なるごみすて場ではなかった。あらゆる生霊に対する再生を願い、食料の豊産を祈る祭場であったろう。ここに親子の遺体も埋葬され、朱塗の完形注口土器や精巧な彫刻のある装身具などが発見されるのも、それらは供献のためのものである。このように考えると、土偶が再生を願う祭りの場に登場してもおかしくないと思われる。

また、関東地方の弥生時代における二次埋葬で、土壙内の複数の土器に分骨して埋葬する風習が広くおこなわれている。その中で、たとえば茨城県女方《おざかた》遺跡、栃木県野沢遺跡などでは、そうした土器が人面付壺形土器を伴っていることがよく知られている。私は、容器形土偶は、これらの弥生時代の葬送用の人面付壺形土器とも関連性をもつものと思うのである。

また甲野は、土偶頭部付近にある小貫孔を、頭部の開口部に何か有機質の蓋を置き、紐によって縛る際の、開口部を密閉するためのものではないかと推察しているが、青森県下北半島、佐井八幡堂出土の土偶の頭部にもみられるように、頭部が開口していないのに頭頂部に等間隔に五個の小孔を穿《うが》つものもある。櫛などを示す、単なる装飾用の小孔とみるべきではなかろうか。

このほか、新潟県糸魚川市長者ケ原遺跡出土の、東京国立博物館に所蔵されている、ほぼ完形の土偶（図42）は、一九一六（大正五）年頃、遺跡の中央を通る村道を工事中、地表から約一〇センチの地下より、二つの大きな石を重ねた上に、頭を東に向け、仰臥姿勢で置かれていたという。さらに周囲には、二つの石を被うように木炭が散布していたという。大石は、ほぼ水平に赤土の地盤にくいこむように二〇センチばかりの深さに落ちこんでいた。以上の記録は、野口義麿が発見者矢島喜久一に聞いた話を、一九七四年、講談社刊『古代史発掘3――土偶芸術と信仰』に紹介したものである。

この出土例は、砥石状の平石を二枚重ねた上に土偶を仰臥の状況で置いたという点が他の例と異なるが、石がローム層に二〇センチ前後落ちこんでいたということは、石の下に乳児骨を埋納するような墓壙が存在した可能性を示唆しているように思われる。石の周囲が木炭末でおおわれていたという事実とともに、墓壙の可能性は高いと思われる。

特殊遺構内に埋納された土偶

完形品ではないが、何らかの遺構内に故意に埋納されたと思われる土偶が一、二報告されている。

一九五三（昭和二八）年一一月、岩手県北部、二戸《にのへ》市金田一字舌崎《したざき》の雨滝《あまたき》遺跡（発掘当時

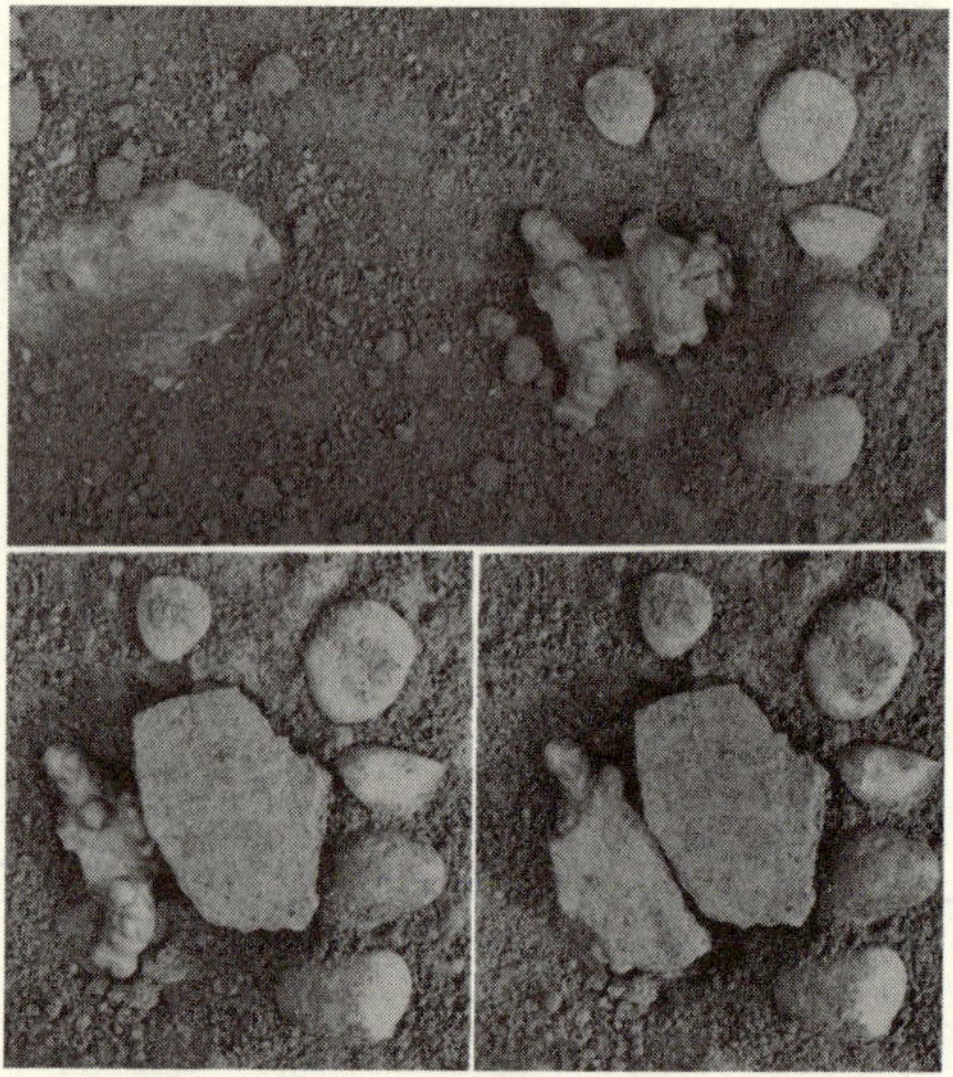

図165　雨滝遺跡の土偶出土状況　岩手県　晩期

は二戸郡金田一村）で、明治大学考古学研究室に在籍していた芹沢長介氏らによる発掘調査がおこなわれた際、頭部をつつむように径五センチ大の小石が五個置かれ、胸部以下を欠損した小土偶が仰臥の姿勢で埋納されていた。また土偶の上面は、縄文のついた二片の土器片でおおわれていた。この土偶は、すこし掘りくぼめた中にあり、仰臥の姿勢で埋納されていたという点から、上半部のみの半存品であるが、新生児の遺体を埋納した上に置かれたと思われ、前項に紹介したものと同例とみなしてよいのではないだろうか（図165）。

一九五五（昭和三〇）年、翌五六年と二次にわたって発掘調査がおこなわれた、新潟県中部に所在する中期の竪穴住居跡群の発掘調査の際にも、二〇点を超す土偶が発掘されているが、その中の数点が特異な埋納状況を示すことが、一九六一年刊の調査報告書『栃倉』にも紹介されている。野口義麿は『古代史発掘3』の「遺構から発見された土偶」の項で、一号住居跡と一〇号住居跡の出土例について紹介している。

それによれば、一号住居跡では、「炉から西南へ約一七〇センチ距てたP_3ピットの中央に、頭部と両腕を欠損した土偶が、垂直に倒立したまま埋没していた。ピットの大きさは、直径約二六センチ、深さ五一センチにも達する大きなもので、土偶はピット上面にわずかに露出していた。ピット内には、木炭片の混在した黒褐色の腐蝕土が充満し、床面上に高さ約五センチほどのゆるやかなマウンドがつくられ、付近には多数の土器片が散在していた。ピットの壁の上方には、内面に朱を塗った無文土器片八個が、土偶をとりまいて貼りつけられ、また倒立した土偶を支えるような恰好で、栃倉II式の土器の口縁部破片がそえてあった」とある。竪穴住居跡内の一隅に、深さ五〇センチのピットを掘り、両腕、頭部を欠損した土偶をそのピット上面に倒立して埋納したようである。ピット内には木炭末が混じった黒土が充満し、その上部は住居跡床面より高さ五センチ程度盛り上がって小マウンド状をなしていたと記録されている。この木炭末が混在する黒土に、火葬した乳幼児の遺骨があったのではないだろうか。広義にみて、廃屋墓葬《はいおくぼそう》の可能性も考えられよう。

このほかにも、栃倉遺跡からは、いくつかの特異な出土例が報告されているが、故意に埋納されたものか偶然かは確認しにくいため、ここでは省略する。

破砕された土偶

なぜ土偶は破砕されたか

土偶の多くは、頭部も顔面中央から二つに割れたり、右脚、左脚、右腕、左腕、胸部、腹部など、細片となって発見される。また破砕された土偶は、土器の破片などと同じように、場所を選定せず、住居の周辺、土器片の捨て場、貝塚などにも、無造作に投棄されている。精魂こめて製作したと思われる土偶を、なぜこまかく打ち砕き、投棄してしまうのであろうか。この謎は今日の常識では容易に解きあかすことはできない。

茨城県南西部取手市の東方にある立木貝塚は、後期中頃の著名な貝塚である。土偶の破片も夥しく、加曾利B式土器がさかんに作られた時代に東日本を中心として数多く作られた山形土偶の破片は、一〇〇〇点をはるかに超える量が発見されていると思われる。

おそらく、この立木貝塚の住民が多量の土偶を製作し、近隣の集落にも分配したのであろう。類似する土偶は、周辺一帯の後期後半の遺跡から発見されるが、立木貝塚ほど多量の土偶破片を出土する遺跡は見当たらない。

また、一九八〇年、八一年にわたる山梨県釈迦堂遺跡群の発掘調査では、中期の大集落から六〇〇点を超す土偶の破片が発見され注目を集めた。

土偶の破片が一遺跡で多量に出土している遺跡は、おおむね関東、東北地方など中部地方東半以東に多いが、例外的に九州地方でも、熊本市付近の後期末の遺跡に、土偶破片を多量に出土する遺跡が数遺跡知られている。第一章でも解説した四方寄《よもぎ》、太郎迫《たろうざこ》、山海道などの諸遺跡で、土偶の総数は一〇〇〇体を超えるのではなかろうか。

このような製作地と思われる遺跡でも、分配されたと思われる出土数の少ない遺跡でも、土偶は、遺跡一帯の場所を選ばずどこからでも、無造作に投げ棄てられたような状況で小破片となって発見されると言っても、決して過言ではないであろう。

この状況から、土偶とは何かという問いに水野正好は、

縄文時代、女性は土偶――女神像を作り、まつり、壊《こぼ》ち、各地に播いた。年ごとのまつりである。女神は少女でも老婆でもなく、産む力溢れる成女――母の姿をとる。女性の畑作世界に息づく神である。死した冬の大地に産む力みなぎる女神の身体を播く、その力に感染して大地は甦り緑したたる世界を創り出す。春も緑も「土偶の子」である。生と死、春と冬の正しい輪廻の根源として、また縄文社会の豊饒の基盤として土偶は生きたのである。

と解説する。また吉田敦彦は、

土偶はなぜ、壊れて出土するのだろうか。日本神話には、オホゲツヒメという女神が殺され、死体のいろいろな部分から五穀などが発生したという話がある。土偶をわざわざ壊すことによって、縄文時代の人びとは、女神を殺しその身体から作物を生み出させようとしていたのだろうか。もしそうなら、土偶が造られ壊された時代にはすでに、作物の栽培が、当時の人びとの生活にとって、かなり重要な意味を持っていたことになる。縄文時代の全体を、狩猟と採集の文化段階だったとする見方には、大きな修正が加えられねばならぬことになるわけだ。

と記している。

両氏はそれぞれの専門の考古学・比較民族学の立場から、女神像とみなされる土偶が、作った人々によって故意にこまかく打ち砕かれ投棄されたことについて、一九八三年、山梨県立考古博物館で開催された第一回特別展「土偶」のカタログに、このような斬新な見解を発表されたのであった。この見解は実証的裏づけを重んずる考古学の立場からは、なお少し考慮しなければならない問題が介在しているように思われる。

農耕文化と土偶

水野は土偶を、「女性の畑作世界に息づく神」とし、吉田は「女神を殺しその身体から作物を生み出させようとしていたのだろうか。（中略）縄文時代の全体を、狩猟と採集の文化段階だったとする見方には、大きな修正が加えられねばならぬことになるわけだ」と記しているが、これはその背景に農耕の存在を考慮した上での推論である。つまり、縄文時代も弥生時代と同様に、自然の山野に自生している植物、棲息する動物、海や河川、湖に棲む魚貝類などを採集・捕獲することによって食料を充足するだけでなく、集落の周囲に畑を作り、種を蒔《ま》き、植物の成長を待って収穫し食用とする、畑作や栽培がおこなわれていたという考えである。

低湿地遺跡の発掘調査が進むに従って、日本列島には自生していなかったと考えられる種々の有用植物の種子、花粉、樹木片、葉などの発見が続々と報じられている。

おそらく、縄文時代早期末ないし前期初頭に中国の浙江省方面から東シナ海を東北東の方向に横断して、朝鮮半島西南部と西九州地方に東南アジア圏の有用食物が渡来したと考えられる。九州地方で発見される、装身具の玦状耳飾や輪鼓状耳飾なども、これらの有用植物と同時に渡来したものであろう。

有用植物の中で食料となるものは、エゴマ、リョクトウなどが考えられる。そのほかに衣料、編み布などの原料となるカジ、アサ、日常的な道具の杓子などの原料になるヒョウタン、樹脂塗料のウルシなども、西九州地方と朝鮮半島の西南部にこの時代に伝播したものであろう。花粉や種子が検出困難な野生のサトイモ類も、食料としてこの時代に渡来した蓋然性が高い。私はまた、両耳が立ち、尾が上に巻いた中型犬の浙江犬も、この時代に西九州と全羅南道《チョルラナムド》方面に渡り、今日の柴犬、紀州犬、珍島犬に発展したものと考えている。

浙江省方面の縄文時代早・前期と同時代の新石器時代前半期の遺跡の調査研究はほとんど進捗していないため、明確なことはいえないが、今日までに調査された河姆渡《カボト》遺跡などからは土偶のようなものは発見されていない。したがって今日までの踏査研究では、土偶の起源を長江南部の地方には求められない。

一方、福井県鳥浜貝塚などでは花粉分析によって、アブラナ属の植物やゴボウなど、北ユーラシア圏の乾燥アジア地域からの渡来食用植物も検出されている。これらが縄文時代前期にどのようなルートで日本列島に渡来したのだろうか。朝鮮半島を南下したという説もあるが、ロシアの沿海地方から日本海北部を北海道西岸へというルートも考えられよう。

たとえば、ソバの種子は、北海道西南部、渡島半島の前期の竪穴住居跡の床面から出土している。古くは一九四〇年夏、埼玉県真福寺泥炭層遺跡で晩期の遺物とともに発見されていたが、現在ではソバが東日本に前期以降広く栽培されていたことも明らかにされつつある。このように、日本列島の北からの渡来ルートも存在したようである。

ここで問題とされなければならないのは、これらの植物の播種《はしゅ》育成の方法である。畑作農耕とか、大阪の国立民族学博物館の佐々木高明教授の提唱する半栽培にも達しない程度の、極めて初歩的な植物栽培ではなかったのだろうか。つまり、耕作、施肥、除草などの階梯は全くなかったものと思われる。

縄文時代に渡来したと考えられるエゴマなどは、韓国でその葉をキムチにしたり肉や魚をつつんで食べたりするのに使用し、種からとれる油も高カロリーで近年では胡麻油よりも需要が増しているが、このエゴマは、赤土の酸性土壌の土地でも十分な成長をするため、花崗岩台地上などでも栽培されている。川原や集落の細い道の隅なども利用して種を播き、自然の成長を待って、葉をつみとり食に供している。雑草が生い茂る中でも、他の雑草に負けることなく成長する強健な植物である。

おそらく縄文時代の人々の間でも、播種、植付けをおこない、その後収穫だけおこなって食料・衣料となるような植物のみが、広く普及したものと思われる。原野や山林を焼き、その後耕作することもなく、焼けた原野の一部を掘り棒の先で掘ってイモの切れはしを植付けたり、原野に種子をばらまくだけの栽培であったろう。かつて、岐阜県の福応寺の住職であった大江錦舟翁が「始祖農業」という用語を発案されたが、私はまさに縄文時代の植物栽培方法にぴったりの適切な用語と思っている。

中国大陸長江南部では、六〇〇〇年前、縄文時代早期末頃すでに稲作が普及していたが、高度の栽培技術を要するイネは、エゴマ、リョクトウ、アサ、カジ、ヒョウタン、ウルシなどのように、種子を蒔けば発芽する植物と違って、うまく萌芽しても若芽が立枯れしたりして定着しなかったであろう。おそらく稲籾《いねもみ》は他の植物の種子とともに何度も東シナ海を渡り、朝鮮半島西南部や西九州の地に将来されたが、その栽培育成は成功をみなかったものと考えられる。そして種々と工夫が凝らされ、縄文時代後期末頃、湧水のある谷の低湿地に極めて原始的な水田が作られ、わずかなイネの収穫が西九州地方で可能になったのではなかろうか。九州北西部の後期末の土器、御領式土器を出土する竪穴住居跡の炉跡の焼土から、イネのプラント・オパールが発見されるなどして、ようやくイネの存在が実証されるのである。

韓国でもこの頃、ソウル以南の西海岸でようやく稲作の定着をみたようである。

さらにイネ以外のムギ、アワ、キビなどのイネ科植物、穀類の栽培が日本列島で本格化するのは、弥生時代に入ってからのことであり、縄文時代の遺跡からはその痕跡すら確認されていない。

このような極めて初歩的な栽培管理の階梯の農耕文化に、水野や吉田の展開するオオゲツヒメの神話を反映したような世界は、成立しないのではなかろうか。記紀・風土記の説話からその幻影が追究できるのは、四、五世紀の古墳時代から、遡っても前一、二世紀の弥生時代の部族国家成立期頃までと思われる。土偶が女神像であり、あらゆる再生を促す神と考える点は、私にも合点のいくところであるが、飛躍した考えではないかと思われる。

身代わりとしての土偶

かつて江上波夫は、北ユーラシア大陸の東北端部、ベーリング海峡をはさみアラスカと対峙するチュクチ半島に居住する、チュクチ族の木偶と縄文時代の土偶は、近似した用途で使用されていたのではないかとの説を述べたことがある。

チュクチ族の板状の木偶は、高さ五〇センチ以上の人を模した立像で、これは集落の入口の箱の中に重ねて収納されている。病人が出るとその一枚をとり出し、病人のいる家にもって行き、シャーマンの巫女が呪文を唱える。すると、このただの木偶に神が憑依《ひょうい》（乗り移る）して、患者の患部から病根をこの木偶に移動させることができると信じられている。腹痛を訴える患者に対しては木偶の腹部をたたき、木偶の腹部を傷つけ破壊して、身代わりさせるのである。

チュクチ族は狩猟民であり、手足の骨折も多い。木偶の手足を折りとって身代わりとし、全治を祈るという行事がおこなわれるわけである。木偶はバラバラに破壊されることによって役に立つわけで、土偶がバラバラに破壊されるのも、これと相似た現象ではなかろうかとするのが江上の見解である。

疫病、骨折などの身代わりをするため破壊されるという考えは、いちおう納得のいく解釈であろう。チュクチ族の木偶も縄文時代の土偶も、巫女が呪文を唱え、ここに神が憑依しない時には単なる木偶であり土偶であって、道端の粗末な台上に風雨にさらされて放置されても、無関心でいられる物質にすぎない。また身代わりとなった後は、また単なる木偶の破片、土偶の破片にもどるわけで、不用品として周辺の土地に投げ棄てられても何とも思われぬ存在となる。共通点は認められると思われるが、ただ極北の現代の民俗例と、四、五千年前の古代社会の作品とを、類似性だけで結びつけることは不十分な考証であろう。

また、たとえばパラオ島の女神像には、腹にバナナをはじめミクロネシア人が主要食料とするものを描き、神殿にかかげる板材に彫刻したものがある。同様に、ヤマイモ、サトイモ、エゴマ、リョクトウなどを伝来した女神として土偶を考えれば、吉田説も決して完全に無視することはできない。

故意に土偶を破壊するという、土偶の第一義的用途については、まだまだ様々な方法で推考していく必要性があり、今後の研究課題の一つである。

3　土偶の起源

土偶のルーツ

後期旧石器時代、ヨーロッパ地方からシベリア地方にかけての広範地域で、象牙、骨、粘土などを用いて女性像が作られている。縄文時代の土偶も、この流れを受けた、女性をかたどったものと考えてよいのではなかろうか。

日本列島では、千葉県木の根遺跡の三角形の土偶などより少し遡る時代の、石で作られた女性像の存在が知られている。このような女性を表現している石製品は、縄文土器文化初頭(研究者によってはそれ以前の旧石器時代終末期に発生する土器文化とされる)、今から一万二〇〇〇年ほど前という悠久なる太古の時代のものである。

一九六二年、愛媛県の上黒岩岩陰遺跡の発掘調査で、第九層つまり、日本最古の土器である隆線文土器片が出土する文化層から、有舌尖頭器などとともに緑泥片岩の石製品が発見された。長さ五センチ前後の扁平な細長い川原石を利用したもので、長い数条の線刻で頭髪を、U字状の二つの線刻で乳房を、一条の帯と帯から下に不規則に垂下する沈線で腰蓑《こしみの》を表現していた。乳房と腰蓑の間に数条の鋸歯状沈線を横位に帯状に施文しているが、これは上半の衣類の編み布の目を示しているかとも思われる（図142）。

これに類似する石製品は、山梨県甲府市南郊、東八代郡中道町の上の平遺跡から一例、細隆線文土器片とともに採集されている。

また、かつて、秋田市北郊で晩期の岩版の模造品が製作販売されていたが、その中に上黒岩岩陰遺跡のものに大変よく似た文様を刻んだ模造品があった。上黒岩岩陰遺跡が調査される以前のことであり、秋田方面でも、同様の早期の石製品が発見されていた可能性が濃厚である。

上黒岩第九層出土の緑泥片岩製の石製品をはじめ、縄文時代草創期・早期に出現した石製あるいは土製の人物像は、すべて女性を表現したものである。豊満な乳房、垂れ下がった長い髪などは表現されているが、顔面部の眼、鼻、口、耳などの表現を欠いている点が特徴的である。

ヴィレンドルフ遺跡（オーストリア）出土のヴィーナス像（オリナシアン期）をはじめ、ウクライナ地方からシベリアのエニセイ川上流域の、後期旧石器時代の遺跡から出土する象牙製、骨製などの女性像も、多くの場合豊満な姿体と豊満な乳房はたくみに表現されているが、頭髪の表現以外に頭部顔面の眼、鼻、口、耳などの表現は全く欠いている。

図166　チェコ、ヴェストニィチェ遺跡の日干し粘土像

　ユーラシア大陸各地で発見されるこの時期のヴィーナス像は、多くは象牙、骨で作られたものであるが、土で作られたものがなかったということではない。ソリュトレ一期あるいはオーリニャック期といわれる、チェコのモラヴィア地方のヴェストニィチェでは、湖沼に面した杭上住居の割板の床面で粘土製のヴィーナス像が発見された（図166）。これは、この住居が火災に遭ったために、偶然にも素焼の状態で残ったのである。この発見によって、象牙、骨のほかに粘土でも、ヴィーナス像が作製されていたことが推定されることになった。蔭干しして乾燥させたものがかなり存在したが、遺跡の中で埋没するうちに、またもとの土と化してしまったものが多かったのであろう。

また、粘土製品が火によって素焼状に化学変化をおこすことに気づき、人工的に素焼にした土偶や土器が製作されるようになったという考えも、この発見によってなされるようになった。

頭部、手、足を、体部から分離させて表現した、高さ約一〇センチの素焼の板状土偶は、ロシアのマイニンスカヤ遺跡で発見されている。一万八〇〇〇年から一万三〇〇〇年前の後期旧石器時代の遺跡である（図167）。

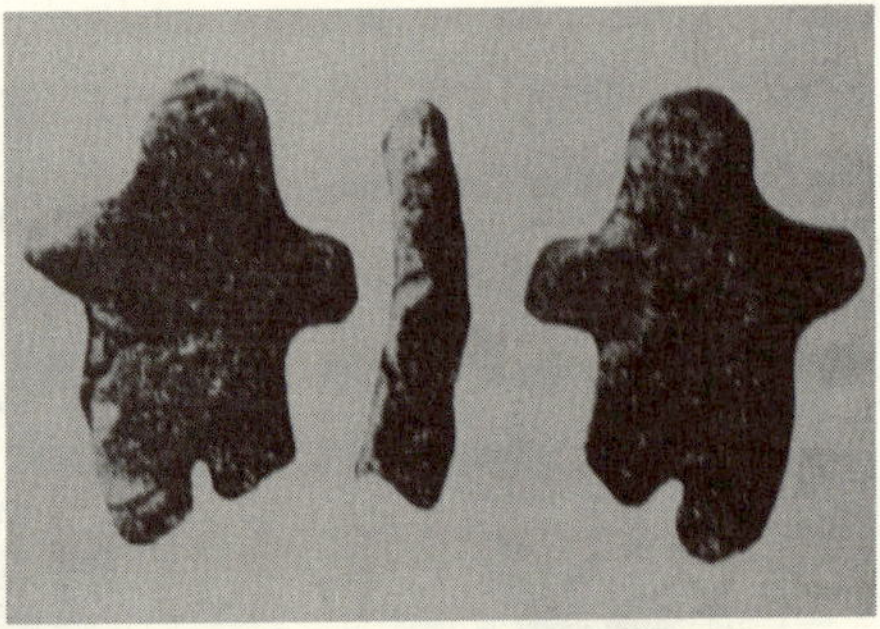

図167　ロシア、マイニンスカヤ遺跡の土偶

おそらく、日本列島においても、今後の発掘調査によって、細隆線文土器、爪形文土器時代の素焼の土偶の発見が期待できるのではなかろうか。

東アジアの土偶

新石器時代が爛熟期を迎えると、多くの場合、イネ科植物の栽培が開始される。その開始年代は、地域によって大きな開きがある。

中近東地域では、オオムギやコムギの栽培開始は今から約一万年前に遡ることが明らかにされている。これより数千年遅れて、男女両性の土偶の製作が開始されている。全くこれとは別に作り始められたと考えられるが、イラン高原地区を通って古い土器文化とともにインダス川流域に到達した文化で、インド北部の平野地域でもかなり早くより両性の土偶が作られている。これらは穀類の豊作を祈る両性像であろう。

中国では、近年夥しい遺跡の発掘調査の成果が発表されている。黄河流域では、今から約七〇〇〇年前に河北省磁山《ジザン》と河南省裴李崗《ハイリコウ》の両遺跡で、キビの栽培が開始されていることが明らかにされた。中国では、畑作のキビ栽培が固有の農耕文化として最も早く黄土地帯に定着したのではなかろうかという意見が発表されている。これに次いで、長江南部の浙江省杭州湾岸の寧波市近郊では、今から約六〇〇〇年前にジャポニカとインディカの両種のイネの栽培が低湿地に定着していたことが明らかになった。

黄河流域地方に、西域から渡来したと考えられる仰韶《ヤンシャオ》文化が定着し、収穫用具として石刀を使用し、オオムギやコムギなどの栽培が開始された以前に、キビやイネなどのイネ科植物の栽培が、すでに一部の地方に定着していたことがほぼ明らかになってきた。

しかし、遺跡の発掘調査数もまだ数少ないために、決定的判断はさけなければならないが、今日までの出土遺物中には、土偶または土偶類似の人物像らしき遺物は見当たらない。

台湾に目を移すと、台北市士林区の下水溝工事で発見された芝山巌《シサンガン》貝塚は、今から三八〇〇年前の貝塚である。龍山《ロンシャン》文化の影響を受けたと思われる黒陶、仰韶文化の影響かと思われ

図168　台湾・台北市芝山巌貝塚の土偶　(H)6.3cm

る彩陶、縄蓆文土器などが混在して出土している。さらに磨製石器類、鹿角製釣針、銛、各種の魚骨・獣骨なども発見され、狩猟、漁撈もさかんであったことを物語っている。同時にジャポニカ・インディカ両種の炭化稲籾の発見もあり、稲作農耕がすでに開始されていたことも裏づけられている。この貝塚からは図168のような豊かな乳房が表現された女性土偶が発見されている。時期的には日本の縄文時代後期初頭に該当するが、九州地方などの後期のものとは形態も異なり、全く別個に発生をみたものかもしれない。同形のものが台湾東海岸、台東市の卑南《ペイナン》遺跡からも出土していたと記憶している。

このように、日本周辺の東アジア地域では、縄文時代中期以前に遡る時代の土偶、これと関連するかと思われる骨角・牙製の像や石像類の発見は全く知られていない。

遠く離れた西シベリア平原地方では、後期旧石器時代末の遺跡から素焼の板状の土偶が、骨製やマンモスの牙製のヴィーナス像とともに発見されている。ヨーロッパ地方で後期旧石器時代にさかんに作られた女性像が、ウラル山脈を越えてシベリア西部まで波及し、素焼のヴィーナス像になったものと考えられる。しかし、この素焼の女性土偶が、バイカル湖以東に旧石器時代終末にひろまった痕跡は、まだ把握されていない。

新羅の土偶

中近東をはじめ新大陸などにも広く分布する多くの土偶は、穀類栽培がさかんになった時代の作品である。それらは男女の両像があり、合体させて穀類の豊穣を祈願する像として用いられた。女性像のみが作られた縄文時代の土偶とは、本質的に異なるものといえるのではなかろうか。

時期的には、日本の縄文時代とはかけはなれているが、このような意味をもつ例として、朝鮮半島の五世紀頃の土偶について概観する。

一九二〇年代、慶州《キョンジュ》駅新築工事に際し、駅舎の敷地内から夥しい陶質の土偶（図169）が出土し、土偶とともに、馬、犬、亀、蛙、蛇などの動物を模した土製品も発見された。現在では、その後数多くの土偶が、付近から発見されている。

これらは古新羅時代、五世紀頃の作品で、縄文時代より年代はかなり下降する。日本の古墳時代の石人石馬、埴輪などと時代的には対比されるものであり、本書で取り扱っている縄

図169　新羅の土偶　韓国・慶州市慶州駅敷地内遺跡

文時代の土偶とは全く関連のない作品である。

古新羅時代は、慶州市を中心とした極めて限定された地域の小国家が成立していた時代であった。金廷鶴《キムジョンハク》教授が提唱された邑落《ゆうらく》国家に該当するような都市国家よりも小規模な、村落を中心としたような国家であった。すでに、イネやムギなどの穀類栽培は軌道に乗り、用水池なども数多く作られていた。このような時代に、穀類の豊作を祈願する行事に使用されたのが、これらの土偶であった。土偶以外にも、神に供献する酒などを入れたと思われる壺形土器などの肩部に、土偶と同じような男女像、馬、犬、亀、蛙、蛇のような土製品がつけられたものも発見されている。

それらの土偶は、男女が抱き合い合体する姿を示すものや、男性が男根を直立させているもの、女陰を露出させたもの、腹這い姿で腰を背後に高く突き出す女性の後方に男根を直立させた男性がまさに背後から抱きつこうとするものなど、おおらかな性を誇張するかにみられるポーズをとっている。神聖な儀式としての生殖＝穀類の豊穣を願う神事を考えたものであろう。また春を告げる、冬眠から目覚める亀、蛙、蛇も、豊穣を願い季節を知らせる動物として作出されたものと思われる。蛇が蛙の片脚をくわえ、蛙をのみこもうとするポーズを示したものがかなりある点は、蛇と蛙を男女と考え、生殖のポーズと同様の意味を持たせたものであろうか。

朝鮮半島の土偶

このように、日本列島と最も近い距離にある朝鮮半島では、五世紀頃に陶質土偶の出現をみているが、これは日本の縄文時代の土偶とは本質的に異なるものである。では、それ以前の時代に、類似するものは存在しなかったであろうか。

日本海岸、韓国東部の北緯三八度線の近くに、江原《カンウォン》道襄陽《ヤンヤン》郡巽陽《ソニャン》面鰲山里《オサンリ》遺跡がある。櫛文土器に伴って、小型な円盤状の人面の施された土製品が一点出土している。年代的には

■韓国・釜山付近の土偶

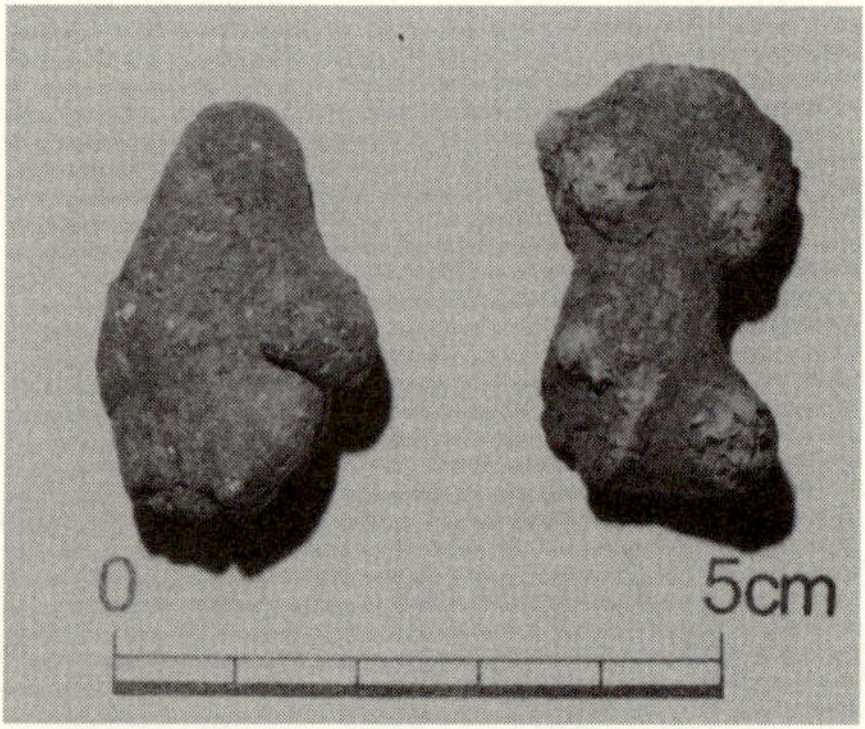

図170（左）　金海市、水佳里貝塚　H3.2cm
図171（右）　蔚州郡、新岩里遺跡　H3.5cm

六、七〇〇〇年前のもので、縄文時代早期後半から前期初頭頃に該当するものである。

釜山《プサン》市付近では顔面の眼、鼻、口などの表現を欠く小型土偶が二点発掘されている（図170・171）。

一点は、釜山市東北部、日本海岸の蔚州郡《ウルチュウ》新岩里《シンナムリ》遺跡で細隆線文を施した土器片とともに発見された、高さ三・五センチの灰黝黒《かいゆうこく》色の土偶である。他の一点は、洛東江河口近くの右岸、金海《キメ》市の水佳里《スカリ》貝塚で櫛文土器とともに発掘された、赤褐色をした高さ三・二センチほどの土偶である。

前者に伴存した土器片は、轟A式・B式土器などの西九州地方の縄文時代前期の土器と近似した土器であり、前期頃に該当するかと思われる。後者に伴存した土器は、櫛文土器としては後期のものであり、縄文時代中期末から後期初頭頃に該当するものではないかと思われる。

ふくよかな姿態と、胸の形状などから、いずれも女体を表現していると思われる。西北九州地方の熊本県下では、このような小型土偶の発見もあり、顔面の表現を欠く点で類似性も認められるが、現在のところ、これらの朝鮮半島における小土偶の製作が、西九州地方のものが波及したものとは認められないであろう。今後の資料増加に期待するとともに、壱岐・対馬地方の縄文時代遺跡から、関連する小土偶が発見されていないかなど、検討の余地は多い。

このように、現在のところ周辺地域には、縄文時代の土偶に直接的に関連ある遺物はないようである。ただ、日本列島において偶然に作りだされたとは考えにくく、おそらく後期旧石器時代のヴィーナス像の末裔《まつえい》と思われる。しかし、これまで述べたように、その伝播経路や用途に関する考察は、なかなか難航の一途をたどりそうである。

4　土偶と関連遺物

縄文時代の遺跡からは、女性を表現した土偶や土器以外に、粘土をこねて素焼にした土製品が知られている。土版と呼ばれるもの、土製仮面、猪、犬、熊、亀、昆虫などを模した動物形土製品、イモ貝の貝殻を割切りにした形態の模造品、硬玉製大珠《たいしゅ》や冠状石器などの模造品など、様々な土製品がある。このうち土版、土製仮面などは、何らかの宗教的な意義をもって製作されたもので、土偶とはその意義において全く無関係のものではないかと考えられる。

土偶と密接な関係をもつと思われるものに、石製の女性像がある。かつて多くの著書で「岩偶」と呼ばれてきたものであるが、大きなものでも三〇センチを超すものは稀で、二〇センチ以下の小型なものが多いので、「石偶」と呼ぶ方が適切かもしれない。石偶の名称は、芹沢長介がその著作に使用している。なお、「岩版」と呼ばれる土版とよく似た石製品も、岩版と呼ぶより「石版」の名称がふさわしいように思われる。

石偶は旧石器時代後期以降、縄文時代草創期・早期にもあり、石版は草創期・早期にも存在するが、土版、土製仮面、動物形土製品は、縄文時代後期の後半以降、晩期の時代の東日本を中心に、多くの作品が作られたようである。

土版（図172・173）

土版については、一九五〇年頃までは、縄文時代後期後半頃、土偶から分岐して製作が開始された遺物と一般に考えられてきた。しかし、その出現は後期の終末から晩期初頭以降のことで、関東・東北地方とも同様である。また、土偶は、後期末ないし晩期前半にわたるものが、熊本県北部を中心に大分・宮崎県北部などにわたって、かなり多量に出土しているにもかかわらず、土版は中部地方以西では作られていないようである。

また、上部に眼、鼻、口を表現した人面付土版は、土偶と関連性が深いと考えられるが、東北地方北部から多く発見されている凝灰岩質泥岩製の同様な岩版とともに、体部に三叉文、羊歯の芽状文などが施文され、晩期初頭の作品が多い。体部文様などから考えると、人面付土版は晩期中葉近くまで存続するようである。

土版は、一八七九（明治一二）年、すでにエドワード・S・モース（Edward S. Morse）によって紹介されている。日本最初の学術報告書“SHELL MOUNDS OF OMORI”（東京大学理学部欧文紀要第一冊）の中で“Tablets”の項を設け記されている。モースはまた“Curious clay objects”とも説明、矢田部良吉の訳著『大森介墟古物編』では tablets を「小方版」と訳し、

図172　人面付土版　東京都大田区下沼部貝塚　晩期　(H)9.8cm

図173　楕円形土版　岩手県九戸郡軽米町板ノ橋遺跡　晩期　短径12cm

その解説は「奇古ノ方甎《ほうせん》」となっている。これを現代風に解釈すれば「奇妙な粘土板」とでもなるだろう。

モースは、この奇妙な粘土板に適切な名称がないので、一応タブレットと呼んでおこうと記し、さらにその用途についても種々考えたが、よい考えも浮かばず、投げて遊ぶ玩具、級位などを示す記章、護身牌などのいずれか、疑問のものとしたのであった。(一九八三年刊、岩波文庫、近藤義郎・佐原眞共編訳『大森貝塚』では、土版と訳し、「この奇妙な土製品を……」と訳している。)

次いで一八八七(明治二〇)年刊の『東京人類学会報告』第二巻一五号の雑記欄には「土板ノ事」と題する坪井正五郎の筆になる短報が掲載され、埼玉県草加市近傍の貝塚出土の土板を紹介している。版の字とは異なる「土板」という用語を使用した最初の報告であろうか。

土版についての最初の研究考察は、一八九七(明治三〇)年二月刊の『東京人類学会雑誌』第一二巻一三一号誌上に発表された大野延太郎の「土版ト土偶ノ関係」と題する論考であろうか。

大野はこの論考で、次のようなことを記している。

土版は扁平な形をなし両面に一種の文様を彫っている。また上部に貫通孔のあるものもあり、形は長方形と楕円形のものがあり、大小においてはあまり差はなくほぼ一定している。

用途については何に使われたか確定するのは難しい。大きさからみて携帯品のようにも考えられる。何か宗教上の護身用あるいは護符のようなものではないかと考えられる。また土偶とは親密な関係があるものである。

土版の明解な分類をおこなったのは、中谷治宇二郎《なかやじうじろう》であろう。一九二九（昭和四）年に刊行された『日本石器時代提要』（岡書院刊）の中で、次のように解説している。

扁平なる楕円形又は長方形を呈し、その裏面に特有なる文様を有する小形土製品を土版と呼ぶ。大きさは二寸（六センチ——江坂注）から四寸位のところである。

土版には二つの顕著な型別がある。一は普通の扁平なものであつて、他は中空土版と称されてゐるものである。実はこの中空土版なるものを前者と同例に置く事が出来るか否かは疑問な程、形に差異があり、地方的にも制限がある。普通型の土版が、その発見例は少いにしても、大体土偶と同一の分布をとつてゐるに反し、これは全く東北地方特有のものであつて、云はゞ陸奥式《むつしき》土偶（遮光器土偶をさしているものかと思われる——江坂注）に伴ふものである。中が空胴でその周辺に隆起装飾を繞《めぐ》らすところから、別に甕付《ひだつき》土版の名があり、又背に一孔を有し、これを吹けば音を発するところから、楽器、土笛なる説を出してゐる。然《しか》し文様、並にその一端に目、口等を示す意匠を有する所から、土版類に入る事は認容出来る。

普通型の土版は更に大体二様式に分れる。一はその上辺に土偶状の目、口、鼻等の意匠を有し、他はこれを欠くか或は単にその痕跡を留めてゐるにすぎない。前者の様式のものは、退化した土偶に甚だ形状相通ずるものがあり、その連絡を肯定せしめる。又土偶退化型以外より発した本来の土版型があるとすれば、後者を之に充つべきである。

土版は殆どすべて、特有の文様を有してゐる。即ち中央に一線を劃し、その左右にほゞ相対的の渦巻紋を有する事である。中には直線的なもの、無紋に近いものもあり、同じ渦巻紋にしても地方的な差異もあるが、それ等を一貫した一つの文様の型がある事は理解出来る。文様を斯く相対的適合紋とする事は、土偶に於て初めてその例を見るところである。

中央の一線は、一端を窪んだ小孔に於て留めてゐることが多い。この窪は、退化した顔面部中の口を意味してゐる事が多いのである。又その上方両端に広く各一個の小孔を穿つてゐる。これは護身符等として身に帯する為のものと考へられる。

この中谷の考察は、一九三〇年～三五年頃になって、縄文土器は一時代に製作されたものではなく、器形、文様の変化などで十数型式に編年区分されることが山内清男・甲野勇・八幡一郎らによって提唱されたのであるが、その直前の時代としては卓見といえよう。

中谷が土版の関連遺物として中空土版と記したものは、文様施文方法などに類似点をもつものもあるが、土版とは全く別の用途で作られたものである。これについては後述するが、亀、水棲昆虫（ゲンゴロウなど）を模した動物形土製品の範疇に入るものと、亀を模したり、人面を施したもので、長径一五センチ以上、短径七センチ内外、厚さ最大部五センチ以上の、パン状のふくらみをもつ、楕円形の土製品がある。

また、東北地方北部で発見例の多い、長径一〇センチ未満、短径五センチ前後、厚さ最大部で三センチ前後の楕円形をした亀形土製品は、背部の上線に小孔が一つ空き、内部は腹部と背部の中間に薄い間隙があり、一見土笛のようであるが、孔は一孔で、土笛としては使用できないというものもかなり作られている。

岩版

岩版は、土偶と類似する文様をもつもの、上部に眼、口などの表現のあるものなど、縄文時代晩期初頭に出現する土版と、文様などの点において近似する。単に、文様を彫刻しやすい軟質の凝灰岩質泥岩などの石を利用しているということであり、粘土に文様を刻み素焼にした土製品とは、素材に違いがあるだけであろう。

ところが、岩版あるいは石版の名称で呼ばれる縄文時代の出土遺物の中に、図174のような逆三角形の上縁に二孔を穿った垂飾品かと思われる薄い岩版がある。たとえば愛媛県上黒岩

図175　岩版　秋田県、内岱遺跡　前期　H10.3cm

図174　岩版　愛媛県、上黒岩岩陰遺跡　草創期　H6.2cm

岩陰遺跡の第六層から出土した小岩版は、草創期の作品である。図175の秋田県東北部、小坂町内岱《うちのたい》遺跡出土の梯形の薄い岩版も、上縁に二孔あり、上黒岩出土品と類似の格子目文様が施文された、前期末の作品である。このように、出土例は少ないが、草創期から前期にいたる時代の岩版もある。

これらは後期末から晩期初頭に出現すると考えられる土版・岩版類とは関連性がなく、用途も異なるものかもしれない。しかし、晩期初頭に発展した土版と岩版は、前記したように、素材が異なるだけでその用途等の関連性は非常につよいと考えられる。

岩偶（石偶）

岩偶（石偶）の存在については前記した

図176　岩偶　熊本県、境崎貝塚　後期　H8cm

が、大分県大野川流域の岩戸遺跡からは、後期旧石器時代のこけし形の石製の人形が発見されている。これにより、石製の人形や岩偶は、縄文時代以前から、日本列島でも作られていたことが明らかになった。

縄文時代前期までに作られた岩偶は、頭部の表現はあっても、眼、鼻、口、耳などの表現は全く欠いている。後期旧石器時代後半、北ユーラシア大陸に広く分布する骨・歯牙・石・粘土製の女性像、一般にヴィーナス像と呼ばれているものも、顔面の表現を欠く点など共通するものがあり、この伝統を引くものと考えられる。前述したように、新石器時代にイネ科植物の栽培開始とともに製作される男女両性ある土偶、または両性が結合する土偶とは全く性格を異にするものと思われる。

同時期の土偶も、顔面の表現を欠いていることなどから、縄文時代草創期・早期・前期の岩偶は、同時期の土偶とは素材が異なるだけで、同じ意義や用途をもつものと思われる。

ところが、中期から後期にわたっては、岩偶さらに岩版の製作は長期にわたって一時途絶える。そして、晩期初頭になると、再び土偶と相似する岩偶の製作が開始されている。東北地方北半部を中心として、この時期に岩偶がみられるが、ほぼ同時期、後期末から晩期初頭に、九州地方でも熊本県北西部、荒尾市境崎《さかいざき》貝塚から岩偶の頭部破片一点が出土（図176）し、鹿児島県下では数遺跡から一〇点を超す出土例が知られている。しかし、東北日本と西南日本での製作は全く関連性がなく発生したものと思われる。また、岩版は東日本で東北地方から関東地方、中部地方の東半部にまでひろがりをみせているが、岩偶は東北地方北半部に限定される点も、興味深い相違点である。

土製仮面（図177）

かつては額に仮面をのせて、宗教的儀礼の踊りの時などに使用したものではないかとも考え、私の発案でそのような絵を発表したことがあった（江坂・たかしよいち文、石津博典画『日本の国ができるまで』2、一九六九年、至誠堂刊など）。これが多くの著書にも利用され、土製仮面は実際にかぶり利用されたものではないかと考えられた。土製仮面は、後期前半のものが、愛知県渥美半島先端部に近い川地貝塚、福島市天神平遺跡などから発掘されている。

ところが、岩手県北上市八天《はってん》遺跡の発掘調査でおもしろいものが発見された。土製仮面の一部である、素焼の耳、鼻、口唇部が、土壙内から発掘されたのである（図178）。発見状況からみて、おそらく木製の盆状の面に眼などを彫刻して、製作のむずかしい耳、鼻、口唇部

図177　土製仮面　秋田県、麻生遺跡　晩期　径14.5cm

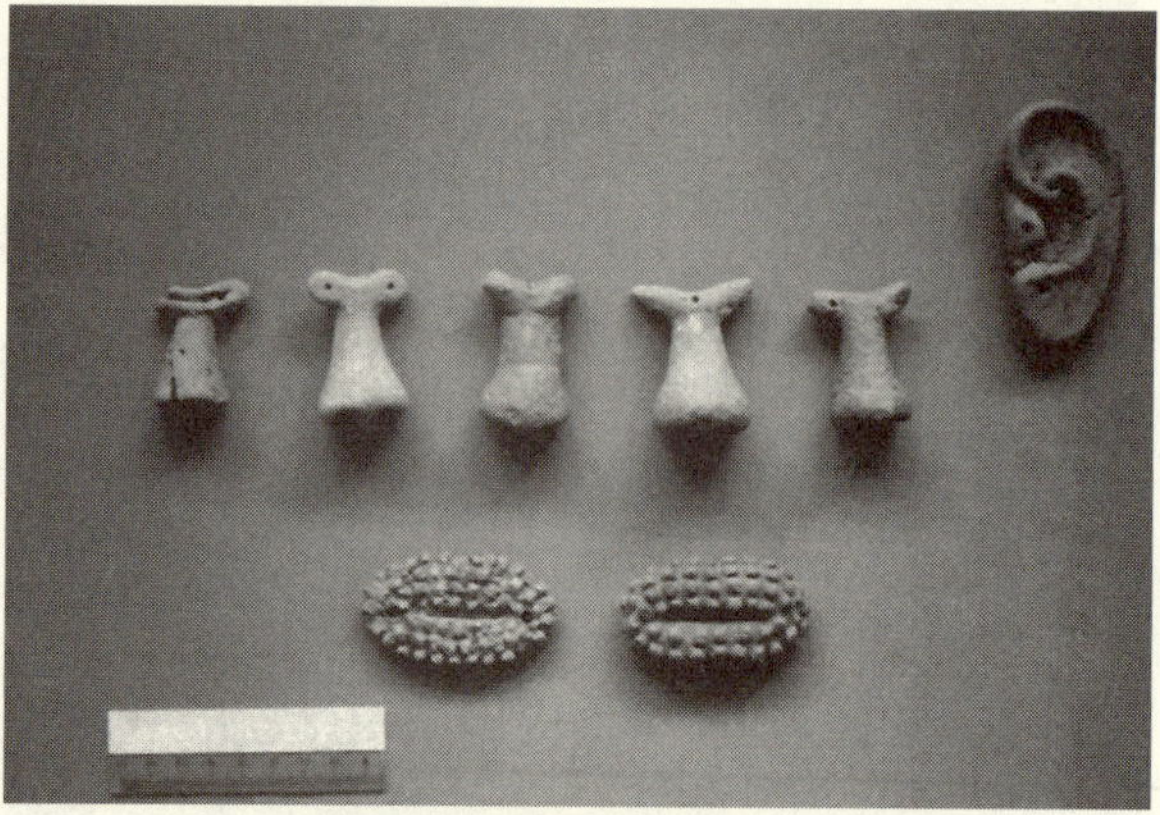

図178　土製の耳・鼻・口　岩手県、八天遺跡　後期

などを粘土で製作し素焼にして、木製の面にとりつけたものであろう。現在では同様の素焼の土製の耳、鼻、口唇部は、岩手県の立石遺跡など東北地方の数遺跡から出土が知られている。これらは後期初頭のものである。

こうした発見により、土製仮面は、流行性の疫病などで急死した人に対して、疫病の悪霊が死体の眼、鼻、口部などから飛び出して、他の人々に乗り移ることを封鎖する意味で、顔面部にかぶせ埋葬したものかと思われる。八天遺跡の一つの大型土壙からは、一定の間隔で土製の鼻が二個出土しているが、これは急死した二体を並列し、埋葬したものと想像される。

また、晩期末になると、この土製仮面が径五センチ前後の小型円盤形の省略化したものに変化する。これは、死体の額あるいは口部にのせて、病魔の悪霊を封鎖するという観念から、次第に省略化されたものであろうか。

おそらく、この土製仮面をそえた埋葬の時には、巫女のような人物が呪文を唱えて踊ったりしたであろう。縄文時代の埋葬に関しては、まだまだ不明の点が多いが、土製仮面は土偶とは全く用途を異にするということが考えられるのではなかろうか。

土製仮面は、後期初頭に現われ、晩期後半まで継続したが、中部地方以西では、最近になって大阪府仏並《ふつなみ》遺跡での発見例がある程度で、西日本での発見例は極めて少ない。

動物形土製品

粘土でオオカミなどを模して製作した土製品は、チェコのモラヴィア地方のヴェストニィチェ遺跡から後期旧石器時代オーリニャック期の石器などとともに発見されたものが、世界最古のものではなかろうか。この粘土細工は、製作した後、乾燥させただけであったが、低湿地内の杭上家屋が火災で焼け、粘土製品が火災で素焼状になったために、偶然今日まで残ったものである。この発見は、この時代に人や動物などをかたどった粘土細工が、ヨーロッパ地方各地で製作されていた可能性の高いことを示唆しているように思われる。

このように、ヨーロッパ北部から西シベリアにわたって、後期旧石器時代から新石器時代にかけての獣類を模した土製品や骨角製品の発見は知られているが、シベリア東部への波及は現在のところはっきりしない。中国東北地方、朝鮮半島などでも出土例はないようである。

ところが、日本列島の縄文時代の遺跡では、数は多くないが各種の動物形土製品が出土している。

動物形土製品が学会誌などに記録されはじめたのは案外古く、二〇世紀の初頭にまで遡る。大野雲外（延太郎の画名）・松村瞭《あきら》が「陸奥地方旅行見聞録」と題して一九〇一年一〇

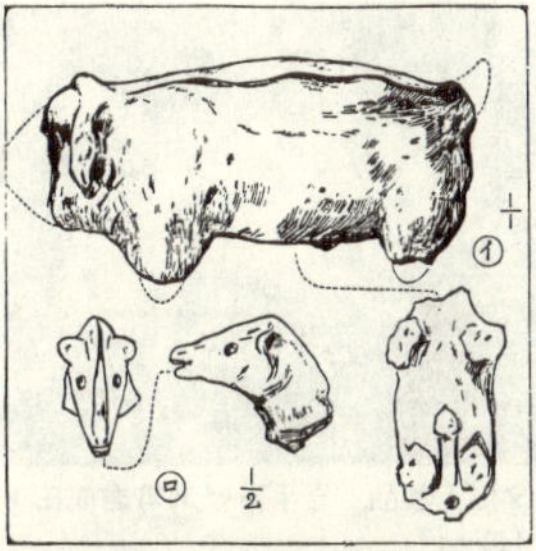

図180　『地中の秘密』掲載の動物形土製品

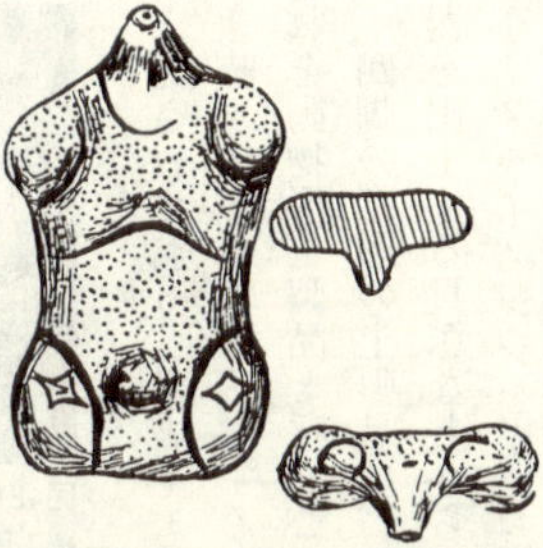

図179　『東京人類学会雑誌』第17巻187号掲載のモグラ形土製品

月、『東京人類学会雑誌』第一七巻一八七号に、モグラかと思われる形態をした土製品の写生図を掲載している（図179）。次いで翌一九〇二年六月刊の同誌第一七巻一九五号には、大野氏が「石器時代　土製の猿」の表題で、青森県弘前市の十《と》面沢《つらざわ》遺跡出土の後期末ないし晩期の作品と思われるリアルにサルを描写した土製品を紹介している。

その後、しばらく類品の紹介はとだえるが、明治時代後半の流行作家であり、考古学にも造詣が深く、考古小説『三千年前』をはじめ、『地底探検記』、『地中の秘密』などの著書もある江見忠功（筆名水蔭）が、『地中の秘密』の三〇二頁に「模造動物」として項を設けている。東京都品川区権現台貝塚（現在の品川区広町二丁目JR用地内で、台地は削られ、貝塚は壊滅している。縄文時代後期の比較的規模の大きな貝塚があった。）発見のクマかイノシシを思わせる大型の四足獣を模した土製品と、熊本県大野貝塚発見のイヌを思わせる土製品の首

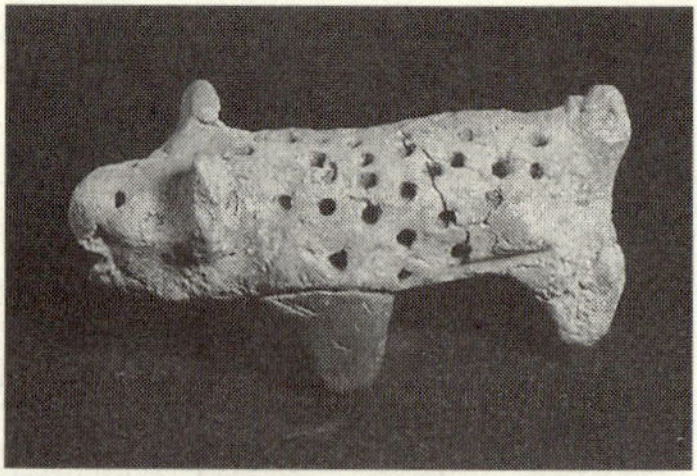

図181　イヌ形土製品　岩手県軽米町君成田遺跡　晩期　H3cm

図182　イノシシ形土製品　青森県弘前市十腰内遺跡　後期　H9.7cm

部破片を、挿図を入れて紹介している（図180）。よく動物土偶という用語をみかけるが、この明治時代の書物では「模造動物」という用語を使用している。

後藤守一の名著である『日本考古学』（四海書房、一九二七年刊）をみると、「動物土偶　変な名ではあるが、従来の呼び慣しに従っておく」と記されており、学者でも奇妙と思われてもこの呼称を用いていた。しかし、「偶」は人を意味するものである。すると、動物土偶は動物土製人形という意味となってしまい、私はこれを動物形土製品と呼ぶことにしている。

四脚の獣形の土製品は、晩期のものが多いが、権現台貝塚のように後期初頭の堀之内式土器を出土する貝塚などからの発見例もいくつか知られている。

イヌやイノシシを模したもの（図181・182）は、はっきりそれとわかる表現のものが多いが、クマかと思われるものはイノシシのようでもあり、あまり明確に表現されたものがない。サルを模したものは十面沢遺跡出土のもの（図183）のほか、東北地方で数例発見されている。

北海道千歳市の美々《びび》4遺跡からは、縄文時代後期終末頃の三叉文と磨消縄文が体部に施文された、奇妙な立位の中空の動物形土製品が発掘されている（図184）。短い両手を直角にひろげ、指は五本に刻まれている。両脚も短く、肥満体で、顔面、頭部は小さく、眼、鼻、口などは省略されている。

一見トドなどの海獣の立った姿を表現しているかとも思われるが、手足の表現からは、驚いて立ち上がったクマを連想させられる。また胸部に大きな円孔があり、背面下部にも円孔があることから、笛などの吹奏楽器として使用されたものと思われる。カメ形の土製品同様、これもカメを模したものとする考えもあるが、いずれの動物を模して作られたものか、興味深い作品である。

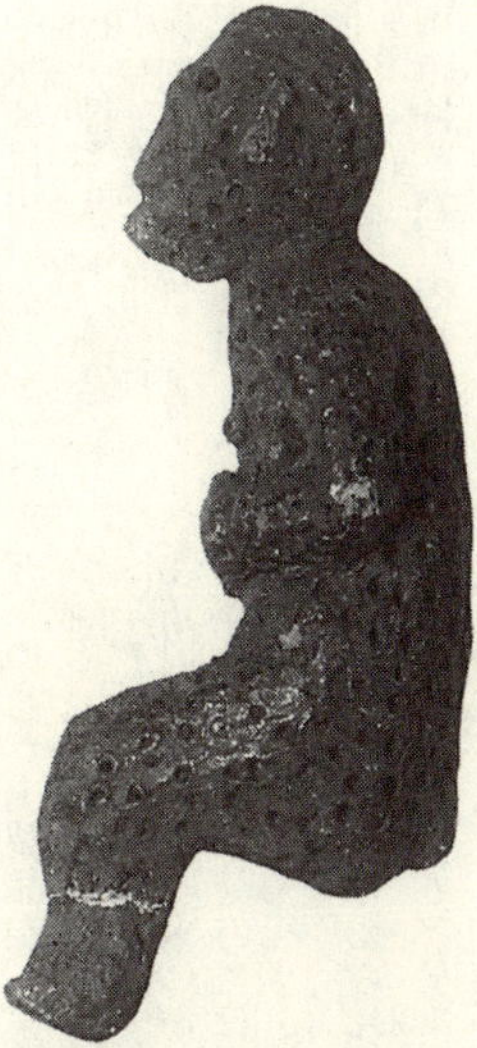

図183　サル形土製品　青森県、十面沢遺跡　晩期　H10cm

このほか晩期に入ると、カメ

や水棲昆虫のゲンゴロウなどを模した土製品が、東北地方を中心として製作されている（図185・186）。

中でもカメ形土製品は、口部と尻部に約一センチの円孔をあけ、内部を中空にした土笛として製作したと思われるものがある。関東地方では、千葉県江原台遺跡、埼玉県東北原遺跡などから発見されている。

江原台遺跡のものは、後期後半の作品と考えられる。また稚拙な作品であるが、岡山県笠岡市沖、瀬戸内海に浮かぶ神島《こうのしま》の黒土《くろつち》遺跡からも、後・晩期の土器に伴ってカメ形土製品が一点出土している。今後、西日本の後・晩期の遺跡からの発見例も増加するのではなかろうか。

また、他に類品がないものでは、東京都大田区田園調布の下沼部貝塚で、晩期の安行３式土器などとともに出土した、図187に示した全長一三・五センチのカマキリを模したと思われる、興味ある作品もある。

縄文時代後期から晩期の人々が、周辺で目にふれる動物を粘土で製作した目的は何であろうか。土器製作の合間に、単に手すさみからこのような作品を作っただけとは言いきれないほど、芸術性の高い、精魂こめて作られたものが多い。躍動するイノシシの姿を示す青森県弘前市十腰内《とこしない》遺跡出土の作品（図182）などをみると、単なる乳幼児に与える玩具のようなものとも考えられず、この用途についても、今後に残された研究課題である。

図184　中空土製品　北海道、美々４遺跡　後期終末頃　H31.2cm
図185　カメ形土製品　青森県、平貝塚　晩期　H6.6cm
図186　ゲンゴロウ形土製品　青森県、亀ヶ岡泥炭層遺跡　晩期　H6cm
図187　カマキリ形土製品　東京都、下沼部貝塚　晩期　H13.5cm

また、動物形土製品とはいえないが、関連する造形に、獣形を模した土器口縁部の把手がある。獣面把手の名称で呼ばれているもので、前期末の諸磯式土器の煮沸用深鉢土器にみられる。南関東地方から中部地方の東南部地域にこの時代の作品が多い。イモリを模したのではないかと思われる動物が、口縁部を這う姿で躍動的にたくみに描写されたものは、富山県下出土の中期前半の深鉢土器に認められる。蛇体装飾の土器は、中部地方を中心として中期に広く流行していた。

その他

以上に紹介したもの以外に、土偶と関連があると思われるものを、ここに二、三つけ加えておきたい。

まず、先にも触れたが、中空土版というものがあげられる。図188に示した人面付中空土版と呼ばれるものにみられるように、これには口部と下端部に円孔がある。一孔に親指をあて、一孔を口にあてて吹くと、孔の開閉の調節により様々な音階の音が出る。前項で記したカメ形中空土製品と同じ用途の、土笛、吹奏楽器であると考えられる。長さ一八・五センチの弘前市十腰内遺跡出土のもの（図188）は三叉文が認められ、後期の作品かと思われる。類品は、隣接地の弘前市十面沢遺跡など、青森県下から関東地方にわたっての数例の出土が知

図188　中空土版　青森県、十腰内遺跡　後期　H18.5cm

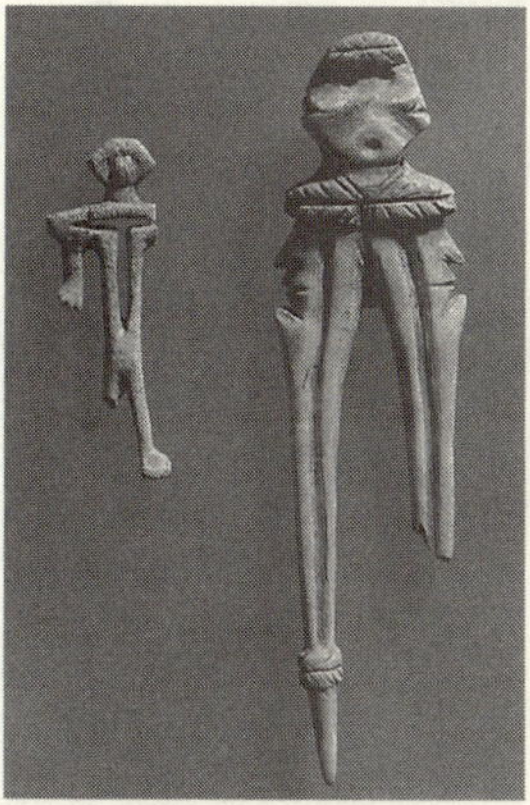

図190　頭部がサルの顔をした笄
宮城県、沼津貝塚　後期末　左H
3cm、右H8.2cm

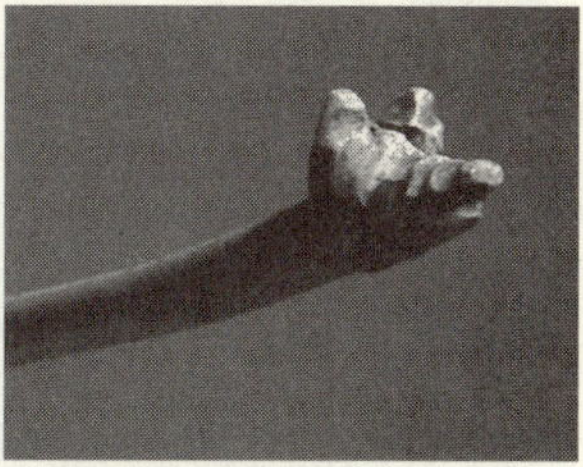

図189　先端が獣の顔をした鹿角製品
岩手県、貝鳥貝塚　晩期

られている。

また数は極めて少ないが、晩期の作品で、鹿角に獣類の頭部、カエルなどを彫刻したものがあり、岩手県南部の貝鳥《かいとり》貝塚から発掘されたものが知られている（図189）。また宮城県石巻市の沼津貝塚からも、鹿角製の先が二叉になった頭髪飾の笄と思われる作品の頭部に、サルの顔面と思われる彫刻のある作品や、顔面の眼、鼻、口などの表現が省略された高さ三センチの小角偶が発見されている（図190）。

このように、土偶や石偶のほか角偶も存在することは、木製品もあったかと思われるが、まだそのような発見はない。しかし将来の発掘調査の中で、未焼成の粘土製品や木製品の発見はありうると考えられる。

あとがき

前著『土偶』を校倉書房から刊行して、はや三〇年の歳月が過ぎ去った。その間、少年時代から拙宅の近くに住み、國學院大學専門部から慶應義塾大学に進学、土偶の研究を志した野口義麿君と共著で、『日本原始美術3』（一九六四年、講談社刊）、『古代史発掘3――土偶芸術と信仰――』（一九七四年、講談社刊）などを編集執筆してはいるが、土偶の項は野口君に執筆を担当してもらったので、本書は、これまでの私の土偶研究の一くぎりともいえる。悔しくも、野口君は一九八二年十月、突然の病で逝去し、最も嘱望した後輩の一人を失ってしまった。

前著は、直良信夫先生から何か一冊、研究していることをまとめるようにとの強いお奨めがあり、刊行したもので、一九七三年までに増補改訂版も発刊している。しかし近年、続々と新しい資料が発掘され、これまであまり例のなかった縄文時代早期の土偶も各地で知られるようになり、前著の内容ではもはや不充分といった状況となってきた。片腕ともいえる後輩を失ってしまい、自力でもう一度、土偶についてまとめたいと考えていたところ、野口君同様、少年時代から拙宅に遊びに来ていた六興出版社長の賀來壽一君より、『日本の土偶』

の新版を出版してはとのお話しがあり、資料の蒐集・執筆にとりかかったのは、数年前のことである。遅々として筆が進まず、新資料は増加する一方で、気はあせるがどうにも意にまかせず、ようやくまとめあげることができた。

本書では、前著では考えなかった種々の新しい試みとして、縄文時代の生活、婦人の結髪の状況や服装・装身具などに至るまで土偶という遺物を通しての考察を行なったが、はたして当を得たものであったか、御批判をうける点もあるかと思われるが、それらの点については、再考の余地も残したいと思っている。

日本の縄文時代の土偶の源流は、東北アジアの旧石器時代の女性土偶にあり、草創期末ないし早期初頭に日本列島に入ってからは、縄文時代という長期の間に、列島内で独自の発展を遂げたと考えられる。さらに、土偶製作の原動力は、常に日本列島東部にあったものと思われる。土偶発見例の増加に伴い、以前より解明された問題もあるが、北ユーラシア大陸東辺部から日本列島のどの地域に、最初に土偶製作が伝播したのかという問題をはじめ、残されたいくつかの研究課題は土偶に興味を持たれる若い研究者の協力を得て、究明してゆきたいと思うものである。

最後になったが、執筆にあたり所蔵資料・新資料を快く提供して下さった多くの方々に対し、感謝の意を表するものである。また、本書の刊行に種々配慮していただいた六興出版社長賀來壽一君、数年間足繁く研究室や拙宅へ通って下さった編集部の近江かおるさんや種々お手伝い下さった相馬生奈子さんのお力によって、本書が完成に漕ぎつけた。あわせて謝意を申しあげたい。

なお所蔵資料の研究で常々御協力いただき、今回も資料を掲載させていただいた井上ふみ氏が、本書の完成を待たず二月一〇日に急逝されたことは甚だ遺憾である。恩師甲野勇先生、直良信夫先生、松本信廣先生、山内清男先生、八幡一郎先生などの御霊前に本書を捧げるとともに、井上さんの御霊前にもお届けしたいと思うものである。

一九九〇年二月

江坂輝彌

中部地方南部		近畿地方	山陽地方	山陰地方	九州北西部	九州南部	沖縄と年代
静岡県	愛知県・岐阜県						
山王 (天王山上層a) (天王山中層b)	五貫森 桜井 元刈谷 寺津	(+) 橿原2 (丹治) 橿原1・滋賀里	黒土BII 原下層 黒土BI		夜臼 原山 山ノ寺	黒川 上加世田	カヤウチバンタ 地荒原 大山II
(天王山中層a) 蜆塚3 蜆塚2 西貝塚2 西貝塚1 (大畑1)	伊川津 (+) 西尾 亀山 咲畑2	宮滝 元住吉山II 元住吉山I 一乗寺K1 北白川上層 稲口 天理K	福田KIII 馬取 彦崎KII 彦崎KI 福田KII 中津	権現山{? 崎ヶ鼻 (島)	御領 三万田 西平 御手洗C 鐘ヶ崎 北久根山	下弓田3・草野 市来 指宿	熱田原 嘉手納 伊波・荻堂 B.C. 1650±90
+ + + + + 柏窪2	咲畑1 + + 北屋敷	醍醐III 醍醐II (北六田) 鷹島	福田C 里木II 船元2 船元1	(西灘2)	南福寺 竹崎 阿高	岩崎下層 並木	
柏窪1 + + + + 木島2	鞍舟{? + 石塚II 石塚I 石塚下層	大歳山 北白川下層3 北白川下層2$^{c}_{b}$ 北白川下層2a 北白川下層1 (安土N上層)	田井 彦崎ZII 彦崎ZI 磯ノ森 磯ノ森下層 羽島下層III 羽島下層II 羽島下層I	崎ヶ鼻下層II (西灘1) 鶴灘2	轟上層$^{3}_{2}$ 轟上層1 曽畑 唐津港海底$^{2}_{1}$ 轟下層3	春日町 日勝山・吉田 前平 石坂	東原2 B.C. 2930±130
木島1 木戸上 平井	入海2 入海1 上ノ山 粕畑 大根平 村上 椛ノ湖II 椛ノ湖I	石山7 石山6 石山5 石山4 石山3 石山2 石山1 高山寺 大川 神宮寺	畑ノ浦B 黄島 上黒岩II 上黒岩I	菱根 鶴灘1 妻木 折渡	轟下層2 轟下層1 越高I 兜山 福井II層 福井III上層 泉福寺?	塞ノ神 手向山 (松木原) (上場)	東原1 B.C. 4720±140

縄文式土器編年表

	絶対年代（C-14）	北海道東部	北海道南西部	東北地方北部	東北地方南部	関東地方	中部地方東北部 長野県	中部地方東北部 新潟県
晩期	B.C. 031±130（千葉・荒海） B.C. 820±120（大分・大石） B.C. 870±130 青森・八幡崎 大洞 B～C	緑ヶ岡 幣舞	日ノ浜 札苅 上ノ国	砂沢 剣吉 （葛沢） ＋ 新城岡町 平 雨滝 八幡崎	大洞A' 大洞A 大洞C 2 新 大洞C 2 旧 大洞C 1 大洞BC 大洞B新 大洞B旧	荒海 姥山台V 杉田II 真福寺（安行3C） 姥山台II	氷1 佐野 {（＋）	緒立 鳥屋 藤橋 （朝日II） （朝日I） 石倉 {1, 2
後期	B.C. 1125±130（千葉・検見川） B.C. 1240±80（沖縄・熱田原） B.C. 1650±90（沖縄・室川） B.C. 1830±150（千葉・堀ノ内）	マサコヤノシマ 下晢裡	御殿山 手稲 入江 涌元	十腰内V 牛間館 大湯	金剛寺 宝ヶ峰 南境 門前	安行 岩井 曽谷 加曽利B {3, 2, 1 堀ノ内 {2, 1 称名寺	（中ノ沢） 上ノ段 {3, 2, 1 大畑 {2, 1 大安寺	上山 塔ヶ峰 三仏生 三十稲場 {2, 1 ＋
中期	B.C. 2115±135（熊本・轟）（阿高式貝層） B.C. 2500±145（静岡・尾畑）（勝坂1式）	北筒式土器群 {V, IV, III, II, I?	サイベ沢IX サイベ沢VIII	最花 円筒上e 円筒上d 円筒上c 円筒上b 円筒上a^2 円筒上a^1	大木10 大木9 大木8b 大木8a 大木7b 大木7a 糠塚	加曽利E {3, 2, 1 （阿玉台）勝坂 {3, 2, 1 （下小野）五領ヶ台	曽利 {4, 3, 2, 1 井戸尻 藤内 新道 梨久保	大平 栃倉2 栃倉1・馬高 ＋ ＋　長者ヶ原 ＋
前期	B.C. 2780±165（神奈川・折本）（矢上式貝層） B.C. 3150±400（千葉・加茂山水子式） B.C. 3240±130（熊本・曽畑）	朱円 大曲	サイベ沢III サイベ沢II サイベ沢I 椴川 （若生A）	円筒下d_2 円筒下d_1 円筒下c 円筒下b_2 円筒下b_1 円筒下a_2 円筒下a_1 深郷田 ムシリBIII	大木6 大木5 大木4 大木3 大木2b 大木2a 大木1 桂島 室浜・上川名II	十三菩提 草花 四枚畑 矢上 水子 黒浜 関山 二ッ木 野中	晴ヶ峰 下島 上ッ原 南大原 有尾 神ノ木 中越	鍋屋町2 鍋屋町1 泉龍寺 {? 刈羽（芋坂2） 布目
早期 草創期（山内清男提唱6区分）	B.C. 5160±120（青森・赤御堂） B.C. 5600±325（長野・舟山） B.C. 6450±500（岡山・黄島） B.C. 7290±500（神奈川・夏島） B.C. 8135±320（愛媛・上黒岩II）	東釧路V 東釧路IV 東釧路III 東釧路II 東釧路I 沼尻	春日町2 春日町1 椴法華 住吉町2 住吉町1	ムシリBII 類家 赤御堂 物見台 吹切沢 （日計） 南部浮石層 B.C.6650±250 （蕪島） 下松苗場 小船渡平 白浜 ムシリBI ? （最花）	船入島下層 梨木畑・素山IIb 上川名I・素山IIa （大寺 3, 2, 1） （蛇王洞II～VII） 大平 一ノ沢II 一ノ沢I	菊名II・茅山上 菊名I・茅山下 清水坂・鵜ヶ島台 野島 子母口 田戸上層2 田戸上層1 田戸下層2 田戸下層1 三戸 平坂・花輪台2 稲荷台・花輪台1 夏島 井草 橋立II 橋立I	（＋） （＋） （＋） （＋） （＋） （＋） 細久保 樋沢下層 立野 曽根 石小屋	樽田・小坂平（芋坂1） 卯ノ木（本ノ木） 小瀬ヶ沢3 小瀬ヶ沢2 小瀬ヶ沢1

1978年6月作製のものに一部加筆した。＋は該当する型式はあるが未命名，（　）は公式に型式名として報告されていないもの。土偶を伴う型式はアミで示した。

国宝土偶一覧

以下では、国宝に指定されている土偶五体を紹介いたします。いずれも本書原本の刊行後に国宝指定されました（「仮面の女神」は刊行後に出土）。

——編集部

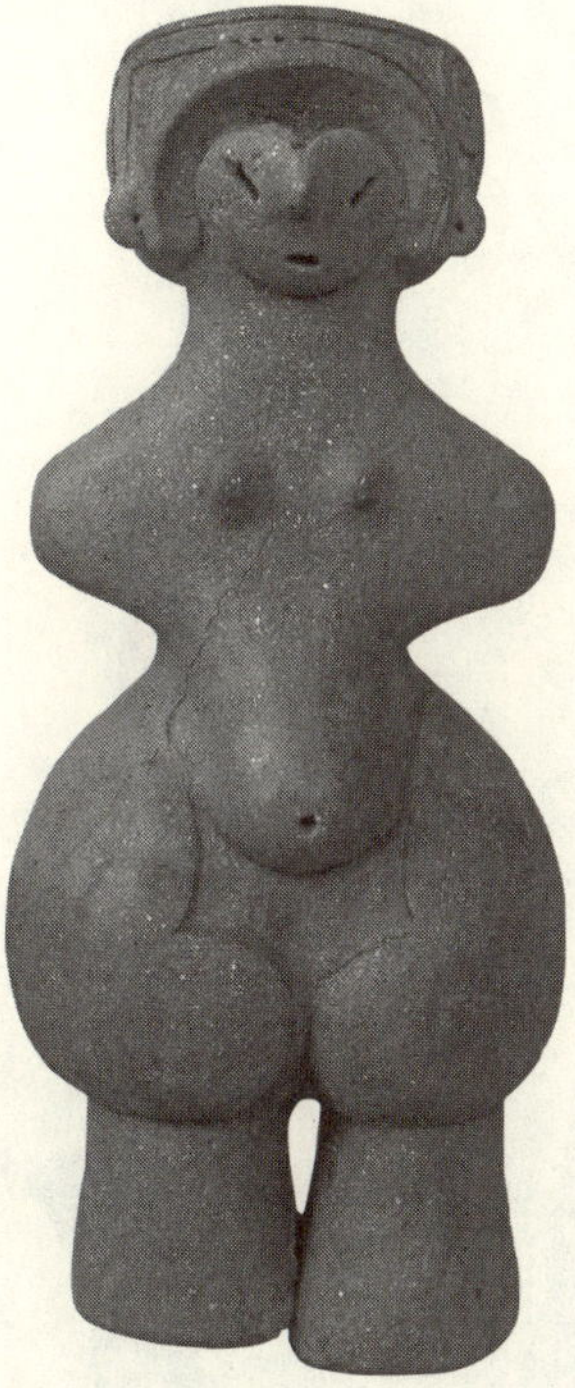

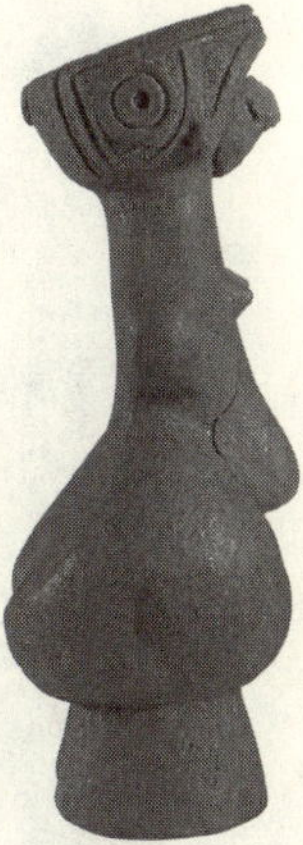

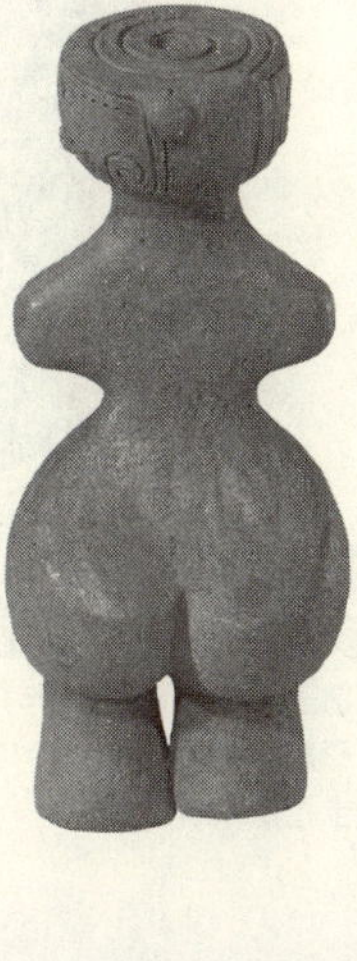

縄文のビーナス

縄文中期　長野県、茅野市棚畑遺跡
出土（1986年）　H27cm
茅野市蔵、茅野市尖石縄文考古館保
管、1995年6月15日国宝指定 図36

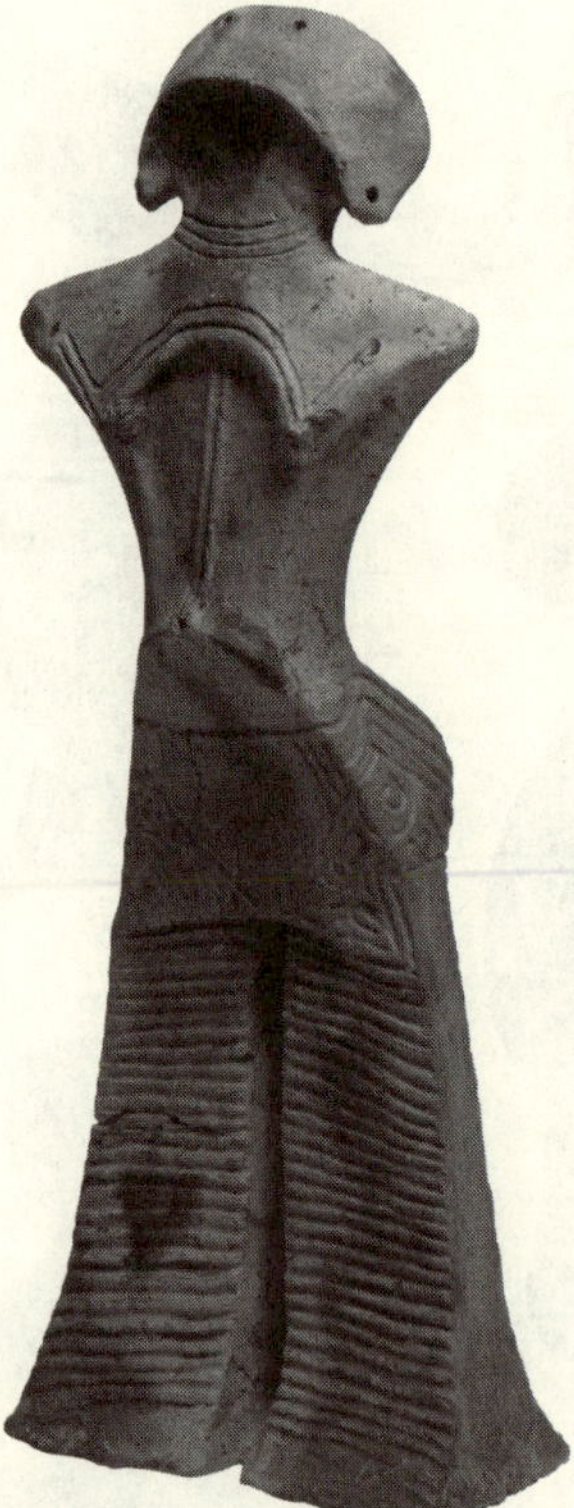

縄文の女神

縄文中期　山形県、最上郡舟形町西
ノ前遺跡出土（1992年）　H45cm
山形県立博物館蔵、2012年９月６日
国宝指定

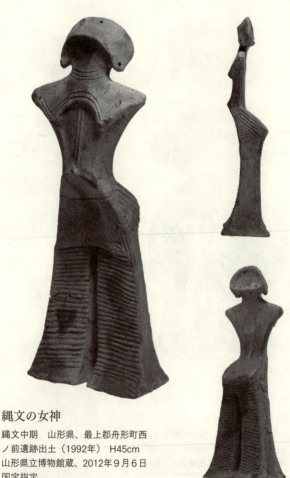

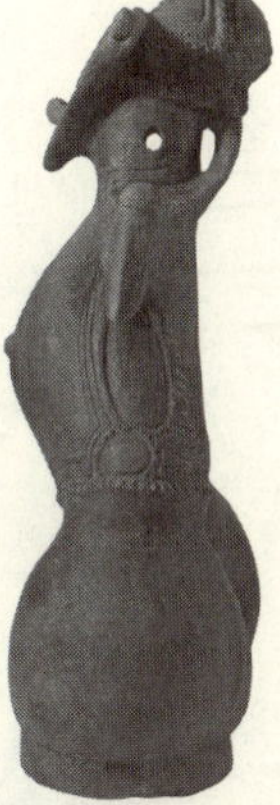

仮面の女神

縄文後期　長野県、茅野市中ッ原遺跡出土（2000年）　H34cm

茅野市蔵、茅野市尖石縄文考古館保管、2014年８月21日国宝指定

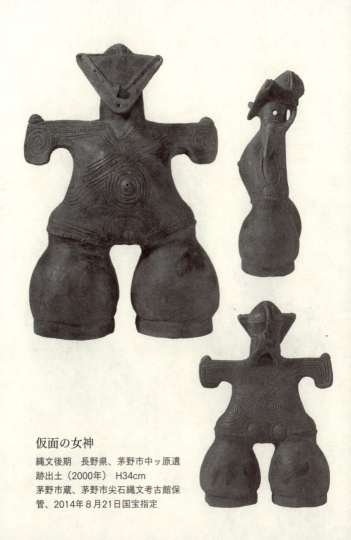

合掌土偶

縄文後期　青森県、八戸市風張１遺跡出土（1989年）　H19.8cm
八戸市埋蔵文化財センター是川縄文館蔵、2009年７月10日国宝指定

口絵１

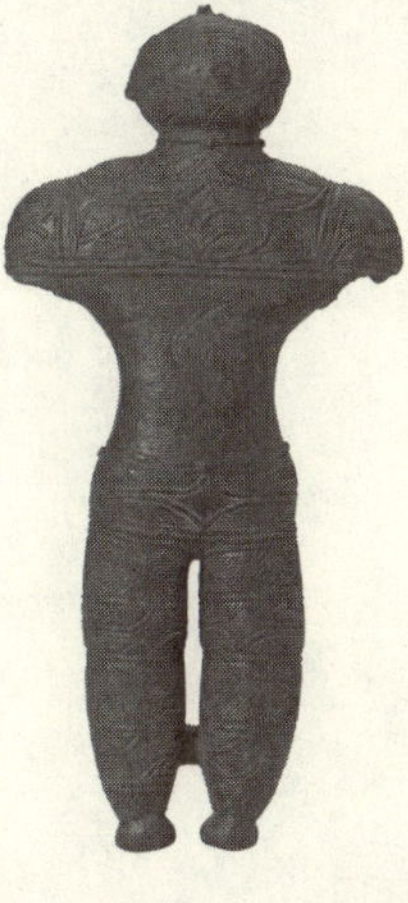

中空土偶

縄文後期　北海道、著保内野遺跡出土
（1975年）　H41.5cm
函館市蔵、2007年６月８日国宝指定 図51

＊本書は、一九九〇年に六興出版から出版された『日本の土偶』を原本としています。明らかな誤植や地名の変更など、現在読むにあたり理解を妨げると思われる箇所は編集部で修正し、必要に応じて〔 〕に補足しました。
＊本書で使用している写真について、あとがきに記載されている井上ふみ氏の著作権継承者を探しましたが、行方がわかりませんでした。ご関係者の方がいらっしゃいましたら、編集部までご連絡ください。

江坂輝彌（えさか　てるや）

1919年，東京生まれ。慶應義塾大学卒業。「縄文土器文化研究序説」で博士号取得（文学）。慶應義塾大学名誉教授。日本における縄文土器文化研究の第一人者。研究の体系化のみならず，立体物である土偶を様々な角度から見せる写真の使い方など，後進に多大なる影響を与えた。2015年没。主な著書に『土偶』『日本文化の起源』『縄文土器文化研究序説』ほか。

講談社学術文庫

定価はカバーに表示してあります。

日本《にほん》の土偶《どぐう》

江坂輝彌《えさかてるや》

2018年1月11日　第1刷発行

発行者　鈴木　哲
発行所　株式会社講談社
東京都文京区音羽 2-12-21 〒112-8001
電話　編集（03）5395-3512
販売（03）5395-4415
業務（03）5395-3615
装　幀　蟹江征治
印　刷　豊国印刷株式会社
製　本　株式会社国宝社
本文データ制作　講談社デジタル製作

ISBN978-4-06-292463-4

「講談社学術文庫」の刊行に当たって

これは、学術をポケットに入れることをモットーとして生まれた文庫である。学術は少年の心を養い、成年の心を満たす。その学術がポケットにはいる形で、万人のものになることは、生涯教育をうたう現代の理想である。

こうした考え方は、学術を巨大な城のように見る世間の常識に反するかもしれない。また、一部の人たちからは、学術の権威をおとすものと非難されるかもしれない。しかし、それはいずれも学術の新しい在り方を解しないものといわざるをえない。

学術は、まず魔術への挑戦から始まった。やがて、いわゆる常識をつぎつぎに改めていった。学術の権威は、幾百年、幾千年にわたる、苦しい戦いの成果である。こうしてきずきあげられた城が、一見して近づきがたいものにうつるのは、そのためである。しかし、学術の権威を、その形の上だけで判断してはならない。その生成のあとをかえりみれば、その根は常に人々の生活の中にあった。学術が大きな力たりうるのはそのためであって、生活をはなれた学術は、どこにもない。

開かれた社会といわれる現代にとって、これはまったく自明である。生活と学術との間に、もし距離があるとすれば、何をおいてもこれを埋めねばならない。もしこの距離が形の上の迷信からきているとすれば、その迷信をうち破らねばならぬ。

学術文庫は、内外の迷信を打破し、学術のために新しい天地をひらく意図をもって生まれた。文庫という小さい形と、学術という壮大な城とが、完全に両立するためには、なおいくらかの時を必要とするであろう。しかし、学術をポケットにした社会が、人間の生活にとってより豊かな社会であることは、たしかである。そうした社会の実現のために、文庫の世界に新しいジャンルを加えることができれば幸いである。

一九七六年六月　　　　野間省一